suhrkamp taschenbuch
wissenschaft 2262

Angesichts der gegenwärtigen ökonomischen, ökologischen und sozialen Krisen zeichnet sich ab, dass die Wachstumsdynamik moderner Gesellschaften nicht mehr stabilisierend wirkt, sondern selbst zum Krisentreiber geworden ist. In diesem Band diskutieren die Philosophin Nancy Fraser und die Soziologen Klaus Dörre, Stephan Lessenich und Hartmut Rosa, was dies für die Gegenwart und die Zukunft der Demokratie bedeutet und welche Konzeptionen und Wege hin zu einer demokratischen Transformation vorstellbar sind. Aus ihrer demokratietheoretischen Perspektive intervenieren Viviana Asara, Banu Bargu, Ingolfur Blühdorn, Robin Celikates, Lisa Herzog, Brian Milstein, Michelle Williams und Christos Zografos.

Klaus Dörre ist Professor für Arbeits-, Industrie- und Wirtschaftssoziologie an der Friedrich-Schiller-Universität Jena.

Nancy Fraser ist Henry A. and Louise Loeb Professor of Political and Social Science sowie Professorin für Philosophie an der New School in New York.

Stephan Lessenich ist Professor für Soziologie an der Ludwig-Maximilians-Universität München.

Hartmut Rosa ist Professor für Allgemeine und Theoretische Soziologie an der Friedrich-Schiller-Universität Jena sowie Direktor des Max-Weber-Kollegs Erfurt.

Hanna Ketterer ist wissenschaftliche Mitarbeiterin am DFG-Kolleg Postwachstumsgesellschaften an der Friedrich-Schiller-Universität Jena.

Karina Becker ist wissenschaftliche Geschäftsführerin am DFG-Kolleg Postwachstumsgesellschaften an der Friedrich-Schiller-Universität Jena.

Was stimmt nicht mit der Demokratie?

Eine Debatte mit Klaus Dörre, Nancy Fraser, Stephan Lessenich und Hartmut Rosa

Herausgegeben
von Hanna Ketterer
und Karina Becker

Suhrkamp

Klimaneutral
Druckprodukt
ClimatePartner.com/14438-2110-1001

3. Auflage 2023

Erste Auflage 2019
suhrkamp taschenbuch wissenschaft 2262

Umschlag nach Entwürfen von Willy Fleckhaus und Rolf Staudt
Druck und Bindung: C. H. Beck, Nördlingen
Printed in Germany
ISBN 978-3-518-29862-6

www.suhrkamp.de

Inhalt

Einleitung: Was stimmt nicht mit der Demokratie?

Hanna Ketterer und Karina Becker

Dass die Demokratie in der Krise sei, ist in aller Munde. Vom rechten bis zum linken Rand des politischen Spektrums, in den Medien wie im alltäglichen Gespräch auf der Straße, auf lokaler und globaler Ebene scheint ausgemacht, dass etwas grundsätzlich nicht stimmt mit der Demokratie. Seit der jüngsten Finanz- und Wirtschaftskrise 2008/2009 verzeichnen populistische, in erster Linie rechtspopulistische Bewegungen und Parteien in den Zentren der kapitalistischen Produktion und im globalen Süden brisante Erfolge mit Blick auf ihre Mitgliederzahlen sowie Wähler*innenstimmen und auf Kosten historisch gewachsener »Volksparteien«. Diesen Kräften ist es zum Teil auch gelungen, sich zu parlamentarisieren und zum Taktgeber einer nationalen Innen- wie Außenpolitik zu werden, die zunehmend restriktive, autoritäre und exkludierende Züge trägt. Zudem haben wir es vielerorts, beispielsweise in Ungarn, der Türkei oder den USA, mit der Durchsetzung autokratischer Macht- und Herrschaftsverhältnisse und der graduellen effektiven Ausschaltung der Gewaltenteilung zu tun sowie mit einer durch internationale Akteure wie den IMF oder die EU vorgetriebenen Austeritätspolitik, welche die Souveränität demokratisch legitimierter Macht, zum Beispiel im Fall von Syriza, mehr als in Frage stellt. Diese Entwicklungen vollziehen sich im Kontext eines entgrenzten, politisch induzierten Finanzmarktkapitalismus, der die souveränen Handlungsmöglichkeiten nationaler Politiken mehr und mehr zu beschränken scheint. Die Situation spitzt sich durch eine säkulare Stagnation zu, die sich zumindest in den frühindustrialisierten Zentren der kapitalistischen Produktion klar abzeichnet: Wo sich niedrige Wachstumsraten einstellen, stagnieren Löhne, werden Verteilungsspielräume tendenziell kleiner und wird soziale Ungleichheit größer. Hinzu kommt, dass sich diese Entwicklungen innerhalb nicht-nachhaltiger gesellschaftlicher Naturverhältnisse vollziehen und dabei ihre natürlichen und sozialen Reproduktionsbedingungen untergraben.

Handelt es sich also *genuin* um eine *Krise der Demokratie?* Oder anders gefragt: Inwiefern haben wir es mit einer umfassenderen Krise moderner kapitalistischer Gesellschaften zu tun? In welchem Verhältnis stehen Demokratie und Kapitalismus zueinander? Worin wurzelt jene Krise, die wir diagnostizieren, und welche Wege hin zu demokratischeren beziehungsweise sozial-ökologisch nachhaltigen Zukünften können wir beschreiten? Mit Fokus auf dem globalen Norden beziehungsweise den Zentren kapitalistischer Produktion widmet sich der vorliegende Band im Rahmen einer gesellschaftstheoretischen wie -kritischen Analyse von Demokratie diesen Fragen. Das bedeutet, den Diskurs von der *Krise der Demokratie* nicht affirmativ zu reproduzieren, sondern ihn im Gegenteil kritisch zu dekonstruieren und zu fragen, *wer* oder *was in der Demokratie* und *warum die Demokratie in der Krise sei*. Einerseits bieten wir eine tiefergehende Analyse der kapitalistischen Gesellschaftsstrukturen an, die den Krisensymptomen des Demokratiediskurses zugrunde liegen. Andererseits werden dadurch aber auch eine Reihe grundsätzlicher Fragen aufgeworfen, etwa die nach der Möglichkeit der Bewältigung der gegenwärtigen Herausforderungen innerhalb der herrschenden kapitalistischen Verhältnisse und mittels der Verfahren und Instrumentarien der Demokratie.

Die gesellschaftstheoretische Analyse der aufgeworfenen Demokratiefragen stützt sich auf die Methode der Konstruktiven Kontroverse.[1] Diese zielt auf Innovation, Integration differenziellen Wissens und Konfliktbearbeitung. Hierfür macht sie den Dialog zum methodischen Prinzip: In der dialogischen Konfrontation entgegengesetzter Thesen zu einem Gegenstand sollen die Teilnehmer*innen der Konstruktiven Kontroverse ihre eigenen Thesen und die der anderen hinterfragen, herausfordern und möglicherweise verwerfen (Antithese). Das individuelle Erleben eines kognitiven Konflikts wird dabei als Ausgangspunkt für den indi-

1 Die Methode der Konstruktiven Kontroverse hat ihre Ursprünge in der Sozialpsychologie Lewins und der Gestaltpsychologie Koffkas. Ihre aktuelle Form hat sie insbesondere David W. Johnson und Roger T. Johnson, *Learning Together and Alone: Cooperative, Competitive, and Individualistic Learning*, Boston 1999, zu verdanken, welche die Methode unter Einbezug der Organisationspsychologie, verhaltensorientierter Lerntheorien und der Sozialen Interdependenztheorie entscheidend geprägt haben. Im Kontext des Jenaer DFG-Kollegs Postwachstumsgesellschaften wurde die Konstruktive Kontroverse bereits in dem von Klaus Dörre, Stephan Lessenich und Hartmut Rosa gemeinsam verfassten Band *Soziologie – Kapitalismus – Kritik, Eine Debatte*, Frankfurt/M. 2009, angewandt.

viduellen wie kollektiven Lernprozess betrachtet, welcher über die Auslösung individueller Wissensbedürfnisse in ein besseres Verständnis der zentralen Fragestellung münden soll (Synthese).

Der vorliegende Band präsentiert eine Konstruktive Kontroverse zur Frage der Krise der Demokratie, die im dialogischen Austausch von ausgewiesenen Expert*innen in den Bereichen der Gesellschaftstheorie, Soziologie, Kapitalismuskritik und Demokratietheorie ausgetragen wurde. Den Kern des dialogischen Austauschs bildete ein eintägiger Workshop im Mai 2018 in Jena, der die im ersten Teil des vorliegenden Bandes versammelten Aufsätze von Klaus Dörre, Nancy Fraser, Stephan Lessenich und Hartmut Rosa zum Gegenstand hatte. Die zwei zentralen Fragestellungen der Autor*innen sind dabei: *(1) Was stimmt nicht mit der Demokratie? (2) Wie lässt sich eine tragfähige Demokratie (wieder-)herstellen beziehungsweise wie wird sie wieder stimmig?* Zudem wurden im Vorlauf zum Workshop zu jedem Beitrag jeweils zwei kritische Kurzkommentare von Expert*innen der Demokratietheorie verfasst, welche in die Organisation und Moderation der Tagung durch die Herausgeberinnen einflossen. Die Kontroverse in Jena, an der sich nicht nur Klaus Dörre, Nancy Fraser, Stephan Lessenich und Hartmut Rosa, sondern auch einige Kommentator*innen und eine interessierte soziologische Öffentlichkeit beteiligten, wurde aufgezeichnet, transkribiert und findet sich in gekürzter Fassung im zweiten Teil dieses Bandes. Die Kurzkommentare von Michelle Williams und Christos Zografos zu Klaus Dörre, von Banu Bargu und Brian Milstein zu Nancy Fraser, von Viviana Asara und Ingolfur Blühdorn zu Stephan Lessenich und von Robin Celikates und Lisa Herzog zu Hartmut Rosa sind den jeweiligen Beiträgen im ersten Teil dieses Bandes direkt nachgeschaltet. Bevor wir eine selbstreflektierende Vorschau der wesentlichen Ergebnisse der Konstruktiven Kontroverse[2] geben, sollen im Folgenden die Ausgangsthesen zur Krise der Demokratie, wie sie Klaus Dörre, Nancy Fraser, Stephan Lessenich und Hartmut Rosa in den entsprechenden Einzelbeiträgen vorlegen, knapp dargestellt werden.

2 Wenn im Folgenden von der (Konstruktiven) Kontroverse bzw. ihren Ergebnissen die Rede ist, ist damit sowohl der persönliche wie schriftliche Dialog der beteiligten Autor*innen gemeint.

Was stimmt nicht mit der Demokratie? Eine Antwort in vier Thesen

Klaus Dörre stellt seinem Beitrag »Demokratie statt Kapitalismus oder: Enteignet Zuckerberg!« die Zeitdiagnose demokratischer Nichtdemokratien beziehungsweise ent-demokratisierter Demokratien voran. Aus dem Landnahmetheorem im Anschluss an Rosa Luxemburg argumentierend und einer mittleren Linie zwischen systemkonformem Reformismus und leninistischen Revolutionskonzeptionen folgend, konstatiert Dörre, dass »die demokratische Herrschaftsform auf dem Altar eines expansionistischen Kapitalismus geopfert«[3] werde. Das führt ihn zu dem Schluss, dass die Demokratie nur Bestand haben kann, wenn ihre Inhalte, Verfahren und Institutionen auf Felder und Sektoren ausgeweitet werden, die von Mitbestimmungs- und Entscheidungsprozessen ausgeschlossen sind. Dies ziele auf eine Politik der substanziellen Gleichheit, die verfassungsrechtlich und institutionell verankert ist und den Anspruch einer transformativen Demokratie zum Programm macht, die nicht nur sozial restaurativ ist, sondern auch eine sozialökologisch transformative Wirkung zeitigt. Die transformative Demokratie rücke die Selbstregierung des *demos* ins Zentrum, gebe sozial-ökologischer Nachhaltigkeit Verfassungsrang und verfolge eine inklusive demokratische Klassenpolitik – zunächst auf nationalstaatlicher, perspektivisch auf EU- und internationaler Ebene. Transformativ sei sie aber vor allem aus einem Grund: Fragen nach dem Wie, Was, Wozu der Produktion würden zum Gegenstand kollektiver Aushandlungsprozesse. Mit der Infragestellung der kapitalistischen Eigentumsverhältnisse untergrabe die »neo-sozialistische Option« das Fundament des Kapitalismus.

Nancy Frasers Beitrag »Demokratische Krise als Krise des Kapitalismus: Jenseits des Politizismus« setzt einen Kontrapunkt zu hegemonialen demokratietheoretischen Erklärungsversuchen, welche eine Krise der Demokratie diagnostizieren und diese allein auf die Dysfunktionalitäten ihrer Institutionen und Verfahren zurückführen. Aufbauend auf den Theorieperspektiven von Karl Marx und Karl Polanyi und den Erkenntnissen der feministischen Theorie, zeigt Fraser, dass die Krise der Demokratie nur ein Strang einer

3 Klaus Dörre, in diesem Band, S. 22.

»allgemeinen Krise« der kapitalistischen Gesellschaft ist. Jede Phase des Kapitalismus, vom staatlich organisierten Monopolkapitalismus bis zum gegenwärtigen finanzialisierten Kapitalismus, sei geprägt von einem politischen Widerspruch, der seinen Ursprung darin hat, dass die Kapitalakkumulation auf öffentliche Gewalten angewiesen ist, gleichzeitig diese jedoch ständig untergräbt und destabilisiert. So kommt Fraser zu der zweifachen Schlussfolgerung, dass die Demokratie im Kapitalismus erstens notwendig »schwach und begrenzt« sein muss. Auswege aus der demokratischen Krise erschlössen sich zweitens nicht, wenn nicht die Strukturen und Institutionen der kapitalistischen Gesellschaft selbst neu gedacht würden.

Stephan Lessenichs Beitrag »Die Dialektik der Demokratie. Grenzziehungen und Grenzüberschreitungen im Wohlfahrtskapitalismus« problematisiert die »inhärente Dialektik der Demokratie«,[4] welche in strukturellen Be- und Entgrenzungen besteht und dem normativen Anspruch von Demokratie als »verallgemeinerte[r] Gegenseitigkeit der Anerkennung als Gleiche und Gleichberechtigte«[5] entgegenläuft. In der Tradition der Spätkapitalismustheorie nach Offe und erweitert um seine Arbeit zur Externalisierungsgesellschaft,[6] zeichnet Lessenich nach, wie die Demokratie, die sich in der Nachkriegszeit des »sozialen Kapitalismus«[7] entwickelt hat, demokratische auf soziale Teilhabe verengt. Teilhabe sei in der wohlfahrtsstaatlichen Demokratie von soziokulturellen Begrenzungen kompromittiert, die sowohl entlang der vertikalen Achse als auch entlang der horizontalen Achse sozialer Herrschaftsbeziehungen verlaufen. Würden bei Ersterem Teilhaberechte von oben gegen unten verteidigt, würden bei Letzterem Teilhaberechte qua Staatsbürger*innenschaft von innen gegenüber »Nachzügler*innen und Neuankömmling*en aller Art«[8] von außen in Anschlag gebracht. Zudem verweist Lessenich auf eine sozial-ökologische Entgrenzungsdynamik, die quer zur Oben-Unten- und zur Innen-Außen-Dialektik liegt. Diese wirke

4 Stephan Lessenich, in diesem Band, S. 123.

5 Ebd., S. 124.

6 Stephan Lessenich, *Neben uns die Sintflut: die Externalisierungsgesellschaft und ihr Preis*, München 2016.

7 Ebd.

8 Ebd.

destruktiv auf die Reproduktionsfähigkeit der Natur. Demokratie, im normativen Sinn, sei nur verwirklichbar durch die »Demokratisierung der Demokratie«.[9] Erforderlich seien »neue demokratische Subjektivitäten«,[10] die gesellschaftliche Verantwortung für progressive, inklusive und nachhaltige Geschlechter-, Natur- und Weltverhältnisse übernehmen.

Hartmut Rosa deutet in seinem Beitrag »Demokratie und Gemeinwohl: Versuch einer resonanztheoretischen Neubestimmung« die aktuelle Krise der Demokratie als Resonanzkrise, deren Ursache er in der dynamischen Stabilisierung moderner Gesellschaften sieht. Letztere ist die Gesellschaftsdiagnose, die in der Zusammenarbeit Rosas mit Dörre und Lessenich im Kontext des Jenaer DFG-Kollegs Postwachstumsgesellschaften entwickelt und verfolgt wurde, obgleich differierende Ausdeutungen der Diagnose stattgefunden haben. Nach Rosa konstituiert sich das demokratische Gemeinwesen nicht etwa über geteilte Werte, sondern über die Resonanzbeziehungen seiner Bürger*innen. Zu einer gelingenden Demokratie gehörten Gemeinsinn und Gemeinwohl als komplementäre wechselseitige Voraussetzungen. Mit Gemeinsinn ist dabei die Resonanzfähigkeit und -willigkeit der Bürger*innen gemeint, das heißt die individuelle Fähigkeit, die Stimme eines Anderen zu hören, zu antworten und sich dabei selbst zu verändern. Gemeinwohl werde dort verwirklicht, wo sich soziale, materiale und vertikale Resonanzachsen gegen institutionelle und strukturelle Steigerungszwänge durchsetzen. Institutionelle Ermöglichungsbedingungen der Demokratie als Resonanzsphäre sieht Rosa in Ansätzen der aleatorischen Demokratie und der Ausweitung sowie Sicherung einer intakten Sphäre des Öffentlichen mittels »bürgerschaftlicher Begegnungsräume« und starker öffentlich-rechtlicher Medien.

Ergebnisse der Kontroverse

Dass das »Ganze mehr ist als die Summe seiner Teile«, wurde sehr deutlich im direkten dialogischen Austausch während des Jenaer Workshops. Obschon der Ansatz der Konstruktiven Kontroverse

9 Ebd.
10 Ebd.

eine methodisch strengere Implementierung vorsieht,[11] ermöglichte unser Vorgehen einen Dialograum zur Klärung und Schärfung theoretisch-analytischer Differenzen und Gemeinsamkeiten gleichermaßen.[12] Im Ergebnis wurden nicht nur die einzelnen Positionen und Abgrenzungen deutlicher, sondern auch erste neue Synthesen, individuell wie kollektiv, formuliert. An dieser Stelle sei der Hinweis für die Leser*in erlaubt, dass sich die Kontroverse, die im zweiten Teil dieses Bandes abgedruckt ist, durchaus ohne Kenntnis der Einzelbeiträge von Dörre, Fraser, Lessenich und Rosa im ersten Teil des Bandes erschließt. Zugleich hoffen wir, dass die Lektüre der Kontroverse das Interesse an den Einzelbeiträgen zusätzlich weckt. Als Herausgeberinnen möchten wir betonen, dass die acht Kurzkommentare im Transkript der Kontroverse nicht in dem Maß repräsentiert werden wie die vier umfangreicheren Einzelbeiträge.[13] Sie gehen durchaus über die Debatte der vier Hauptdiskutant*innen hinaus und erhellen zentrale demokratietheoretische Diskurslinien, die ohne sie in diesem Band unterbeleuchtet wären.

Was sind also aus unserer Sicht die zentralen Ergebnisse der Konstruktiven Kontroverse um die *Krise der Demokratie*? In drei Punkten halten wir fest: Es besteht weitgehend Konsens, dass wir es mit einer Krise zu tun haben, jedoch weniger mit einer Krise der Demokratie als mit einer des Kapitalismus. Kontrovers ist vor allem die Frage danach, was eine gelingende demokratische Praxis auszeichnet. Sie entwickelte sich entlang der Prozesskategorien Interessenpolitik/Konflikt versus Gemeinwohlorientierung/Resonanz. Konsens ist dort zu finden, wo die Ziele einer zukünftigen

11 Etwa die methodisch kontrollierte Konfrontation der Beteiligten mit entgegengesetzten Thesen und der methodisch geleitete Perspektivwechsel unter der Zielsetzung, eine Problemlösung kollektiv zu erarbeiten. Vgl. Albert Vollmer u. a. (Hg.), *Konstruktive Kontroverse in Organisationen. Konflikte bearbeiten, Entscheidungen treffen, Innovationen fördern*, Wiesbaden 2015.

12 Es bleibt festzuhalten, dass die Durchführung einer Konstruktiven Kontroverse im wissenschaftlichen Feld, welches durch ein außerordentliches Konkurrenz- und Wettkampfdenken sowie einen Individualismus strukturiert ist, eine Herausforderung darstellt für das Experimentieren mit einer Methode, die auf individuelle wie kollektive *Öffnungs-* und *Schließungs*prozesse ausgelegt ist.

13 Das Transkript stellt eine gekürzte Version der von uns moderierten Kontroverse dar. Wortmeldungen aus dem Publikum, darunter solche der anwesenden Kommentator*innen, wurden hier zugunsten einer fokussierten Fassung nicht abgedruckt.

transformativen Demokratie verhandelt wurden: die transformative Demokratie soll zur Wiedereinbettung wirtschaftlichen Handelns in die Gesellschaft führen.

Erstens, zu *Diagnose* und *Diskurs der Krise*: Rosas Diagnose der Demokratiekrise als Resonanzkrise wird in der Kontroverse stärker an ihre strukturellen Ursachen rückgebunden. Zugespitzt formuliert Rosa in der Kontroverse, dass ein struktureller Widerspruch zwischen dem Versprechen der Demokratie nach gemeinsamer Gestaltung des Gemeinwesens und dem Zwang der Kapitalakkumulation besteht. Obschon Dörre den *Diskurs* von der »Krise der Demokratie« aus analytischen wie normativen Gründen ablehnt, deckt seine Analyse gleichwohl eine Krise auf. Diese wurzelt aber vielmehr in der finanzmarktkapitalistischen Landnahme der repräsentativen parlamentarischen Demokratie als in der Eigenlogik demokratischer Institutionen und Verfahren. Ähnlich gelagert sind die Analysen Frasers und Lessenichs: Wo Lessenich von einem Spannungsverhältnis von Kapitalismus und Demokratie spricht, sieht Fraser einen grundsätzlichen Widerspruch an der Schnittstelle von ökonomischer und politischer Sphäre und geht damit von einer grundsätzlichen Krisentendenz des Kapitalismus aus. Hier wirft Banu Bargus Kommentar ein kritisches Licht auf Frasers analytische Annahmen zur Demokratie: Wie Bargu herausstellt, geht Fraser von der Demokratie »als solcher« aus und spricht ihr dabei die Komplexität ab, die sie dem Kapitalismus in seinen historischen Ausprägungen zuschreibt. Bargu mahnt an, die Demokratie sei eine »ungleiche und differenzierte Geografie«, weshalb ein adäquates Verständnis der *Krise der Demokratie* nur durch die Pluralisierung des Konzepts erreicht werden kann. Des Weiteren intensiviere sich im direkten Austausch die Auseinandersetzung um die Rolle sozialer Akteure in der Krisendiagnose. Wie Brian Milsteins Kommentar in diesem Zusammenhang herausstellt, wird eine Krise erst dann zur Krise, wenn soziale Akteure wahrnehmen, dass ihre demokratischen Rechte der Selbstbestimmung in Gefahr sind und daher akuter Handlungsbedarf besteht. Das Krisenbewusstsein der Akteure sei dabei keineswegs ein Produkt des Kapitalismus, sondern vielmehr der Moderne. Milstein kommt zu dem Schluss, dass der Kapitalismus für seine Reproduktion in erster Linie auf demokratisch legitime und nicht auf effektive Gewalt angewiesen ist.

Zweitens, zur *Praxis gelingender Demokratie*: Den Auftakt für einen der zentralen Kristallisationspunkte der Kontroverse macht Lisa Herzog in ihrem Kommentar zu Rosa. Sie wirft die Frage auf, inwiefern – entgegen Rosas Skepsis – eine Revitalisierung der Interessenpolitik nicht doch möglicherweise das Gebot der Stunde sei und »vielleicht sogar [...] Voraussetzung für eine darüberhinausgehende Gemeinwohlorientierung?«.[14] Robin Celikates indes argumentiert, dass der von Rosa relational umgedeutete Wertekonsens republikanisch-kommunitaristischer Tradition in einer durch einen tiefen Pluralismus gekennzeichneten Gesellschaft »weder nötig noch zu erwarten«[15] sei. Schließlich gehen entscheidende Impulse für eine Demokratisierung der Demokratie von außerinstitutionellem Protesthandeln, von marginalisierten oder exkludierten Gruppen, auch in Form zivilen Ungehorsams, aus. Als Protagonisten des Antagonismus *Interessenpolitik versus Gemeinwohlorientierung* traten Dörre und Rosa während des Jenaer Workshops hervor. Durch moderierende Interventionen durch Fraser und Lessenich konnte dieser jedoch teilweise gebrochen werden und führte zu neuen Synthesen: Wo Rosa die Interessenpolitik und den Klassenantagonismus als Folge einer Fehlkonstruktion der parlamentarischen Demokratie betrachtet, welche Resonanzbeziehungen in der demokratischen Sphäre verunmöglichten, da sie auf dem Modus des »Kämpfens« anstelle des »Hörens und Antwortens«[16] beruhten, bekräftigt Dörre seine eigene Auffassung, dass die Demokratie den Konflikt voraussetze und der antagonistische Interessenkampf der Modus für die gesellschaftliche Aushandlung dessen sei, worin das Gemeinwohl substanziell bestehen soll. Wo Dörre die Argumentation Rosas einer generellen Kritik an deliberativen Demokratietheorien unterzieht, wirft Fraser die Frage nach dem spezifisch Demokratischen des »Hören und Antworten« in Rosas Analyse auf und fordert eine Reflexion des formulierten Anspruchs an die Demokratie als kollektiver Wiederaneignung der Welt.[17] Fraser weist auf den Unterschied hin zwischen einer links-hegelianischen Perspektive, welche sich mit der kapitalistischen Gesellschaft auseinandersetzt, wie sie aktuell *ist*, und einer

14 Lisa Herzog, in diesem Band, S. 198.

15 Robin Celikates, in diesem Band, S. 191.

16 Vgl. Hartmut Rosa, in diesem Band, S. 164.

17 Vgl. ebd.

normativen Perspektive, wie sie zukünftig sein *sollte*. Als Mittelposition zwischen Rosa und Dörre schlägt Fraser vor, vom »allgemeinen Interesse« anstelle von »Gemeinwohl« zu sprechen, was bei Lessenichs Versuch einer Neuinterpretation des Interessenbegriffs in Abgrenzung von herrschenden liberalökonomischen Konzeptionen als »die freie Entfaltung jedes Einzelinteresses [...] [als] Bedingung für die freie Entfaltung aller Interessen«[18] auf Resonanz stößt.

Drittens, zum *Ziel transformativer Demokratie*: Wenngleich umstritten bleibt, welche Praktiken im Kern eine zukünftige, gelingende Demokratie ausmachen würden, finden wir doch ein großes Maß an Übereinstimmung hinsichtlich konkreter institutioneller Reformvorschläge und des Ziels einer transformativen Demokratie. Bei allen Visionen zukünftiger Demokratien – von der »Demokratisierung der Demokratie« (Lessenich) über die »transformative Demokratie« (Dörre) und die »gemeinsame Gestaltung des Gemeinwesens« (Rosa) bis zum »Antikapitalismus« (Fraser) – geht es im Kern um die Wiedereinbettung der kapitalistischen Wirtschaft in Gesellschaft und in demokratische Entscheidungsprozesse. Dabei geht es für Fraser auch darum, grundsätzlich das Verhältnis von politischem Gemeinwesen zu Ökonomie beziehungsweise von Reproduktion zu Produktion zu reflektieren und neu zu definieren. Für alle drei, Fraser, Dörre und Rosa, ist von entscheidender Bedeutung, dass das demokratische Gemeinwesen darüber entscheiden können soll, wie und was produziert und konsumiert und wie das Mehrprodukt verteilt werden soll. Zugleich geht es um Politiken der Existenzsicherung, die basale Existenzrechte in monetäre wie nichtmonetäre individuelle Ansprüche übersetzen, wobei deren relative Gewichtung unter den Beteiligten nicht abschließend geklärt werden konnte. Wie Michelle Williams in ihrem Kommentar zu Dörre kritisch anmerkt, sollte jede Form der demokratischen Neuorientierung der Tatsache Rechnung tragen, dass die relative Stabilität von Demokratien im Zentrum der kapitalistischen Produktion immer schon auf Nichtdemokratien in der Peripherie des Kapitalismus beruhte. Enteignung und Ausbeutung von Menschen und Natur im globalen Süden seien immer schon Voraussetzung des Wohlstands und der demokratischen Stabili-

18 Lessenich, »Kontroverse«, in diesem Band, S. 228.

tät von Ländern des globalen Nordens gewesen. Eine Reduktion des materiellen Produktions- wie Konsumptionsniveaus sei die zwingende Folge für den globalen Norden. Mit einer ähnlich gerichteten kritischen Stoßrichtung hebt Christos Zografos in seinem Kommentar auf die Vielzahl offener Fragen ab, mit welchen Dörres Idee der EU als »sozial-ökologischer Union« konfrontiert wären: Wie genau und warum sollte die EU zur Protagonistin globaler sozial-ökologischer Rechte werden, wenn dies doch bedeutete, dass sie sich von ihrem materiellen Wohlstandsniveau verabschieden müsste? Den Herausforderungen des Transformationsprojekts angemessener erscheinen Zografos sowohl andere Akteure als auch eine andere Ebene der Transformation: internationale soziale Bewegungen sowie radikal sozial-ökologische Initiativen auf Gemeindeebene. An kritische Einwände dieser Art schließt unter anderem Lessenichs Forderung einer »neuen moralischen Ökonomie« an, in welcher globale Ungleichheitsverhältnisse kollektiv wie unter Inverantwortungsnahme derer, die Machtpositionen besetzen, bearbeitet werden müssten, sowie Frasers Plädoyer für ein Lernen vom »anderen Umweltbewusstsein« und für die Ausweitung globaler sozialer Rechte.

Die Wiederaneignung des gesellschaftlichen Mehrprodukts im Sinne der Wirtschaftsdemokratie bedeutete – wie Dörre auf den Punkt bringt – einen Bruch mit den gegenwärtigen kapitalistischen Verhältnissen. Mehr noch: sie bedeutete ebenfalls einen Bruch mit den liberal-demokratischen Verhältnissen – wie Viviana Asara in ihrem Kommentar zu Lessenich argumentiert. Eine transformative Demokratie, die eine gemeinschaftlich-substanzielle Idee des Guten Lebens verfolgte, würde liberale positive Freiheiten einschränken und sich in kollektiver Selbstbegrenzung üben. Letzteres sei nicht innerhalb bestehender formal-prozeduralistischer demokratischer Verfahren realisierbar. Ebenfalls ein Bruchszenario vor Augen, jedoch ohne Aussicht auf eine tragfähigere Demokratie, stellt Ingolfur Blühdorn in seinem Kommentar zu Lessenich klar: Falls wir es tatsächlich mit einer »*Dialektik* der Demokratie« (Lessenich) zu tun haben, muss das Ende der Demokratie beziehungsweise ihre Aufhebung in einem neuen Projekt in Rechnung gestellt werden. Bestimmend für die Zukunft der Demokratie sei die Dynamik der Emanzipation, die ein mehrfach entgrenztes Freiheits- und Subjektivitätsverständnis verfolge, welche die Demokratie mit ihren inhärenten Begrenzungen »dysfunktional – kontraproduktiv und funktionsuntüchtig« –[19] mache.

Wer der Dialektik der Demokratie auf den Grund gehen möchte, darf sich auf den folgenden Seiten über einen reichen Fundus analytischen wie normativen Werkzeugs freuen. Die Leser*in wird gleichsam auf eine Vielzahl konkreter Perspektiven für die Demokratie sozial-ökologisch nachhaltigerer Gesellschaften stoßen. Diese sind auch das Produkt einer Methode, die auf die Stärken kollektiver Sozialimagination setzt und ohne die jeder gesellschaftlichen Transformation eine wichtige Inspiration fehlte.

Jena, im Februar 2019
Hanna Ketterer & Karina Becker

Danksagung

Dieser Band ist das Ergebnis einer wissenschaftlichen Kontroverse, die in schriftlicher Form, in der persönlichen Begegnung, auf Englisch und auf Deutsch stattgefunden hat. Dass sie hier in dieser Form nachzuvollziehen ist, verdanken wir nicht nur allen an der Kontroverse beteiligten Autor*innen, sondern auch und besonders den (Simultan-)Übersetzer*innen Jan-Peter Herrmann, Loren Balhorn, Carla Welch, Frank Lachmann, Karl Bredthauer und Marlen van den Ecker, die den Austausch über Sprachgrenzen hinweg erst möglich gemacht haben, aber doch nur zum Teil im Band sichtbar werden. Besonders danken möchten wir Henri Band, der uns mit seinen übersetzerischen Leistungen und seinen Mühen in der Lektoratsarbeit eine große Hilfe war. Das gilt ebenso für Laura Mohacsi und Cora Puk, die in nicht unerheblicher Weise dazu beigetragen haben, dass dieser Band rechtzeitig erscheinen konnte. Ilka Scheibe, Alexander Lariviere, Anna Mehlis und Felix Gnisa sei Dank für die notwendige Unterstützung in der Vor- und Nachbereitung sowie der Durchführung des Workshops. Und schließlich bedanken wir uns bei allen Teilnehmer*innen des Workshops für die anregenden Diskussionen und nicht zuletzt bei unseren Nächsten, die uns im Auf und Ab der Kontroverse stets begleitet haben.

19 Blühdorn, in diesem Band, S. 158.

I. Beiträge und Kommentare

Demokratie statt Kapitalismus oder: Enteignet Zuckerberg!

Klaus Dörre

Was läuft falsch mit der Demokratie? Nichts oder nicht sehr viel, lautet die knappste der möglichen Antworten. Das mag überraschen, denn die Krise der Demokratie ist in aller Munde. »Is Democracy Dying?«, fragt das renommierte US-Magazin *Foreign Affairs*.[1] »Demokratie unter Druck: Polarisierung und Repression nehmen weltweit zu«, echot die Bertelsmann-Stiftung mit Blick auf 129 Entwicklungs- und Schwellenländer. Zwar lebten die meisten Menschen (4,2 Milliarden) noch immer in demokratisch verfassten Staaten, doch die Zahl derer, die sich mit autokratischen Systemen konfrontiert sähen, nehme zu (3,3 Milliarden). Noch bedenklicher sei, »dass in immer mehr Demokratien Bürgerrechte beschnitten und rechtsstaatliche Standards ausgehöhlt« würden. Seit Beginn der Erhebungen (2006) hätten 40 Staaten, darunter solche mit langer demokratischer Tradition, den Rechtsstaat beschädigt, in 50 Ländern seien politische Freiheiten eingeschränkt worden.[2]

In solchen Daten scheint ein Trend zum Autoritären auf, der die rechtspopulistische Revolte in den alten kapitalistischen Zentren noch gar nicht berücksichtigt. Aber ist das bereits Beweis genug, um von einer Krise der Demokratie zu sprechen? Ich bezweifele das. Moderne Massendemokratien mit pluralen, ausdifferenzierten Zivilgesellschaften, egalitären politischen Rechten und aus freien Wahlen hervorgegangenen Regierungen, die Völkerrecht und Menschenrechte grundsätzlich respektieren, sind trotz unbestreitbarer Schwächen noch immer die beste aller bisher bekannten

1 Vgl. den Schwerpunkt bei Gideon Rose u. a. (Hg.), »Is Democracy Dying?«, in: *Foreign Affairs* 3 (2018). Unfreie Staaten erwirtschaften bereits 33 % des globalen Einkommens. Das entspricht dem Niveau der 1930 Jahre.

2 Robert Schwarz, »Demokratie unter Druck: Polarisierung und Repression nehmen weltweit zu«, Transformationsindex BTI 2018, 22. 03. 2018 ⟨https://www.bertelsmann-stiftung.de/themen/aktuelle-meldungen/2018/maerz/demokratie-unter-druck-polarisierung-und-repression-nehmen-weltweit-zu/⟩, letzter Zugriff 17. 05. 2018.

Herrschaftsformen. Deshalb ist die verbreitete Rede von einer Krise der Demokratie in einem normativen Sinne bedenklich. Suggeriert sie doch zumindest unterschwellig, demokratische Institutionen und Verfahren seien den neuen gesellschaftlichen Herausforderungen nicht mehr gewachsen. Dergleichen zu behaupten ist aber auch analytisch problematisch. Es gibt keine Krise der Demokratie. Vielmehr wird die demokratische Herrschaftsform auf dem Altar eines expansionistischen Kapitalismus geopfert, der zwecks Bestandssicherung zunehmend auf autoritäre Praktiken angewiesen ist.

Eine dadurch in Gang gesetzte Transformation des Staates bedeutet keine rasche Ablösung des demokratischen Kapitalismus durch autoritäre Staatsformen. Vielmehr erleben wir den Übergang zu unterschiedlichen Varianten entdemokratisierter Demokratien oder demokratischer Nichtdemokratien. So kann die griechische Bevölkerung in einer Volksabstimmung mit großer Mehrheit gegen die europäische Austeritätspolitik votieren und eine Regierung wählen, die dann doch gegen ihre erklärte Absicht das Austeritätsdiktat der europäischen Institutionen erfüllen muss. Das ist die Konstellation einer entdemokratisierten, weil im Grunde nicht mehr entscheidungsbefugten Demokratie. Oder ein Wahlvolk stimmt – wie in Ungarn, Polen, Russland oder der Türkei – mehrheitlich für eine Regierung, die sogleich beginnt, elementare demokratische Rechte auszuhebeln. Solche Fälle offenbaren eine Entwicklung hin zu demokratisch legitimierten Nichtdemokratien. Noch anders gelagert sind Fälle der Selbstentmündigung von Demokratien. Als Reaktion auf islamistischen Terror und mit mehrheitlicher Unterstützung des Wahlvolks verhängte die französische Regierung den Ausnahmezustand und machte so die Einschränkung demokratischer Rechte zugunsten der inneren Sicherheit zur Vorbedingung für den Erhalt von Demokratie. Schließlich kommt es zur schleichenden Zerstörung demokratischer Öffentlichkeiten durch die Geschäftspraktiken smarter Technologiekonzerne – eine Entwicklung, für die der Facebook-Gründer Mark Zuckerberg zu einer schillernden Symbolfigur geworden ist.

Wie lässt sich diese facettenreiche Tendenz zur Aushebelung demokratischer Rechte und Institutionen mit Hilfe demokratischer Verfahren erklären? Nachfolgend skizziere ich den Grundriss einer Antwort. Die Demokratie ist, so meine These, von einem für Markterweiterung und Kapitalakkumulation relativ kompatiblen

Anderen zu einem Objekt finanzkapitalistischer Landnahmen geworden. Deshalb stellt sie selbst in den alten Zentren nicht länger die präferierte politische Staatsform dar, in welcher sich ein expansiver Kapitalismus optimal entfalten kann.[3] Daraus folgt, dass die Demokratie auf Dauer nur Bestand hat, wenn ihre Inhalte, Verfahren und Institutionen auf Felder und Sektoren ausgeweitet werden, die für demokratische Willensbildung bisher verschlossen waren. Demokratisierung läuft deshalb letztendlich auf einen Bruch mit dem Kapitalismus hinaus. Ich begründe diese These mit demokratietheoretischen Überlegungen (1), analysiere das Spannungsverhältnis von Kapitalismus und Demokratie (2), skizziere den Prozess der Entdemokratisierung (3) und befasse mich schließlich mit der Zukunft einer transformativen Demokratie (4).

1. Was ist Demokratie?

Demokratie ist ein Begriff, der theoretisch wie politisch höchst unterschiedlich gefüllt werden kann. Dem Wortstamm nach vereint Demokratie das griechische *dēmos* (Volk) mit *kratein* (herrschen). Demokratie bedeutet demnach Volksherrschaft, Herrschaft der Mehrheit oder der Vielen.[4] Ideengeschichtlich lässt sich der Begriff bis in die Antike zurückverfolgen. Doch moderne Massendemokratien sind etwas völlig anderes als jene frühen Gemeinwesen, die trotz Ausschluss der Sklaven bäuerliche Produzentendemokratien waren.[5] In ihrer modernen Gestalt ermöglicht Demokratie die Teilhabe von großen und sozial heterogenen Bevölkerungen am politischen Prozess. Sie impliziert eine widersprüchliche Vergesellschaftung des Politischen, die allerdings auf der Privatisierung von Wirtschaft und sozialer Reproduktion beruht. Die Vergesellschaftung des Politischen findet in den frühindustrialisierten Ländern

3 Vgl. Bob Jessop, »Finance-Dominated Accumulation, the Austerity State, and Post-Democracy«, in: *Berliner Journal für Soziologie* 28 (2018), S. 9-38; Frank Deppe, *Autoritärer Kapitalismus. Demokratie auf dem Prüfstand*, Hamburg 2013.

4 Vgl. Rainer-Olaf Schultze, »Demokratie«, in: Dieter Nohlen, Rainer-Olaf Schultze (Hg.), *Lexikon der Politikwissenschaft. Theorien, Methoden, Begriffe*, München 2010, S. 137-141.

5 Vgl. Ellen Meiksins Wood, *Demokratie contra Kapitalismus: Beiträge zur Erneuerung des historischen Materialismus*, Köln 2010, S. 276.

im Rahmen von demokratischen Institutionen statt, die den Kernbestand demokratischer Verfassungsstaaten ausmachen. Zu ihnen gehören Volkssouveränität; politische Gleichheit von Individuen und Assoziationen unabhängig von Konfession, Rasse und Geschlecht; allgemeines gleiches Wahlrecht und umfassende Partizipation der Citoyens sowie Schutz vor staatlicher Willkür. Über die realen Ausprägungen dieser Herrschaftsform ist damit aber noch wenig gesagt. Zwischen einer Regierung *im Namen* des Volkes und der Selbstregierung *des* Volkes existiert eine große Bandbreite an möglichen Regierungsweisen.

Ideengeschichtlich wie institutionell beruhen Demokratien auf einer Verbindung von mindestens zwei Traditionslinien: dem Liberalismus mit seiner Betonung von Freiheit und Pluralismus einerseits sowie einem republikanischen Egalitarismus, der Gleichheit und Volkssouveränität priorisiert, andererseits. Beide Linien versehen die Programmatik der bürgerlichen Revolution, zusammengefasst in der Losung *Liberté, Égalité, Fraternité*, mit sehr unterschiedlichen Akzenten. Die Geister scheiden sich vor allem an der *Égalité*. An dieser Stelle ist es nicht möglich, die Genealogie von liberaler und sozialer Demokratie auch nur ansatzweise nachzuzeichnen, weshalb ein kursorischer Blick auf die Nachkriegsentwicklung genügen muss. Trotz restaurativer Tendenzen, die eine tiefgreifende wirtschaftsdemokratische Neuordnung ausschlossen, hatte die Gleichheit in den kontinentaleuropäischen Kapitalismen der Nachkriegsära insofern ihren Platz, als Klasseninteressen der Lohnabhängigen in den wohlfahrtsstaatlichen Regimen, wenngleich asymmetrisch, institutionalisiert wurden.[6] Demokratie war damit mehr als liberaler Pluralismus. Sie beinhaltete soziale Bürger*innenrechte, organisierte Arbeitsbeziehungen, tarifliche Normen und Mitbestimmungsmöglichkeiten. In unterschiedlichen Variationen handelte es sich um Staaten, die Lohnabhängige mit einem Kollektiveigentum zu privater Existenzsicherung ausstatteten und so Sozialkosten internalisierten.[7] Demokratie und Kapitalismus

6 Vgl. Wolfgang Abendroth, *Antagonistische Gesellschaft und politische Demokratie. Aufsätze zur politischen Soziologie*, Neuwied 1967; Wolfgang Abendroth, *Das Grundgesetz*, Pfullingen 1966.

7 Vgl. Robert Castel, *Die Stärkung des Sozialen. Leben im neuen Wohlfahrtsstaat*, Hamburg 2005; Thomas H. Marshall, *Bürgerrechte und soziale Klassen. Zur Soziologie des Wohlfahrtsstaates*, Frankfurt/M. 1992.

schienen versöhnt, weil ein integraler Staat Kompromissbildungen zwischen Kapital und Arbeit, oder umfassender: zwischen Wirtschaft und Gesellschaft, zu optimieren in der Lage war. Die Formel vom demokratischen Kapitalismus[8] trägt diesem Umstand Rechnung.

Im Gefolge der Implosion des staatsbürokratischen Sozialismus und der bereits früher einsetzenden Krise der wohlfahrtsstaatlichen Kapitalismen hat sich der Demokratie-Diskurs jedoch eindeutig in Richtung der liberalen Tradition verschoben. Das ist keineswegs allein der Dominanz marktradikaler Paradigmen geschuldet, wie sie in zahlreichen Untersuchungen thematisiert wird.[9] Unter dem Eindruck der Umwälzungen in Osteuropa, in denen sich Demokratisierungsforderungen oppositioneller Bewegungen mit der Einführung kapitalistischer Wirtschaftsformen verbanden, aber auch getrieben von den Erfahrungen neuer sozialer Bewegungen und deren Protestformen wurden der Eigenwert und die Wandlungsfähigkeit demokratischer Institutionen und Verfahren zu einem zentralen Fokus demokratietheoretischer Debatten.[10] Wer es nicht bei einer Affirmation liberaler Vorstellungen belassen wollte, orientierte sich an Spielarten einer deliberativen, verfahrensorientierten Demokratie.

Der Eigenwert demokratischer Verfahren, der in der Marx'schen Theorie unterbelichtet geblieben ist und vor allem in (post-)stalinistischen und nominalsozialistischen Regimen sträflich missachtet wurde, ist ein Vermächtnis, hinter das die kritische Demokratietheorie im 21. Jahrhundert nicht zurückfallen darf. Selbiges vorausgesetzt, spricht dennoch einiges dafür, dass die Theorien der deliberativen Demokratie in gewisser Weise das Kind mit dem Bade ausschütten.[11] In der Logik einer primär verständigungsorientierten, verfahrensbasierten Demokratie bleibt der Platz dessen, was in demokratischen Verfahren behandelt wird, leer. Der Souverän, das Staatsvolk, entscheidet mit Mehrheit, wie das Vakuum poli-

8 Vgl. Wolfgang Streeck, »How Will Capitalism End?«, in: *New Left Review* 87 (2014), S. 35-64.

9 Vgl. Colin Crouch, *Postdemokratie*, Frankfurt/M. 2008; David Harvey, *A Brief History of Neoliberalism*, Oxford 2005.

10 Vgl. Ulrich Rödel u. a., *Die demokratische Frage. Ein Essay*, Frankfurt/M. 1989.

11 Vgl. Günter Dux, *Demokratie als Lebensform. Die Welt nach der Krise des Kapitalismus*, Weilerswist 2013.

tisch gefüllt werden soll. In einer solchen Demokratie könne, wie Jürgen Habermas argumentiert, »die Leerstelle des positiven Gesetzesbegriffes normativ nicht mehr mit einem privilegierten Klasseninteresse ausgefüllt werden«. Vielmehr müssten »die Legitimitätsbedingungen für das demokratische Gesetz in der Rationalität der Gesetzgebungsverfahren selber aufgesucht werden«.[12]

Was Habermas hier als Privilegierung bezeichnet, ist nichts anderes als die Festschreibung kollektiver Interessen der von Löhnen abhängigen Klassen im Verfassungsrecht. Ebendies hatte der marxistische Politikwissenschaftler Wolfgang Abendroth in seiner Auseinandersetzung mit dem konservativen Verfassungsinterpreten Ernst Forsthoff am Beispiel des westdeutschen Grundgesetzes begründet.[13] Habermas hält Abendroths Konzeption einer auf antagonistischer Vergesellschaftung beruhenden Demokratie für eine Fortschreibung von Hintergrundannahmen der marxistischen Geschichtsphilosophie, in die das Vertrauen wie bei »jeder anderen Geschichtsphilosophie weitgehend geschwunden« sei.[14] Habermas' Verzicht auf die – vermeintliche – Privilegierung von Klasseninteressen, die in der sozialen Realität allenfalls subdominant sind, ist theoretisch folgenreich. De facto wird damit die demokratische von der sozialen Frage entkoppelt. Dadurch erfährt die *Égalité* unausgesprochen eine demokratietheoretische Abwertung. Sie kann sich als Resultat verständigungsorientierter Verfahren durchsetzen, muss es aber nicht. Der Souverän entscheidet. Demokratie wird damit auf ihre Verfahren und Legitimationen reduziert. Ihr Kraftquell ist eine kommunikative Vernunft, die im Prozess der Verständigung bereits angelegt ist.

Ein Grundproblem des deliberativen Demokratieverständnisses wurzelt darin, dass es Voraussetzungen der demokratischen Herrschaftsform metatheoretisch auf Dauer stellt, die historisch betrachtet keineswegs jederzeit gegeben sind. Habermas' Überlegun-

12 Jürgen Habermas, *Faktizität und Geltung. Beiträge zur Diskurstheorie des Rechts und des demokratischen Rechtsstaats*, Frankfurt/M. 1992, S. 559.

13 Vgl. Ernst Forsthoff (Hg.), *Rechtsstaatlichkeit und Sozialstaatlichkeit*, Darmstadt 1968.

14 Jürgen Habermas, *Faktizität und Geltung*, S. 558; vgl. auch Hauke Brunkhorst, »Das revolutionäre Potential des Parlamentarismus«, in: Martin Beck, Ingo Stützle (Hg.), *Die neuen Bonapartisten. Mit Marx den Aufstieg von Trump und Co. verstehen*, Berlin 2018, S. 18-37.

gen beruhen auf der stillen Prämisse, rasches Wirtschaftswachstum lasse sich verstetigen, während der Wohlfahrtsstaat für eine einigermaßen gerechte Verteilung des gesellschaftlichen Mehrprodukts und die »Pazifizierung des Klassenkonflikts«[15] sorge. Entscheidende Voraussetzungen für die Erzeugung von Wirtschaftswachstum und ein relatives Kräftegleichgewicht zwischen den gesellschaftlichen Hauptklassen als Grundlagen für die institutionelle Stabilität von Wohlfahrtsstaat und Demokratie werden nicht mehr problematisiert. Dass die Wirtschaft kontinuierlich wächst und alle einen größeren Anteil vom Kuchen bekommen, gilt als gesetzt. In der Annahme einer engen Koppelung von Wirtschaftswachstum, wohlfahrtsstaatlicher Umverteilung und Stabilität der Demokratie unterscheidet sich Habermas' Konzept nicht vom Mainstream der liberalen Demokratietheorie. Eine »freie Wirtschaft«, schreibt beispielsweise der Politikwissenschaftler Hans Vorländer, schaffe, »besser als andere Formen des Wirtschaftens, Wohlstand. Und Wohlstand scheint fast eine Garantie für die Demokratie zu sein.«[16]

2. Spannungen zwischen Kapitalismus und Demokratie

Doch was geschieht, wenn die enge Koppelung von Wirtschaftswachstum und Demokratie nicht mehr funktioniert? Diese Frage gilt es zu beantworten, weil die alten kapitalistischen Zentren an einen historischen Umschlagpunkt gelangt sind. Die Volkswirtschaften dieser Länder haben »die Zeit des schnellen Wachstums [...] hinter sich gelassen«,[17] sie werden mehr und mehr zu Postwachstumskapitalismen mit vergleichsweise niedrigen Wachstumsraten. Langanhaltende Prosperitätsphasen, die es – wie die Dekade nach der großen Finanz- und Wirtschaftskrise von 2008/2009 belegt – noch immer gibt, verlaufen regional wie national höchst disparat und sind mit einer zunehmend ungleichen Verteilung des erzeugten Reichtums verbunden. Jede Vergrößerung des Bruttoinlandsprodukts (BIP) ist unter den Bedingungen einer fossilen Öko-

15 Jürgen Habermas, *Theorie des kommunikativen Handelns*. Bd. 2. Frankfurt/M. ^{4}1987, S. 510.

16 Hans Vorländer, *Demokratie. Geschichte, Formen, Theorie*, München 2010, S. 108.

17 James K. Galbraith, *Wachstum neu denken. Was die Wirtschaft aus den Krisen lernen muss*, Zürich 2016, S. 9.

nomie zudem mit einem beschleunigten Energie- und Ressourcenverbrauch sowie mit einer Zunahme klimaschädlicher Emissionen verbunden. Lange Zeit wurde das BIP als Indikator für die Mehrung gesellschaftlichen Reichtums geradezu fraglos akzeptiert, und es wird seitens der politischen Eliten noch immer als Voraussetzung der Stabilität von Gesellschaft und Demokratie betrachtet. Doch die zivilgesellschaftlichen Legitimationen des auf hohem Ressourcenverbrauch, industrieller Produktion und Massenkonsum basierenden Wachstumstyps sind brüchig geworden. Deshalb wird wieder stärker spürbar, was die kapitalistische Wachstumsmaschine für einige Jahrzehnte verdeckte: Expansiver Kapitalismus und territorial verankerte, an die Grenzziehungen des nationalen Wohlfahrtsstaates gebundene Demokratien bewegen sich in einem Spannungsverhältnis.

Antagonistische Gesellschaft und politische Demokratie

Marx, dessen Demokratieverständnis häufig auf die missverständliche und oft missbrauchte Formel von der revolutionären »Diktatur des Proletariats«[18] reduziert wird, hat dieses Spannungsverhältnis hellsichtig mit der systemisch bedingten Unvollständigkeit der Demokratie in bürgerlich-kapitalistischen Gesellschaften begründet. Demokratie als »das aufgelöste Rätsel aller Verfassungen«[19] besitzt für ihn eine Doppelgestalt. Logisch betrachtet eignet sich die demokratische Staatsform bestens, um subalterne Klassen zu integrieren und die Bourgeois-Herrschaft sicherzustellen. Die Demokratie gewährt Spielräume für kreatives unternehmerisches Handeln. Sie trägt damit dem konkurrenzgetriebenen Zwang zur fortwährenden Revolutionierung der Produktionsmittel angemessen Rechnung und fördert zugleich die Mystifikation der kapitalistischen Ausbeutung.[20] Demokratie besitzt jedoch stets auch etwas Überschießendes, denn sie beruht auf einer antagonistischen Vergesellschaftung von Politik. Sie ist nicht nur eine integrative Herrschaftsform, sondern bietet zugleich einen institutionellen Rahmen, der für die

18 Karl Marx, *Kritik des Gothaer Programms*, in: MEW 19, Berlin 1962 [1875], S. 28; Hervorh. weggel.

19 Karl Marx, *Zur Kritik der Hegelschen Rechtsphilosophie*, in: MEW 1, Berlin 1973 [1843], S. 231.

20 Karl Marx, *Das Kapital*, Erster Band, in: MEW 23, Berlin 1973 [1867], S. 562.

Emanzipation der Beherrschten und die Überwindung des Kapitalismus genutzt werden kann.[21]

Historisch betrachtet waren es dann auch keineswegs die bürgerlichen Klassen, die Parlamentarismus und Demokratie durchsetzten. Das Bürgertum fürchtete die Dynamik demokratischer Bewegungen und hörte spätestens während der europäischen Revolutionen von 1848 auf, »eine revolutionäre Kraft zu sein«.[22] Allerdings mussten die Verteidiger*innen der sozialen Ordnung fortan lernen, »Politik mit Rücksicht auf das Volk zu machen«.[23] Es bedurfte freilich der Pariser Kommune (1871), um die herrschenden Klassenfraktionen der europäischen Kernländer dazu zu bringen, Parlamente und ein allgemeines Wahlrecht als unvermeidliche Übel zu akzeptieren.[24] In Deutschland war die Novemberrevolution von 1918 nötig, um die Monarchie zu stürzen und elementare politische Freiheiten wie das Frauenwahlrecht durchzusetzen. Selbiges erfolgte im Gleichklang mit elementaren sozialen Rechten wie dem Acht-Stunden-Tag und wurde von organisierten Arbeiterbewegungen getragen, die, ungeachtet aller internen Differenzen, mit sozialistischem oder kommunistischem Selbstverständnis agierten. Während der Entstehung der Weimarer Republik wurden allgemeine, gleiche, freie und geheime Wahlen zur Rückfallposition der herrschenden Eliten, um die Transformation in Richtung von Räterepublik und Diktatur des Proletariats aufzuhalten.[25] Die demokratischen Institutionen blieben jedoch instabil und fielen schließlich einer nationalsozialistischen Herrschaft zum Opfer, in welcher auch das Großbürgertum einem – nunmehr faschistischen – »Bonaparte« unterworfen wurde.[26]

21 »Wir, die ›Revolutionäre‹, die ›Umstürzler‹«, schrieb Friedrich Engels angesichts der sozialdemokratischen Erfolge bei den Reichstagswahlen, »wir gedeihen weit besser bei den gesetzlichen Mitteln als bei den ungesetzlichen und dem Umsturz. Die Ordnungsparteien […] gehen zugrunde an dem von ihnen selbst geschaffenen gesetzlichen Zustand.« Friedrich Engels, *Einleitung zu Karl Marx' »Klassenkämpfe in Frankreich 1848 bis 1850«*, in: MEW 22, Berlin 1990 [1895], S. 525.

22 Eric J. Hobsbawm, *Das lange 19. Jahrhundert, Band 2: Die Blütezeit des Kapitals 1848-1875*, Darmstadt 2017, S. 33.

23 Ebd., S. 39.

24 Vgl. ebd., S. 15.

25 Vgl. Arthur Rosenberg, *Demokratie und Sozialismus. Zur politischen Geschichte der letzten 150 Jahre*, Frankfurt/M. 1962.

26 Vgl. August Thalheimer, »Über den Faschismus«, in: Wolfgang Abendroth u. a.

Wie zuvor der italienische beendete der deutsche Faschismus gewaltsam ein Interregnum, das aus der Sicht der kapitalistischen Eliten eine Revitalisierung von Wirtschaft und Gesellschaft behinderte. Die autoritäre Herrschaftsvariante kam keiner proletarischen Revolution zuvor, wie der kommunistische Häretiker August Thalheimer meinte. Der Faschismus reagierte auf einen mehr oder minder erfolgreichen sozialistischen Reformismus. Innerhalb des demokratischen Rahmens konnte von der »Kapitalistenklasse« nur noch »unter dem ständigen Druck der Arbeiterklasse«[27] regiert werden. Das sollte sich ändern. Als sich die Gelegenheit bot, die Institutionen einer embryonalen sozialen Demokratie zu liquidieren, wurden mit stiller Zustimmung eines erheblichen Teils des Großbürgertums gewaltsam Fakten geschaffen. Der *New Deal* in den USA und die industrielle Demokratie in Schweden belegen indes, dass andere, demokratische Wege aus der Krise möglich waren.

Die Demokratie, so lässt sich resümieren, ist geschichtlich das Produkt und Medium einer antagonistischen Vergesellschaftung von Politik, und, darin möchte ich Jürgen Habermas widersprechen, sie ist es auch noch in der Gegenwart. Deshalb gibt es in kapitalistischen Gesellschaften keine Bestandsgarantie für demokratische Institutionen und Verfahren. Die Demokratie ist für kapitalistische Eliten dann besonders wertvoll, wenn es antagonistische Kräfte zu integrieren gilt. Demokratietheoretisch gewendet bedeutet dies, dass sich Kapitalismus und Demokratie nicht im Gleichklang entwickeln. Abhängig von den jeweiligen gesellschaftlichen Kräfteverhältnissen, sozialen Kämpfen und politischen Konflikten, gehen sie mehr oder minder feste, von Zufällen beeinflusste Synthesen ein, die sich aber durchaus als revidierbar erweisen.

Das Innen und das Außen der Demokratie

Auch im Falle einer gelingenden Integration potenzieller Antagonist*innen existieren jedoch ein Innen und ein Außen der Demokratie. Die demokratische Herrschaftsform ist nicht für alle Weltregionen und für alle Sektoren kapitalistischer Gesellschaften gleichermaßen kompatibel. Das reflektieren Landnahmetheorien,

(Hg.), *Faschismus und Kapitalismus. Theorien über die sozialen Ursprünge und die Funktionen des Faschismus,* Frankfurt/M., Wien 1967, S. 19-38.

27 Otto Bauer, »Der Faschismus«, in: *Werkausgabe*, Band 4, Wien 1976, S, 147.

die davon ausgehen, dass der Kapitalismus sich nicht ausschließlich aus sich selbst heraus reproduzieren kann, sondern fortwährend auf die Okkupation eines nichtkapitalistischen Anderen angewiesen bleibt. Historisch betrachtet thematisiert der Landnahmebegriff in der von mir favorisierten Verwendung[28] eine Entwicklung, die während des letzten Drittels des 19. Jahrhunderts, dem imperialen Zeitalter, einsetzte. Seit dieser Zeit werden Tempo und Wachstumsdynamik der Weltwirtschaft von kapitalistischen Kernstaaten vorgegeben, die den großen Rest sogenannter rückständiger Länder beherrschen. Das daraus resultierende »Privileg«, in einem reichen Land geboren zu sein, hat über Jahrzehnte hinweg und in wachsendem Maße die Komposition der globalen Ungleichheit bestimmt, und es ist noch immer eine wesentliche Ursache für weltweite Migrationsströme.[29]

Rosa Luxemburg war eine der ersten marxistischen Theoretiker*innen, die diese Gleichzeitigkeit ungleicher Entwicklungen systematisch analysierte. Ungeachtet der zahlreichen Irrtümer und Fehlschlüsse, die Luxemburgs Theorie der Akkumulation und externen Mehrwertrealisierung enthält,[30] begründet ihr Hauptwerk eine Gesellschaftstheorie, die einem linearen Fortschrittsdenken widerspricht und eine Pluralität an Ausbeutungs- und Herrschaftsformen anerkennt. Für Luxemburg besitzt die kapitalistische Akkumulations- und Wachstumsdynamik eine Doppelgestalt. Sie vollzieht sich als permanenter Stoffwechsel zwischen inneren kapitalistischen und äußeren, nicht vollständig kommodifizierten Märkten.[31] Nur die inneren Märkte, die auf dem Austausch von Äquivalenten beruhen, ermöglichen eine enge Koppelung von Kapitalismus und Demokratie. Sie bleiben jedoch auf äußere, nichtkapitalistische Märkte angewiesen, die durch außerökonomischen Zwang, Dis-

28 Vgl. Klaus Dörre, »Die neue Landnahme. Dynamiken und Grenzen des Finanzmarktkapitalismus«, in: Klaus Dörre u. a., *Soziologie – Kapitalismus – Kritik. Eine Debatte*, Frankfurt/M. 2009, S. 21-86.

29 Vgl. Branko Milanović, *Haben und Nichthaben. Eine kurze Geschichte der Ungleichheit*, Stuttgart 2017, S. 123.

30 Vgl. Klaus Dörre, »Rosa Luxemburg. Die Akkumulation des Kapitals (1913)«, in: Manfred Brocker (Hg.), *Geschichte des politischen Denkens. Das 20. Jahrhundert*, Berlin 2018, S. 80-95.

31 Vgl. Rosa Luxemburg, *Die Akkumulation des Kapitals. Ein Beitrag zur ökonomischen Erklärung des Imperialismus*, in: Gesammelte Werke, Band 5, Berlin 1975 [1913], S. 311, S. 315.

ziplinierung und ungleichen Tausch strukturiert werden. Äußere Märkte entsprechen nicht einmal der Form nach Beziehungen zwischen Freien und Gleichen.

Die Demokratie als Staatsform und das Recht als Regulation von Markt- und Klassenbeziehungen gründen sich daher auf einem stetigen Stoffwechsel zwischen inneren kapitalistischen und äußeren nichtkapitalistischen Märkten. Rechtliche Kodifizierungen, die in inneren Märkten Kompromisse zwischen Lohnarbeit und Kapital oder anderen Marktteilnehmer*innen fixieren, wirken aus der Perspektive von Akteur*innen in äußeren Märkten – etwa der Bevölkerungen von Kolonien, Sektoren mit außerökonomischen, rassistisch oder sexistisch legitimierten Dominanzverhältnissen oder auch von der Warte rechtloser Fluchtmigrant*innen oder prekarisierter Halbbürger*innen aus – wie ein »Rechtsfetischismus«,[32] hinter dem sich Mechanismen struktureller Gewalt bis hin zu offener Repression verbergen.

Vor dem Hintergrund dieser Doppelgestalt der kapitalistischen Dynamik lässt sich das Spannungsverhältnis von Kapitalismus und Demokratie in zweierlei Hinsicht neu begründen. *Erstens* wird eine Blindstelle all jener Konzeptionen deutlich, die im Anschluss an Antonio Gramsci oder auch an Hugo Sinzheimer, Hermann Heller und Ernst Fraenkel hegemonietheoretisch argumentieren beziehungsweise den Wohlfahrtsstaat als institutionell variierenden Ausdruck eines rechtlich kodifizierten Klassenkompromisses deuten. Solche Theorien haben in erster Linie einen rationalen Kapitalismus vor Augen, der mit der demokratischen Herrschaftsform halbwegs kompatibel ist. Im integralen Staat beruht demokratische Herrschaft auf Hegemonie, auf einem basalen Konsens zwischen Herrschenden und Beherrschten,[33] der aus den sozialen und symbolisch-kulturellen Konflikten der Zivilgesellschaft erwächst. Jeder hegemoniale Konsens ist mit Zwang gepanzert und seine Träger*innen sind klassenübergreifend zusammengesetzte historische Blöcke, deren Projekte Klasseninteressen in die Sphäre der Politik transformieren und so weitgehend unsichtbar

32 Guilherme Leite Gonçalves, *Kapitalistische Landnahme: Eine Erweiterung der kritischen Rechtssoziologie*, Working Paper 4/2017 der DFG-Kollegforscher*innengruppe Postwachstumsgesellschaften, Jena 2017, S. 11 f.

33 Vgl. Antonio Gramsci, *Gefängnishefte*, Band 1-10, Hamburg 1991 ff., S. 120, S. 515, S. 991 f., S. 1310, S. 1610.

machen.[34] Zwang meint hier keineswegs offene oder versteckte Gewalt. Solange die kapitalistische Eigentumsordnung als fraglos vorausgesetzt wird, bedarf der stille ökonomische Zwang zum Verkauf der Arbeitskraft keiner besonderen Legitimation. Deshalb können »außerökonomische Güter« wie soziale Bürger*innen- und Freiheitsrechte relativ egalitär verteilt und die Gleichstellung von Geschlechtern, Ethnien und Nationalitäten gewährt werden, denn sie lassen den Kern der kapitalistischen Herrschaft unberührt.[35]

Im integralen Staat eines halbwegs rationalen Kapitalismus wird das Recht zu einer Regulationsform, die auch Interessen beherrschter Klassen berücksichtigt. Der Kompromisscharakter des Rechts ermöglicht es, wie Wolfgang Abendroth am Beispiel des westdeutschen Grundgesetzes gezeigt hat, sowohl die soziale als auch die transformative Demokratie zu denken. Die basalen Rechtsnormen sind demnach für antikapitalistisch-sozialistische Transformationsstrategien prinzipiell offen.[36] Eine so verstandene transformative Demokratie bedarf keiner geschichtsphilosophischen Begründung. Ihr genügt der Verweis auf die historische Genese und die gesellschaftliche Bedingtheit demokratischer Rechte. Das Problem entsprechender Konzeptionen ist ein anderes. Sie blenden aus, dass die kapitalistische Dynamik keineswegs immer und ausschließlich rationalen Prinzipien folgt. Auch in ihrer wohlfahrtsstaatlichen Gestalt nutzt und (re-)produziert die kapitalistische Vergesellschaftung Regionen, soziale Gruppen, Produktions- und Lebensweisen, die von außerökonomischem Zwang, von offener oder versteckter Gewalt geprägt sind. Diesen diskriminierten, politisch abgewerteten Gruppen in der kapitalistischen (Semi-)Peripherie, aber auch innerhalb der nationalen Kapitalismen bietet die ursprüngliche Idee einer auf antagonistischer Vergesellschaftung beruhenden Demokratie zu wenig, weil sie die soziale Realität äußerer Märkte einigermaßen unbeachtet lässt. Der Kapitalismus existiert eben niemals in seiner reinen, rationalen Gestalt. Er kann sich nur auf Kosten anderer Produktionsweisen und Lebensformen entfalten. Auch in den wohlfahrtsstaatlich regulierten Kapitalismen drehen sich soziale

34 Vgl. Christine Buci-Glucksmann, *Gramsci und der Staat. Für eine materialistische Theorie der Philosophie*, Köln 1981, S. 76.

35 Vgl. Meiksins Wood, *Demokratie*, S. 268-270.

36 Vgl. Frank Deppe, *Politisches Denken im Kalten Krieg. Teil 2: Systemkonfrontation, Golden Age, antiimperialistische Befreiungsbewegungen*, Hamburg 2007, S. 123 ff.

Konflikte daher vielfach um die Frage, ob und welche Gruppen, Regionen und Territorien in den – vollständigen – Genuss demokratischer Rechte gelangen.

Deshalb macht es *zweitens* wenig Sinn, die antagonistische Vergesellschaftung allein auf den Gegensatz von Kapital und organisierter Arbeiter*innenbewegung zurückzuführen. Kapitalistische Landnahmen folgen einem systemisch verankerten Expansionsdrang, der das Leben einer immer größeren Zahl von Menschen, das der Kapitalist*innen eingeschlossen, von Marktimperativen abhängig macht.[37] Der Gegensatz zwischen unendlich gedachter Kommodifizierung und der Begrenztheit jenes nicht marktförmigen Anderen, das – wie der Wohlfahrtsstaat – die Funktionsfähigkeit von Märkten überhaupt erst sicherstellt, strukturiert die antagonistische Vergesellschaftung von Demokratie. Das darin angelegte Spannungsverhältnis enthält den Widerspruch von Lohnarbeit und Kapital, wirkt aber umfassender als Reibung zwischen der letztendlich ungezügelten Expansion kapitalistischer Marktimperative einerseits und der demokratisch verfassten Sozialität andererseits. Neben Klassenkämpfen beinhaltet dieses Spannungsverhältnis Auseinandersetzungen um Geschlechtergerechtigkeit oder ethnisch-national gefärbte Beziehungen ebenso wie den ökologischen Gesellschaftskonflikt. All diese Konfliktlinien bewegen sich relativ unabhängig, sie kreuzen einander, entfalten sich aber nach eigenen Mustern. Spannungen zwischen den Kräften der Marktexpansion und den Gegenkräften werden von historischen Blöcken und Klassenallianzen bearbeitet, die – das hat Karl Polanyi eindrucksvoll gezeigt – autoritäre, ja faschistische Züge annehmen können. Die kapitalistische Dynamik vollzieht sich demnach als Doppelbewegung. Einer liberalen Marktöffnung, in deren Gefolge die fiktiven Waren Arbeit, Boden und Geld so behandelt werden, als seien sie Waren wie jede andere, folgen antiliberale Gegenbewegungen. Politisch unterschiedlich gefärbt, besteht deren einzige Gemeinsamkeit darin, dass sie mit dem liberalen *laissez faire* brechen.[38]

37 Vgl. Ellen Meiksins Wood, *Der Ursprung des Kapitalismus. Eine Spurensuche*, Hamburg 2015, S. 15, S. 37.

38 Vgl. Karl Polanyi, *The Great Transformation. Politische und ökonomische Ursprünge von Gesellschaften und Wirtschaftssystemen*, Frankfurt/M. 1995 [1944].

3. Was unterminiert Demokratie?

Geschichte wiederholt sich nicht. Dennoch lassen sich beim Blick auf den derzeit im Gange befindlichen Umbruch Parallelen zum Polanyi'schen Szenario kaum übersehen. Auf eine Phase radikaler, grenzüberschreitender Marktöffnung, die mit der Implosion des staatsbürokratischen Sozialismus zusätzliche Wucht erhielt, folgte spätestens seit der großen Krise von 2008/2009 eine Periode, in welcher antiliberale, globalisierungskritische, überwiegend (rechts-)populistische Formationen die politische Agenda bestimmen. Wie nicht anders zu erwarten, ist die Interpretation dieses Umschlagpunktes wissenschaftlich wie politisch umkämpft. Nach meiner Auffassung handelt es sich weder um eine »gescheiterte«[39] noch um eine »umkämpfte Globalisierung« in dem Sinne,[40] dass ein wenig sozialdemokratisch-grüne »Verlangsamung« der Prozesse den Fortbestand internationaler Verflechtungen sicherstellen könnte. Die vielschichtige Globalisierung ist, so meine Deutung, *repulsiv* geworden. Mit der zunehmenden Ungleichheit, den niedrigen Wachstumsraten in den früh industrialisierten Ländern, den fortbestehenden Finanzrisiken, der ökologischen Zerstörung und der anschwellenden Fluchtmigration erzeugt sie Rückstoß- und Gegenbewegungen, die in den verursachenden kapitalistischen Zentren strukturbildend wirken.

Das geschieht, weil es sich bei der marktöffnenden Globalisierung um eine Verknüpfung von inneren und äußeren Landnahmen handelt. Bis zur Jahrtausendwende war die expansive, (finanz-)marktgetriebene Globalisierung ökonomisch ein höchst erfolgreiches Wachstumsprojekt. So wie jeder Prosperitätsschub zuvor haben auch die globalen Landnahmen ihre Objekte okkupiert, umgeformt, aufgesogen und auf diese Weise allmählich ruiniert. Allerdings handelt es sich in den alten kapitalistischen Zentren überwiegend um Landnahmen zweiter Ordnung. Damit ist gemeint, dass der Modus Operandi kapitalistischer Expansion an jenen Schutzmechanismen ansetzt, mit deren Hilfe der wohlfahrtsstaatliche Sozialkapitalismus die Funktionsfähigkeit interner Märkte gesichert hatte. Auf die Spitze getrieben, zerstört die

39 Heiner Flassbeck, Paul Steinhardt, *Gescheiterte Globalisierung. Ungleichheit, Geld und die Renaissance des Staates*, Berlin 2018.

40 Colin Crouch, *Der Kampf um die Globalisierung*, Wien 2018.

finanzkapitalistische Landnahme letztlich das Soziale der Demokratie. Ihr Modus Operandi verallgemeinert nicht nur Wettbewerb und Konkurrenz, er weitet zugleich jene Sektoren aus, die sich, weil Marktimperativen gehorchend, demokratischen Entscheidungen entziehen. Wo der Markt und seine Effizienzkriterien herrschen, hat demokratische Politik zu schweigen.

Zu den wichtigsten Repulsionen der Globalisierung gehört die Unterminierung sämtlicher Kräfte und Institutionen, die als soziale Korrektive zur Marktexpansion wirken könnten. In den alten kapitalistischen Zentren sind demobilisierte Klassengesellschaften entstanden, über deren Anatomie wir unter anderem wegen der Klassenvergessenheit der zeitgenössischen Sozialwissenschaften nur wenig wissen. Die Grundtendenz ist jedoch eindeutig. Trotz der längsten Prosperitätsphase seit dem *Golden Age* entwickeln sich die frühindustrialisierten Länder zu Postwachstumskapitalismen, in denen der erzeugte Wohlstand – angeblich – nicht mehr für alle und alles reicht. Während sich die vertikalen, überwiegend klassenspezifischen Ungleichheiten verstärken, sind die gewerkschaftlichen und politischen Organisationen, die auf der Konfliktachse von Kapital und Arbeit agieren, während der gesamten Nachkriegsgeschichte nie so schwach gewesen wie in der Gegenwart.

Innerhalb des politischen Systems findet die soziale Polarisierung daher keine angemessene Repräsentation. Zwar gibt es in der Bundesrepublik eine Fülle an Auseinandersetzungen und Streiks, ja, eine neue Konfliktformation.[41] Es fehlt aber ein öffentlicher Resonanzraum, der es ermöglichen würde, den angehäuften Problemrohstoff klassenpolitisch produktiv zu verarbeiten. Das ist nicht allein ein Problem der von institutioneller Zerstörung bedrohten Linken. Demobilisierte Klassengesellschaften laufen beständig Gefahr, jene Selbststabilisierungsmechanismen (Kreditsystem, Innovationen, wohlfahrtsstaatlich eingehegte Arbeits-Reproduktions-Netzwerke) zu destruieren, die für eine Entschärfung der Folgekosten ungebremster Marktexpansion sorgen könnten. Eine fortschreitende Zerstörung von Sozialität lässt jene Spielarten entdemokratisierter Demokratien entstehen, die eingangs angesprochen wurden. Wir können vier Mechanismen systemischer Entdemokratisierung unterscheiden.

41 Vgl. Klaus Dörre, »Die neue Konfliktformation. Klassen-Kämpfe in fragmentierten Arbeitsbeziehungen«, in: *Industrielle Beziehungen* 23 (2016), S. 348-365.

Dazu gehören (1) Varianten der *marktgetriebenen Entdemokratisierung*. Als eine ihrer wichtigsten Repulsionen hat die Globalisierung weltweit eine enorme Zunahme der Vermögens- und Einkommensungleichheit bewirkt. Das rasche Wachstum in großen und kleinen Schwellenländern, das dort Mittelklassen expandieren lässt, geht teilweise zulasten von beherrschten Klassenfraktionen in den alten Metropolen. Hauptgewinner*innen der Globalisierung sind vermögende Eliten, die überwiegend noch immer in den reichen Gesellschaften des globalen Nordens leben. 44 Prozent des Einkommenszuwachses, der zwischen 1988 und 2008 erzielt wurde, entfielen auf die reichsten fünf Prozent, nahezu ein Fünftel auf das reichste eine Prozent der erwachsenen Weltbevölkerung. Die aufstrebenden Mittelklassen in den Schwellenländern erhielten lediglich zwei bis vier Prozent der absoluten Zuwächse.[42] Für die Verlierer*innen, hauptsächlich die Industriearbeiter*innenschaft und das wachsende Dienstleitungsproletariat der alten Zentren, entfällt damit zunehmend, was Branko Milanović als Ortsbonus der Vermögensverteilung bezeichnet. In einem reichen Land geboren zu sein schützt nicht mehr vor sozialem Abstieg. Während die Unterschiede zwischen Nord und Süd geringer werden, gewinnt die Klassenzugehörigkeit innerhalb der nationalen Gesellschaften für die Verteilung von Lebenschancen weltweit wieder an Bedeutung.

Die Ungleichheit hat ein solches Ausmaß erreicht, dass sie selbst zur Wachstumsbremse geworden ist.[43] Daraus entsteht ein Teufelskreis. Bleiben die Wachstumsraten niedrig und umverteilende Maßnahmen aus, nimmt die Vermögenskonzentration immer weiter zu.[44] An der Spitze der sozialen Hierarchie expandiert gleichwohl eine winzige Gruppe superreicher Vermögensbesitzer*innen, die in einer eigenen Welt mit besonderen Regeln lebt. Riesige Privatvermögen reizen die Geldelite beständig zu Versuchen, »sich zu bereichern, indem sie politischen Einfluss ausüben, um ihren Anteil am vorhandenen Kuchen zu vergrößern, statt zur Wertschöpfung

42 Vgl. Branko Milanović, *Die ungleiche Welt. Migration, das Eine Prozent und die Zukunft der Mittelschicht*, Berlin 2016; Milanović, *Haben und Nichthaben*.

43 Vgl. Marcel Fratzscher, *Verteilungskampf. Warum Deutschland immer ungleicher wird*, München 2016.

44 Vgl. Thomas Piketty, »Das Ende des Kapitalismus im 21. Jahrhundert?«, in: *Blätter für deutsche und internationale Politik* 12 (2014), S. 41-52.

der Wirtschaft beizutragen und auf diese Weise den Gesamtkuchen zu mehren«.[45] Weil der neue Geldadel seine Privilegien schützen will, behindert er eine wirkungsvolle Regulation des Finanzsektors. Die Anlage überschüssigen Geldkapitals im Finanzsektor und die Bereitschaft zu hochspekulativen Geschäften konservieren ein internationales Finanzsystem, dessen fortlaufende Betriebsstörungen jederzeit neue Eruptionen auslösen können.[46] Bisher hat jede Finanzkrise die Umverteilung von unten nach oben forciert. Auch dadurch bedingt, sind am unteren Ende der sozialen Hierarchie Unterklassen mit einem Anteil von 10 bis 15 Prozent an der Bevölkerung entstanden, die nahezu vollständig aus der geschützten Erwerbsarbeit und den kollektiven Sicherungssystemen herausfallen. In der untersten wie der obersten Etage der Einkommens- und Vermögenspyramide haben sich somit soziale Großgruppen herausgebildet, deren Lebensformen und soziale Lagen vom Wirtschaftswachstum nahezu vollständig entkoppelt sind. Während die einen das politische System zu ihren Gunsten manipulieren können, üben sich die anderen in einem überdurchschnittlichen Ausmaß in politischer Abstinenz. Sie verzichten auf ihr Wahlrecht und reagieren auf ihre alltäglichen Ohnmachtserfahrungen mit einem Selbstausschluss aus dem politischen System. Auf gegensätzliche Weise, aber über einen finanzkapitalistischen Kausalmechanismus miteinander verbunden, konstituieren beide Klassen(fraktionen) ein je besonderes Außen der Demokratie.

Marktexpansion und Deregulierung erzeugen als ihre Kehrseite (2) Mechanismen einer *bürokratischen Entdemokratisierung*, die dem Prinzip der »Akkumulation von Macht«[47] folgen. Wie sich anhand der von den europäischen Institutionen diktierten Austeritätspolitik zeigen lässt, benötigt auch ein auf Perfektionierung ausgerichteter bürokratischer Kontrollmodus beständig neues Material. Mit ihrem hohen Verflechtungsniveau und einer noch embryonalen Zivilgesellschaft verkörpern Europäische Union (EU) und Eurozone eine Mischform aus Imperium und transnationalem

45 Chrystia Freeland, *Die Superreichen. Aufstieg und Herrschaft einer neuen globalen Geldelite*, Frankfurt/M. 2013, S. 218.

46 Vgl. Michael Hudson, *Der Sektor. Warum die globale Finanzwirtschaft uns zerstört*, Stuttgart 2016.

47 Hannah Arendt, *Elemente und Ursprünge totaler Herrschaft. Antisemitismus, Imperialismus, totale Herrschaft*, München [11]2006, S. 312-328, hier: S. 314.

Staat, in deren Apparaten der Marktfundamentalismus fest verankert ist. Marktradikale Rezepturen werden auch dann verordnet, wenn dies – wie im Falle der südeuropäischen Krisenländer und insbesondere Griechenlands – gegen jegliche wirtschaftspolitische Vernunft geschieht.

Gut zehn Jahre nach dem Ausbruch der Krise ist mit Griechenland der letzte Staat aus dem europäischen Krisenmanagement entlassen worden. Die Folgen der Austeritätspolitik sind jedoch für das Land verheerend. Griechenland hat sich in eine prekäre Schrumpfungs- und Verschuldungsgesellschaft verwandelt, in der das Bewusstsein einer gestaltbaren Zeit und Zukunft in großen Teilen der Bevölkerung verloren gegangen ist. Zwar weist die Wirtschaft nach einer Dekade der Schrumpfung wieder ein schwaches Wachstum aus, und das Leistungsbilanzdefizit ist ebenso verschwunden wie die chronische Lücke im Staatshaushalt, doch die griechische Bevölkerung hat dafür einen hohen Preis gezahlt. Am Vorkrisenniveau gemessen, hat das Land ein Viertel seiner Wirtschaftsleistung verloren, die Investitionen liegen um zehn Prozent niedriger als vor zehn Jahren, 35 Prozent der Bevölkerung leben an der Armutsschwelle und verfügen über weniger als 400 Euro monatlich. Zugleich verlor Griechenland sieben Prozent seiner Erwerbspersonen durch Abwanderung, darunter vor allem jüngere, gut qualifizierte Arbeitskräfte. Der Schuldenberg verharrt noch immer bei ca. 180 Prozent des BIP. Zwar ist die Schuldentilgung weit in die Zukunft verschoben, doch angesichts des Zwangs, einen hohen Haushaltüberschuss erwirtschaften zu müssen, ist völlig unklar, wie die griechische Wirtschaft zu einem stabilen Wachstumskurs zurückkehren soll. Selbst der frühere Eurogruppenchef und Hardliner Jeroen Dijsselbloem räumt inzwischen ein, dass man von der griechischen Bevölkerung »zu viel verlangt« habe und Griechenland »keine Erfolgsgeschichte« sei.[48]

Dass die europäischen Institutionen trotz desaströser Ergebnisse am Austeritätsdiktat festgehalten haben und sich gegen das Votum des Internationalen Währungsfonds hartnäckig einem Schuldenschnitt verweigern, lässt sich wohl primär darauf zurückführen,

48 *Frankfurter Allgemeine Zeitung*: »Wir haben von der griechischen Bevölkerung zu viel verlangt«, 02. 09. 2018, ⟨https://www.faz.net/aktuell/wirtschaft/eurokrise/haben-von-der-griechischen-bevoelkerung-zu-viel-verlangt-sagt-ex-eurogruppenchef-dijsselbloem-15767461.html⟩, letzter Zugriff 12. 12. 2018.

dass eine Linksregierung diszipliniert werden sollte, die beanspruchte, eine Alternative zum europäischen Marktradikalismus praktizieren zu wollen. Die politisch kalkulierte Beseitigung dieser Alternative beruht auf fortwährend ausgeübter struktureller Gewalt. Mit Syriza wurde eine linkssozialistische Partei gezwungen, gegen ihr eigenes Programm eine Austeritätspolitik durchzusetzen, welche Entwicklungsmöglichkeiten von Bevölkerungsmehrheiten blockiert. Griechenland ist daher ein Musterbeispiel für Landnahme mittels bürokratischer Entdemokratisierung. Ein ganzes Land wurde aus dem finanzialisierten Akkumulationsprozess herausgeschleudert und mittels härtester bürokratischer Kontrolle zu neuen Konditionen wieder hineingezwungen. Privatisierungen von öffentlichem Eigentum wie Häfen und Regionalflugplätze sowie tiefe Einschnitte beim Sozialeigentum – wiederholte Kürzungen von Pensionen, Absenkung des Mindestlohns, faktische Außerkraftsetzung des Arbeitsrechts und des Tarifsystems – werden innerhalb von demokratischen Institutionen praktiziert, die angesichts fehlender Entscheidungsbefugnisse der nationalen Regierung längst zur bloßen Fassade degeneriert sind. Im Ergebnis entsteht eine Peripherie, die im europäischen Maßstab ein Außen demokratischer Herrschaft darstellt.

Griechenland ist zugleich ein Beispiel für einen Wirkungszusammenhang, den Peter A. Victor mit bitterer Ironie als »degrowth by disaster«[49] bezeichnet hat. Damit ist gemeint, dass ausgerechnet desaströse ökonomische Krisen eine Schrumpfung des BIP und damit zugleich eine – ökologisch eigentlich erwünschte – Reduktion klimaschädlicher Emissionen bedeuten. So war 2009 das einzige Jahr, in welchem die Emissionen zuletzt im Weltmaßstab absolut zurückgingen. Hauptursache war der krisenbedingte Einbruch industrieller Produktion. Als die Weltwirtschaft auf einen Wachstumskurs zurückkehrte, erreichten die Emissionen rasch wieder Rekordniveau. Dieser Mechanismus, der sich in allen kapitalistischen Zentren beobachten lässt, ist (3) mit einer *simulativ-symbolischen Entdemokratisierung* verbunden. Das Grundproblem des ökologischen Gesellschaftskonflikts ist den kapitalistischen Eliten seit langem bekannt: Wirtschaftswachstum auf fossilistischer Grundlage mündet im Erfolgsfall selbst bei niedrigen Wachstumsraten in eine

49 Vgl. Peter A. Victor, *Managing Without Growth. Slower by Design, Not Disaster*, Cheltenham/Northampton 2008.

Expansion von Produktions- und Lebensweisen, die sich im globalen Maßstab nicht verallgemeinern lassen. Das »›Aufschließen‹ aller nationalen Ökonomien zu den Produktions- und Konsumptionsweisen der am stärksten entwickelten Industriegesellschaften würde den Planeten unbewohnbar machen«.[50] Daraus folgt, dass die demokratisch legitimierten Entscheidungen in den reichen Ländern des Nordens, die die Luxusproduktion und den Luxuskonsum verstetigen, de facto darauf hinauslaufen, ärmeren Ländern und ihren Bevölkerungen jede Entwicklungschance zu nehmen.

Demokratietheoretisch bedeutsam ist nun, dass der ökologische Gesellschaftskonflikt oftmals nach dem Muster einer »simulativen Demokratie«[51] bearbeitet wird. Die gesamte politische Klasse redet fortwährend über den Klimawandel und dessen desaströse Folgen, doch politisch-praktisch geschieht wenig bis nichts. Der Kohleausstieg wird verzögert, der autoindustrielle Komplex trotz Dieselskandal geschützt. Als Folge steigen die CO_2-Werte auch in Deutschland seit Jahren wieder an, während Alternativen zur fossilistisch-ressourcenintensiven Wirtschaft blockiert werden. Einst ein Protagonist der ökologischen Wende, wird die Bundesrepublik 2020 voraussichtlich alle vereinbarten Klimaziele verfehlen. Zugleich verstärkt der ökologische Konflikt Spannungen, die in den fragmentierten Klassengesellschaften des reichen Nordens ohnehin angelegt sind. Wieder einmal werden, wie im Falle der Braunkohle oder der Abgaswerte von Verbrennungsmotoren, ökologische Zielsetzungen bewusst gegen soziale und Beschäftigungsinteressen ausgespielt – eine Konstellation, in der häufig genug die ökologische Nachhaltigkeit den Kürzeren zieht.

Die Digitalisierung, deren zweite Phase wir derzeit erleben, fügt den geschilderten Mechanismen (4) eine *technologische Entdemokratisierung* hinzu. Protagonist*innen der digitalen Landnahme sind Technologiekonzerne mit oligopolitischer Marktmacht, die auf vielfältige Weise mit Kreditinstituten und institutionellen Anlegern verflochten sind. Die Technologiekonzerne agieren mit ihren Fonds eigenständig an den Finanzmärkten. Zudem fließt ihnen

50 Thomas McCarthy, *Rassismus, Imperialismus und die Idee menschlicher Entwicklung*, Berlin 2015, S. 375.

51 Ingolfur Blühdorn, »Nicht-Nachhaltigkeit auf der Suche nach einer politischen Form. Konturen der demokratischen Postwachstumsgesellschaft«, in: *Berliner Journal für Soziologie* 28 (2018), S. 151-180.

das überschüssige Kapital von institutionellen Anlegern und staatlichen Vermögensfonds in großem Umfang zu. Das treibt nicht nur die Unternehmenswerte in die Höhe, sondern verschafft den Technologiekonzernen die finanzielle Basis ihres Geschäftsmodells.[52] Letzteres basiert auf der Landnahme von Wissen, von gespeicherter geistiger Arbeit und Informationen über soziale Beziehungen. In verfügbare Daten umgewandelte Wissensbestände bilden den Rohstoff, den der digitale Kapitalismus für kommerzielle Zwecke nutzt. Dieser Informationsrohstoff, der in Teilen ausschließlich in privater Verfügung einzelner oder als Allmende zur Verfügung stand, wird nun im Zuge einer digitalen Landnahme als Gratisprodukt angeeignet und in private Eigentumstitel überführt.

Die privatkapitalistische Aneignung von Informationen und Nutzerdaten erfolgt über ein Angebot an vermeintlich kostenlosen Dienstleistungen. Gleich ob Google, Facebook oder Twitter – jede dieser Dienstleistungen finanziert sich teilweise über Aufmerksamkeitsarbeit, die sich in einer Flut von elektronischen Werbeaktivitäten bemerkbar macht. Indem wir digitale Dienstleistungen konsumieren, betätigen wir uns zugleich als unbezahlte Datenlieferant*innen. Beabsichtigt oder unbeabsichtigt liefern wir Informationen, die sich von den Technologiekonzernen gewinnbringend vermarkten lassen.[53] Die Verarbeitung und Weitergabe von Daten geschieht weitgehend ohne gesellschaftliche Kontrolle. So hat Facebook offenbar Datenbestände an Dritte verkauft, die diese Informationen für Interventionen in den US-amerikanischen Wahlkampf genutzt haben. Damit wird die bürgerliche Öffentlichkeit selbst zum Objekt der digitalen Landnahme. Einerseits entsteht ein globaler Informationsraum, der neue Möglichkeiten zu grenzüberschreitender Kommunikation und kollaborativer Produktion eröffnet, andererseits machen sich Tendenzen zu einer Fragmentierung von Öffentlichkeiten bemerkbar, die jenen diskursiven Raum entwerten, der an der Nahtstelle von Normengenerierung und gesellschaftlich-staatlicher Strukturbildung angesiedelt ist.

Diese Widersprüchlichkeit macht sich in Fernsehen, Rundfunk, Zeitungsredaktionen, aber auch in den produzierenden Unternehmen bemerkbar. So bietet eine geeignete Software die Möglichkeit,

52 Vgl. Evgeny Morozov, *Smarte neue Welt. Digitale Technik und die Freiheit des Menschen*, München 2013.

53 Vgl. Nick Srnicek, *Platform Capitalism*, Cambridge 2017.

Entscheidungsprozesse in Unternehmen bis hin zur Wahl der Geschäftsführung zu demokratisieren. Digitale Foren stehen aber häufig in Konkurrenz zur institutionalisierten Mitbestimmung und zu verbrieften Partizipationsrechten. Solche Rechte werden von einem digitalen Unternehmensdespotismus, wie ihn beispielsweise führende Unternehmen im Onlinehandel (Amazon, Zalando) praktizieren, regelrecht bekämpft. Jenseits der betrieblichen Arbeitswelt ist die Lage kaum besser. Zwar haben soziale Bewegungen wie *Occupy* oder *Los Indignados* (die Empörten) von der digitalen Kommunikation profitiert, doch es ist kaum zu übersehen, dass die rechtspopulistische »Gegenrevolution«[54] bei der Nutzung neuer Medien einen Vorsprung besitzt. Das Internet und dessen Teilöffentlichkeiten sind zu einem wichtigen Terrain rechtspopulistischer Mobilisierung geworden. Bei der Propaganda 4.0 geht es nicht mehr darum, andere zu überzeugen, sondern recht zu behalten und den Gegner zu besiegen. Die Zerstörung von glaubwürdigen Öffentlichkeiten und eine umfassende Manipulation sind die äußerste Konsequenz einer technologischen Entdemokratisierung, die in der digitalen Landnahme von Wissen bereits angelegt ist.

4. Hat (transformative) Demokratie eine Zukunft?

Gibt es angesichts der entfesselten Dynamik kapitalistischer Landnahmen, die nicht einmal vor sozialen Beziehungen und Öffentlichkeiten Halt macht, überhaupt noch Chancen für die Demokratie? Analytisch ist bei der Beurteilung von Zukunftsaussichten für demokratische Herrschaft Skepsis geboten. Dennoch möchte ich diese Frage im Sinne des politischen Wollens mit einem vorsichtigen »Ja« beantworten. Zunächst lässt sich konstatieren, dass die fortschreitende Entdemokratisierung einen Legitimationsverlust marktradikaler Politiken bewirkt hat. Der Neoliberalismus und der angebliche Sachzwang Globalisierung sind diskreditiert. Wo sie weiterhin politische Entscheidungen bestimmen, können sie sich nicht mehr auf einen stabilen zivilgesellschaftlichen Konsens berufen. Der Marktradikalismus gründet sich heute auf Lo-

54 Angela Nagle, *Die digitale Gegenrevolution. Online-Kulturkämpfe der Neuen Rechten von 4chan und Tumblr bis zur Alt-Right und Trump*, Bielefeld 2018.

yalitätsbekundungen, die vornehmlich von Angst getrieben sind.[55] Allerdings eröffnet die Hegemoniekrise des globalisierungsaffinen marktliberalen Machtblocks Chancen für Veränderungen.[56] Gegenwärtig wird dieses Gelegenheitsfenster aber kaum für den Aufbau einer neuen, radikaldemokratischen Ordnung, sondern zur Durchsetzung autoritärer Herrschaftsvarianten genutzt. Rechtspopulistischen Bewegungen und Parteien kommt zugute, dass sie sich als demokratische Alternative zum vermeintlichen Sachzwang Globalisierung zu präsentieren vermögen. Das unterscheidet sie von Mitte-Links-Parteien, die in der Selbstunterwerfung unter die Imperative der globalen Landnahme noch immer die einzige Möglichkeit sehen, politisch handlungsfähig zu bleiben.

In dem Maße wie die imaginäre, weil letztlich herrschaftskonforme Revolte der Neuen Rechten[57] Anhänger*innen gewinnt, steht die Demokratie als Integrationsinstrument auch für Teile der kapitalistischen Eliten wieder zur Disposition. Die Meinungsführer*innenschaft geht mehr und mehr an einen rechtspopulistischen, national-sozialen oder national-liberalen Block über, dem in Deutschland neben der AfD als politischem Kern tendenziell auch Teile von CSU und FDP zuzurechnen sind. Einmal zur Macht gelangt, etabliert dieser Block in manchen Ländern einen *leaderismo*,[58] dessen Repräsentanten von Berlusconi bis Trump die Regierungsgeschäfte im Stil eines autoritären Unternehmers führen. Die Polarisierung zwischen liberalen und nationalistischen Eliten kann aber nur deshalb politikbestimmend werden, weil der strukturell widersprüchlichen Vergesellschaftung von Politik der handlungsmächtige Antagonist abhandengekommen ist. Zugespitzt formuliert: Für die herrschenden Klassen gibt es nichts mehr zu integrieren, ihnen fehlt der gesellschaftliche Herausforderer. Deshalb wird mit den demokratischen und teilweise auch den sozialen Rechten wieder etwas in Frage gestellt, was neben dem Wirtschaftswachstum über Jahrzehnte hinweg die Stabilität und Integrationskraft westlicher

55 Vgl. Perry Anderson, *Hegemonie. Konjunkturen eines Begriffs*, Berlin 2018.

56 Vgl. Chantal Mouffe, *Für einen linken Populismus*, Berlin 2018, S. 11.

57 Vgl. Klaus Dörre u. a., »Arbeiterbewegung von rechts? Motive und Grenzen einer imaginären Revolte«, in: *Berliner Journal für Soziologie* 28 (2018), S. 55-90.

58 Pietro Ingrao, Rossana Rossanda, *Verabredungen zum Jahrhundertende. Eine Debatte über die Entwicklung des Kapitalismus und die Aufgaben der Linken*, Hamburg 1996.

Kapitalismen garantierte. Soll die Demokratie wieder gestärkt werden, muss sie gegen einen kapitalistischen Expansionismus in Stellung gebracht werden, der sowohl in seiner marktfundamentalistisch-liberalen als auch in seiner radikal-nationalen Variante[59] entdemokratisierend wirkt. Vier Ansatzpunkte halte ich hierbei für zentral.

Demokratietheoretisch muss es (1) darum gehen, die Selbstbeschränkung auf verständigungsorientierte, deliberative Verfahren zugunsten einer substanzielleren Vorstellung der Selbstregierung des *dēmos*, des demokratischen Souveräns zu ersetzen. Dafür reichen präsentische Varianten von Demokratie, die mit antistaatlicher Attitüde für Selbstorganisation und kommunitäre Vergemeinschaftung plädieren,[60] keineswegs aus. Gleiches gilt für modische Varianten einer aleatorischen Demokratie,[61] in welcher, zusätzlich zu etablierten Verfahren, jene Personen, die zukunftsträchtige Entscheidungen treffen sollen, »ausgewürfelt« werden. Gemeinsam ist diesen höchst disparaten demokratietheoretischen Ideen, dass sie den antagonistischen Charakter der Vergesellschaftung von Politik verkennen. Gesellschaftliche Antagonismen lassen sich weder durch Rückzug ins Gemeinschaftliche noch durch Würfelspiele außer Kraft setzen. Sie müssen aus ihrer Latenz herausgeholt und politisch sichtbar gemacht werden. Dazu gilt es, das Recht als Regulationsform des nunmehr sozial-ökologischen Gesellschaftskonflikts neu zu entdecken. Das kann geschehen, indem sozial-ökologische Nachhaltigkeitsziele Verfassungsrang erhalten. Luft, Wasser, elementare Bildung, Mobilität und ausreichende Nahrung benötigen rechtliche Garantien, um jederzeit als öffentliche Güter verfügbar zu sein. Das Sozialstaatspostulat könnte mit einem erweiterten Recht auf ein gutes Leben verbunden werden, das eine Bestandssicherung für öffentliche Güter und eine nachhaltige Nutzung endlicher Naturressourcen zwingend einzuschließen hätte.

Eine solche Privilegierung sozialer und ökologischer Überle-

59 Vgl. Wilhelm Heitmeyer, *Autoritäre Versuchungen. Signaturen der Bedrohung 1*, Berlin 2018.

60 Vgl. Michael Hardt, Antonio Negri, *Assembly. Die neue demokratische Ordnung*, Frankfurt/M. 2018.

61 Vgl. Hubertus Buchstein, »Auf dem Weg zur Postwachstumsgesellschaft – Von der Resonanztheorie zur aleatorischen Demokratie«, in: *Berliner Journal für Soziologie* 28 (2018), S. 209-236.

bensinteressen kann zunächst nur im Innenraum der parlamentarischen Demokratien erfolgen. Deshalb bleibt der demokratische Nationalstaat bis auf Weiteres die wichtigste Arena für eine Durchsetzung sozial-ökologischer Rechte. Das ändert nichts an der Notwendigkeit, den Geltungsbereich von Überlebensrechten Schritt für Schritt auf das Andere der Demokratie auszuweiten. Zu diesem Anderen gehören globale Migrationsbewegungen, die voraussichtlich viele Jahrzehnte anhalten werden. Migration ist Zuwanderung, und Zuwanderung bedeutet Einmündung in die Klassenstruktur der aufnehmenden Gesellschaft. Die Schaffung neuer und eine Verteidigung alter wohlfahrtsstaatlicher Standards, die Migrant*innen eine positive Einmündung erleichtern, gehören ebenso selbstverständlich zum Kernbestand der transformativen Demokratie wie das offene Angehen von harten Konflikten, die mit der Zuwanderung zwangsläufig verbunden sind.

An der Migrationsproblematik zeigt sich (2), dass Demokratie transformativ werden muss und deshalb eine internationale und das heißt auf absehbare Zeit eine europäische Perspektive benötigt. So dürfen das Recht auf Asyl und das Bleiberecht nach der Genfer Flüchtlingskonvention nicht durch eine ständige Ausweitung angeblich sicherer Herkunftsstaaten ausgehöhlt werden. Ein Nansen-Pass,[62] der die Mitverantwortung von Industrieländern für den Klimawandel anerkennt, wäre ein wichtiger Schritt, um legale Einwanderungsmöglichkeiten zu schaffen und allmählich zu erweitern. Die Aufstockung der Entwicklungshilfe auf jene 0,7 Prozent des BIP, die für Industriestaaten seit Langem vereinbart sind, aber nur selten erreicht werden, sowie die Bereitstellung jener wenigen Milliarden, die nötig wären, um den Hunger von weltweit 821 Millionen Menschen zu beseitigen, gehören ebenfalls zu den Maßnahmen, die sofort umsetzbar wären.

Wie die Migration, so ist auch keine der anderen Repulsionen von Globalisierung – seien es soziale Ungleichheiten, ökologische Gefahren, die Digitalisierung oder die Risiken globaler Finanzmärkte – ausschließlich auf nationalstaatlicher Ebene anzugehen. Deshalb führen Demokratisierungsstrategien über ein neu gegründetes Europa, das sich zum Protagonisten globaler sozialer und

62 Der Nansen-Pass war ein Reisepass für staatenlose Flüchtlinge und Emigrant*innen. Er wurde 1922 vom Hochkommissar des Völkerbundes für Flüchtlingsfragen, Fridtjof Nansen, für russische Flüchtlinge entworfen.

ökologischer Rechte macht. Dergleichen setzt die Abkehr von einer Austeritätspolitik, die ganze Gesellschaften zerstört, zwingend voraus. Eine Demokratisierungspolitik, die den bürokratisch verfügten Marktradikalismus kritisiert, ist alles andere als antieuropäisch. Die Europäische Union wird als ökonomischer Verflechtungsraum nur eine Zukunft haben, sofern sie zu einer sozial-ökologischen Union wird. Dazu benötigt sie demokratische Projekte von oben und von unten. Solche Projekte könnten sein: ein europäischer Mindestlohn, der in Relation zu den Lohnniveaus der Mitgliedsstaaten bestimmt wird; eine europäische Arbeitsversicherung, in die alle gesellschaftlichen Gruppen einschließlich der Unternehmer*innen, Selbstständigen, Beamt*innen etc. einzahlen; eine doppelte europäische Staatsbürger*innenschaft, die alle in Europa Lebenden ohne hohe bürokratische Hürden sowohl zu EU-Bürger*innen als auch zu *Citoyens* in jenen Staaten macht, in denen sie leben.

Wer ökologische Nachhaltigkeit und globale Gerechtigkeit will, muss (3) mit einer offensiven Rückverteilung des gesellschaftlichen Reichtums beginnen. Demokratische Rückverteilung ist das vornehme Anliegen einer inklusiven, demokratischen Klassenpolitik, die neu erfunden werden muss. Die steuerpolitische Abschöpfung von Digitalisierungsrenditen wäre hier ein erster wichtiger Schritt. Beim Rückverteilen könnte ein europäischer und später erweitert-internationaler Streikfonds helfen, der länderübergreifende Arbeitskämpfe in transnationalen Wertschöpfungsketten möglich macht,[63] Löhne zum Leben, deutlich oberhalb von Mindestlöhnen, gehören ebenso zum klassenpolitischen Repertoire wie eine intelligente, ökologisch ausgerichtete Industrie- und Dienstleistungspolitik, die der Prekarisierung von Arbeit und Leben entgegenwirkt. Entsprechende Ansätze sollten mit einer Arbeitszeitpolitik verbunden werden, die eine kurze Vollzeit für alle (kollektive Arbeitszeitverkürzung auf zunächst 32 Stunden, die es Unterbeschäftigten erlaubt, länger zu arbeiten), verbunden mit einer bedingungslosen Grundzeit für jede und jeden (das Recht, auf Zeit aus der Erwerbsarbeit auszuscheiden, finanziert durch einen gesellschaftlichen Fonds) zu einem branchenübergreifenden nationalen und später europäischen Thema macht.

Der Weg zu mehr ökologischer und sozialer Nachhaltigkeit

63 Diese Idee verdanke ich Martin Seeliger.

führt über den Kampf gegen Luxuskonsum, Vermögenskonzentration und Einkommensungleichheit auch und gerade in den alten kapitalistischen Zentren. Anstelle ökologisch begründeter Austerität benötigt dieser Weg eine Politik der substanziellen Gleichheit und Gleichwertigkeit aller Menschen. Statt die Grenzen zwischen Ausbeutenden und Ausgebeuteten zu verwischen, muss demokratische Klassenpolitik darauf zielen, das kollektive Selbstbewusstsein von Lohnabhängigen zu stärken. Das ist nur möglich, wenn sie die Pluralität von Konfliktachsen und Gegenkräften anerkennt und eine – freilich begrenzte – Vielfalt von Ausbeutungsbeziehungen offensiv thematisiert. Mit Hilfe eines erweiterten Arbeits- und Ausbeutungsverständnisses kann die alte Idee eines demokratischen Klassenkampfes, der verbindlichen Regeln folgt, mit neuem Leben erfüllt werden. Dessen Grundidee besagt, dass Konflikt und Dissens Bedingungen einer funktionierenden Demokratie sind. Diese Idee zu europäisieren und zu internationalisieren, ist eine mehr als anspruchsvolle Aufgabe. Lohnabhängige mit deutscher Staatsbürger*innenschaft hätten zu lernen, dass sie mit griechischen, polnischen, chinesischen oder auch migrantischen Beschäftigten im Inland mehr gemeinsam haben als mit nationalen oder internationalen Wirtschaftseliten.

Auf längere Sicht kann sich die Demokratie indes nur behaupten, sofern (4) demokratische Entscheidungsbefugnisse auf die Wirtschaft und die großen transnationalen Konzerne ausgeweitet werden. Entscheidungen über das Wie, Was und Wozu von Produktion und Investition berühren kollektive Überlebensinteressen. Deshalb dürfen sie nicht länger kleinen Minderheiten mit faktisch uneingeschränkter Verfügungsmacht überlassen bleiben. Eine bloße Rückkehr zur klassischen sozialdemokratischen Umverteilungspolitik bliebe freilich hinter dieser Anforderung zurück. Es geht nicht um eine restaurative soziale, sondern um eine transformative sozial-ökologische Demokratie. Eine zeitgemäße demokratische Transformationspolitik kommt nicht umhin, die Eigentumsfrage neu zu stellen. Der kapitalistische Besitz als dynamisches Prinzip der Vermehrung von Eigentum um seiner selbst willen[64] hat keine Zukunft. Kapitalistisches Privateigentum und sozialistisches Staatseigentum haben sich als gleichermaßen untauglich erwiesen,

64 Arendt, *Ursprünge*, S. 328.

die großen gesellschaftlichen Herausforderungen zu bewältigen. Deshalb benötigen transformative Demokratien insbesondere in den strategischen Schlüsselsektoren der Gesellschaft (Finanzwesen, Hochtechnologie, Energie- und Wasserwirtschaft, Verkehrswesen, Landwirtschaft) neue kollektive Eigentumsformen, die Beschäftigte zu Miteigentümer*innen machen. Große Unternehmen müssen auf längere Sicht in Mitarbeiter*innengesellschaften umgewandelt und in ihren Entscheidungen an einen Kollektivwillen gebunden werden, der innerhalb wie außerhalb der Unternehmen zu institutionalisieren ist. Dieser Kollektivwille sollte Verbraucher*innenorganisationen, NGOs und Umweltverbände einbeziehen, um korporative Blockbildungen zu vermeiden. Daneben gibt es Formen eines kollektiven Selbsteigentums – Energiegenossenschaften, Selbsthilfeeinrichtungen, Non-Profit-Organisationen oder Ansätze einer solidarischen Ökonomie –, die ebenfalls zu stärken sind. Auf diese Weise können nichtkapitalistisch organisierte Wirtschaftssektoren nach Maßgabe einer induktiven gesellschaftlichen Rahmenplanung Schritt für Schritt ausgedehnt werden, um so das Terrain der privaten Profitwirtschaft immer weiter einzuengen.

Spitzen wir zu: Weil Demokratie in der bürgerlichen Gesellschaft und über sie hinaus auf einer antagonistischen Vergesellschaftung des Politischen beruht, ist sie im Grunde nur noch überlebensfähig, wenn diese Antagonismen im öffentlichen Raum ausgetragen werden. Das gilt insbesondere für Phasen beschleunigter gesellschaftlicher Transformation, in welcher die Sehnsucht nach vergangenen gesellschaftlichen Verhältnissen virulent wird, die sich nicht wiederherstellen lassen. In einer solchen Konstellation fördert es die Demokratie, wenn die Systemfrage nicht einer rückwärtsgewandten Rechten überlassen bleibt. Um der populistischen Rechten Konkurrenz zu machen, vor allem aber, um selbst glaubwürdig zu sein, kommt die gesellschaftliche Linke nicht umhin, ihre Zukunftsprojekte mit einer politischen Philosophie zu verbinden, die im positiven Sinne polarisiert. Deshalb lautet mein Vorschlag, die abgebrochene und teilweise verschüttete Diskussion um eine neo-sozialistische Option wieder aufzunehmen.[65] Ich will nicht verhehlen, dass dieser Vorschlag hochgradig polarisiert. Das sollte alle, die sich der demokratischen Linken zurechnen, nicht da-

65 Vgl. Klaus Dörre, »Neo-Sozialismus oder: Acht Thesen zu einer überfälligen Diskussion«, in: *Blätter für deutsche und internationale Politik* 6 (2018), S. 105-115.

von abhalten, diese Option ernsthaft zu prüfen. Dass Provokation von Vorteil sein kann, hat der US-amerikanische Linksdemokrat Bernie Sanders in einem Interview eindrucksvoll begründet. Auf die Frage, ob er bedauere, sich für einen demokratischen Sozialismus ausgesprochen zu haben, weil seine volksnahe Botschaft ohne das S-Wort vielleicht besser angekommen wäre, antwortete er: »Nein, ich bedauere das nicht. Für mich bedeutet demokratischer Sozialismus, dass ich auf dem aufbaue, was Franklin D. Roosevelt sagte, als er dafür kämpfte, allen Amerikanern grundlegende wirtschaftliche Rechte zu garantieren. Und es bedeutet, dass ich auf dem aufbaue, was Martin Luther King im Jahre 1968 sagte: ›In diesem Land gibt es Sozialismus für die Reichen und erbarmungslosen Individualismus für die Armen.‹ [...] Für mich bedeutet Sozialismus, dass wir eine Volkswirtschaft aufbauen, die nicht nur für die Reichen, sondern für alle funktioniert.«[66] Eine solche Wirtschaft kann, so sei hinzugefügt, keine stationäre sein, aber sie kann und darf aus Gründen sozialer wie ökologischer Nachhaltigkeit nur noch langsam und bei Abkehr von ihren fossilen Grundlagen und damit qualitativ anders wachsen.[67]

Mit seinem Vorschlag trifft Bernie Sanders den Kern einer demokratisch-transformativen Klassenpolitik. Es kommt darauf an, die Provokation eines neuen, demokratischen Sozialismus mit populären, nicht populistischen Projekten zu verbinden. Ein demonstrativ zur Schau gestellter kultureller Antiliberalismus[68] oder ein »Aufstehen«, das eher wie Zurück zur Sozialdemokratie eines Willy Brandt wirkt, hat mit Sanders' Politikansatz indes wenig gemein. Ob es sich beim demokratischen Sozialismus »Made in USA« um eine realisierbare Politik mit Nachahmungswert für Deutschland und Europa handelt, ist ungewiss. Doch so viel wissen wir genau: Die 1968er-Revolte ereignete sich, als niemand mit ihr rechnete. Ihre Protagonist*innen entdeckten den Klassenkampf neu. Es handelte sich aber auch um eine kulturelle Rebellion für sexuelle

66 »›Demokratischer Sozialismus bedeutet, dass wir eine Wirtschaft aufbauen müssen, die nicht nur den Reichsten, sondern allen nützt.‹ Ein Interview mit Bernie Sanders«, in: Loren Balhorn, Bhaskar Sunkara (Hg.), *Jacobin. Die Anthologie*, Berlin 2018, S. 271-289, hier S. 282 f.

67 Vgl. Galbraith, *Wachstum neu denken*, S. 265.

68 Vgl. Nils Heisterhagen, *Die liberale Illusion. Warum wir einen linken Realismus brauchen*, Bonn 2018.

Befreiung, Frauenemanzipation, Bürger*innenrechte und in ihrer Fernwirkung um einen Aufstand gegen ökologische Zerstörung. »Enteignet Springer!«, lautete eine ihrer Losungen. »Enteignet Zuckerberg, demokratisiert Facebook!«, könnte zum Schlachtruf einer Bewegung des 21. Jahrhunderts werden, die die Demokratie stärkt, indem sie ihren Geltungsbereich ausweitet und den Kapitalismus in Frage stellt. Würde ein solcher Akteur zumindest eine angemessene Besteuerung marktbeherrschender Konzerne durchsetzen, wäre das bereits ein bedeutender Schritt. Bleibt der Antagonist aus, könnte angesichts der Ratlosigkeit kapitalistischer Eliten und der Ohnmacht subalterner Klassen drohen, wovor die ehemalige Außenministerin der USA, Madeleine Albright, jüngst eindringlich gewarnt hat – ein neuer Faschismus und die vollständige Zerstörung jeglicher Demokratie![69]

69 Vgl. Madeleine Albright, *Faschismus. Eine Warnung*, Köln 2018.

Die schwierige Ehe der Demokratie mit dem Kapitalismus: Überlegungen zu Klaus Dörres Beitrag

Michelle Williams

Bei der Beantwortung der Frage »Was läuft falsch mit der Demokratie?« betont Klaus Dörre mit Nachdruck, dass nichts mit der Demokratie falsch läuft, sondern das Problem in der komplizierten und widersprüchlichen Beziehung zwischen Demokratie und Kapitalismus liegt. Was hat sich nach einem Jahrhundert Ehe zwischen Demokratie und Kapitalismus geändert? Warum erleben wir in vielen seit langem existierenden Demokratien wie zum Beispiel Griechenland, den USA und Indien immer häufiger Verstöße gegen die Rechtsstaatlichkeit und die politischen Freiheiten? Bei der Analyse dieses Rätsels legt Dörre dar, dass »die demokratische Herrschaftsform auf dem Altar eines expansionistischen Kapitalismus geopfert [wird], der zwecks Bestandssicherung zunehmend auf autoritäre Praktiken angewiesen ist«.[1] Für Dörre ist es nicht die Demokratie, die in einer Krise steckt, sondern was wir derzeit erleben, ist das Auftauchen von »entdemokratisierten Demokratien« oder »demokratischer Nichtdemokratien«, in denen Staaten ihren Bevölkerungen gegenüber nicht mehr rechenschaftspflichtig sind, sondern nach dem Diktat von externen Mächten handeln. Dies legt nahe, dass wir zwar demokratische Formen haben (die Repräsentation durch Wahlen), aber keine substanzielle Demokratie (im Sinne einer wirklichen Herrschaft des Volkes für das Volk). Ich stimme weitgehend mit Dörres Position überein und konzentriere deshalb meine Überlegungen auf eine Perspektive aus Südafrika. Ein Blick auf die gleichen Fragen aus der Perspektive des globalen Südens, den Peripherien des Kapitalismus, ergibt eine etwas andere Interpretation der Probleme und hilft, unser Verständnis der historisch und räumlich kontingenten Erfahrungen des globalen Kapitalismus und der Demokratie zu vertiefen.

1 Klaus Dörre, in diesem Band, S. 22.

Widersprüche von Demokratie und Kapitalismus: ein Blick aus der Peripherie

Obwohl ich mit Dörres Interpretation sympathisiere, dass die Demokratie für die Interessen der globalen kapitalistischen Expansion »geopfert« wird, teile ich nicht die Auffassung, dass das ein neues Phänomen ist.[2] Neu ist vielmehr, dass der Widerspruch zwischen Demokratie und Kapitalismus nun auch in den Zentren des Kapitalismus erlebt wird. Undemokratische, illiberale Demokratien sind über einen großen Teil des postkolonialen 20. Jahrhunderts hinweg in den Peripherien des Kapitalismus benutzt worden, um sicherzustellen, dass die kapitalistische Expansion unter der Maske der westlichen Entwicklungspolitik fortgesetzt wurde, die angeblich die ›demokratische‹ Herrschaft förderte. Während die Zentren des Kapitalismus die ›Demokratie‹ in den Peripherien rhetorisch unterstützten, wurden in Wirklichkeit viele Länder in der Peripherie systematisch durch verdeckte und offene Formen politischer und wirtschaftlicher Interventionen von Staaten und Unternehmen in den Zentren des Kapitalismus daran gehindert, demokratische Formen zu entwickeln. So mögen wir in Europa oder den USA von »entdemokratisierten Demokratien« sprechen; in den Peripherien können wir dagegen nur von »undemokratischen Demokratien« sprechen, da sie überhaupt keine »demokratischen Demokratien« entwickeln durften.

In Afrika wurden seit den 1980er Jahren über 300 Strukturanpassungsprogramme aufgelegt, die alle die gesellschaftliche Gestaltungsmacht des Staates eingeschränkt und das Soziale innerhalb der Gesellschaft untergraben haben. Die Strukturanpassungsprogramme wurden nicht auf Geheiß oder im Interesse der Wähler dieser Länder durchgeführt. Die Staaten in Afrika waren Durchgangsstellen für Entscheidungen, die in weitentfernten Machtzentren getroffen wurden. Europas neueste antidemokratische Demokratien (zum Beispiel in Griechenland) sind eine gängige Praxis in den Peripherien des Kapitalismus. Faktisch erleben in Afrika ganze Regionen »undemokratische Demokratien«, da sie »aus dem finanzialisierten Akkumulationsprozess herausgeschleudert und

2 Der Hinweis darauf, dass die Demokratie für den expansionistischen Kapitalismus geopfert wird, leugnet nicht die Tatsache, dass der Neoliberalismus einzigartig und neu ist und die Demokratie untergräbt.

mittels härtester bürokratischer Kontrolle« durch die Institutionen der kapitalistischen Zentren »zu neuen Konditionen wieder hineingezwungen« wurden.[3] Die Einmischung des Westens in Afrika hat viele Formen angenommen, von Strukturanpassungen bis hin zum Sturz demokratischer Führer. So war beispielsweise der Kongo (heute Demokratische Republik Kongo und früher auch Zaire genannt) einer der zwei Hauptorte in der Welt – der andere lag in der Sowjetunion –, wo in den 1960er Jahren Kobalt gewonnen wurde, das für viele industrielle Geräte wie Flugzeugtriebwerke und Batterien sowie in der Galvanik benötigt wurde. Angesichts der Wichtigkeit von Kobalt konnten es die Zentren des Kapitalismus dem demokratisch gewählten sozialistischen Präsidenten Patrice Lumumba nicht erlauben, einen Weg einzuschlagen, der die kapitalistischen Zentren hätte herausfordern können. Nach einigen turbulenten Monaten an der Macht wurde Lumumba verhaftet und im Januar 1961 von einem Erschießungskommando ermordet. Von Mitte der 1960er bis Mitte der 1980er Jahre wurde Mobutu, der als Stabschef des Militärs maßgeblich an der Ermordung Lumumbas beteiligt war und von Belgien, Frankreich und den USA unterstützt wurde, zum wahnsinnigen und brutalen Marionettenführer in einer ›Demokratie‹ mit nur einem einzigen Kandidaten. Trotz seiner Brutalität, seiner Verletzung aller Rechte und seiner »undemokratischen Demokratie« genoss er die uneingeschränkte Unterstützung aus den Zentren des Kapitalismus. Der mangelnde »Schutz vor staatlicher Willkür«,[4] einschließlich der von ausländischen Staaten, ist lange die Realität von vielen afrikanischen Ländern gewesen, angefangen von politischen Morden an demokratischen Führern bis hin zu Strukturanpassungsprogrammen, die von internationalen Institutionen durchgesetzt wurden.[5]

Ich stimme deshalb nicht mit Dörres These überein, dass die »Demokratie [...] von einem für Markterweiterung und Kapitalakkumulation relativ kompatiblen Anderen zu einem Objekt finanzkapitalistischer Landnahmen geworden« ist, weshalb »sie selbst in den alten Zentren nicht länger die präferierte politische Staatsform

3 Dörre, in diesem Band, S. 40.

4 Dörre, in diesem Band, S. 24.

5 Vishwas Satgar, »Global Capitalism and the Neo-Liberalisation of Africa«, in: Roger Southall, Henning Melber (Hg.), *A New Scramble for Africa? Imperialism, Investment and Development*, Scottsville 2009, S. 35-55.

dar[stellt], in welcher sich ein expansiver Kapitalismus optimal entfalten kann«.[6] Die Demokratien, zusammen mit dem hohen kapitalistischen Entwicklungsstand und dem damit einhergehenden menschlichen Wohlergehen in den Zentren des Kapitalismus in der Mitte des 20. Jahrhunderts, gründeten auf einer antidemokratischen illiberalen Expansion in den Peripherien des Kapitalismus. Mit anderen Worten, die Demokratie war für jene, die in den entwickelten kapitalistischen Zentren lebten, nur deshalb mit Marktexpansion und kapitalistischer Akkumulation vereinbar, weil der Widerspruch zwischen Demokratie und Kapitalismus an die Peripherien exportiert wurde, wo er schonungslos erfahren wurde.

Dörre erkennt den zentralen Widerspruch an, dass die »demokratische Herrschaftsform [...] nicht für alle Weltregionen und für alle Sektoren kapitalistischer Gesellschaften gleichermaßen kompatibel« ist.[7] Die Vermutung, dass die Demokratie mit bestimmten Regionen inkompatibel sei, ist jedoch aus zwei Gründen fehl am Platz. Erstens sind die Zentren des Kapitalismus nicht so demokratisch, wie sie vorgeben zu sein. Die Schattenseiten der Macht enthüllen sich offen unter Trump, sind aber ein beständiges Merkmal der US-Demokratie gewesen, wie die Behandlung der Ureinwohner Amerikas, der Widerstand gegen die Bürgerrechtsbewegung, die antidemokratische Behandlung chinesischer Bürger bis zur Mitte des 20. Jahrhunderts, die Internierungslager für japanische Bürger in den 1940er Jahren, die irrationalen Einwanderungsgesetze, die auf die Bevölkerungen der Peripherien abzielen, und so weiter zeigen. Und selbst die inneren Märkte sind nicht so kohärent, wenn es zur Kopplung von Demokratie und Kapitalismus kommt. Bei der Beschreibung der Fassade der US-Demokratie kommt Carl Boggs zu einem ähnlichen Schluss: »Vor diesem rauen undemokratischen Hintergrund wurden die Bürgerbeteiligung, die öffentliche Entscheidungsfindung und die institutionelle Rechenschaftspflicht auf eine beschämende Farce reduziert, klingen die Feierlichkeiten zur amerikanischen Demokratie von Jahr zu Jahr hohler. All die vorherrschenden, sich selbst beglückwünschenden Tropen – Demokratie, freie Märkte, unabhängige Medien, die Feindschaft der

6 Dörre, in diesem Band, S. 23.
7 Dörre, in diesem Band, S. 30.

Regierung gegenüber dem Großkapital – erscheinen heute als reine Fiktionen.«[8]

Zweitens erfordert das Wesen der kapitalistischen Demokratie in den Zentren des Kapitalismus »undemokratische Demokratien« in den Peripherien, in denen die lokalen Bevölkerungen einer ungezügelten Ausbeutung, Repression und Unterdrückung von der Zeit des Kolonialismus bis zur imperialistischen Gegenwart ausgesetzt sind. Die demokratische Expansion in den Zentren erfolgte auf Kosten der politischen und bürgerlichen Rechte in den Peripherien. Die »Landnahme« ist somit nicht nur für die Dynamik des Kapitalismus von zentraler Bedeutung, sondern auch für die »demokratischen Demokratien«, der sich die Zentren des Kapitalismus erfreuen. Sie stellte eine räumliche und zeitliche Lösung für den inhärenten Widerspruch zwischen Kapitalismus und Demokratie dar. Die Demokratie wurde somit schon immer zu einem gewissen Grade »auf dem Altar eines expansionistischen Kapitalismus geopfert«. Der Unterschied zu heute besteht darin, dass die antidemokratischen Impulse an die Peripherien exportiert wurden, was es den Zentren des Kapitalismus erlaubte, in der trügerischen Illusion demokratischer Freiheiten zu leben. Die »undemokratischen Demokratien« in den Peripherien waren der Preis, der für die »demokratischen Demokratien« in den kapitalistischen Zentren zu zahlen war. Heute sehen wir, wie sich der Widerspruch in Europa und den USA als ihr Abgleiten in »entdemokratisierte Demokratien« äußert, während sich viele andere Länder und Regionen auf dem Abstieg zum Autoritarismus und in einigen Fällen zum Faschismus befinden.

Das Trugbild wurde durch ideologische Erklärungen des demokratischen Versagens der Peripherien untermauert, die sich auf kulturelle Merkmale, die Tradition, den Patrimonialismus und so weiter bezogen.[9] Solche Erklärungen erlaubten es sehr wirkungsvoll, den Blick vom System selbst abzuwenden – das heißt dem antidemokratischen Impuls des Kapitalismus auf die Demokratie –, hin auf die inneren Defizite der ›traditionalen‹ Kulturen der

8 Carl Boggs, *Fascism Old and New. American Politics at the Crossroads*, New York 2018, S. 307.

9 Pinar Bilgin, Adam David Morton, »Historicising Representations of ›Failed States‹: Beyond the Cold-War Annexation of the Social Sciences?«, in: *Third World Quarterly* 23 (2002), S. 55-80.

Peripherien. Solche Erklärungen sind nicht nur eurozentristisch, sondern lassen auch viele hochgradig demokratische Praktiken innerhalb der ›traditionellen‹ Kulturen beiseite, die der kapitalistischen Expansion oder ›demokratischen‹ Herrschaftsform vorausgehen. Der Diskurs über die ›gescheiterte‹ Entwicklung und den Neopatrimonialismus hat dazu gedient, den Mythos zu stärken, dass die Ursachen des Scheiterns in den inhärenten Eigenschaften der afrikanischen vorkapitalistischen Gesellschaften liegen[10] und nicht im System selbst. Der Mythos ist in der entwicklungspolitischen Literatur festgeschrieben worden und bildet ironischerweise die Grundlage für postmoderne Aufrufe zur Rückkehr zu einer romantisierten ›Tradition‹. Die Ironie der Geschichte ist, dass das Scheitern der Demokratie in weiten Teilen der Peripherien des Kapitalismus darin begründet liegt, dass die wirkliche Demokratie, in der Staaten das soziale und wirtschaftliche Wohlergehen ihrer Bevölkerung fördern, durch die Staaten in den fortgeschrittenen Zentren und ihre machtvollen multinationalen Konzerne abgetötet wurde. Gleichberechtigung und eine Volkssouveränität von Führern, die auf die Bedürfnisse der Bevölkerung eingehen, waren in Afrika niemals erlaubt. In der Tat sind für viele Länder des globalen Südens »undemokratische Demokratien« die einzige Form von Demokratie, die sie erlebt haben.

Der Mythos des Wachstums

Seit Mitte des 20. Jahrhunderts wurde das ökonomische Wachstum, gemessen als Bruttoinlandsprodukt (BIP) und basierend auf einem steigenden Verbrauch an fossilen Brennstoffen, zum goldenen Maßstab für ›Entwicklung‹. Dörre argumentiert, dass »die [...] Legitimationen [...] [dieses] Wachstumstyps«[11] nicht mehr tief verwurzelt sind, da sich die Menschen zunehmend der Spannung zwischen Massenkonsum, Ressourcenentnahme und Umweltzerstörung bewusst werden. Für Dörre wird deshalb »wieder stärker spürbar, was die kapitalistische Wachstumsmaschine für einige Jahr-

10 Thandika Mkandawire, »Neopatrimonialism and the Political Economy of Economic Performance in Africa: Critical Reflections«, in: *World Politics* 67 (2015), S. 563-612.

11 Dörre, in diesem Band, S. 28.

zehnte verdeckte: Expansiver Kapitalismus und territorial verankerte, an die Grenzziehungen des nationalen Wohlfahrtsstaates gebundene Demokratien bewegen sich in einem Spannungsverhältnis.«[12] Auch hier ist der Unterschied zur Erfahrung des globalen Südens aufschlussreich. Die Verschleierung der zerstörerischen Auswirkungen der Wachstumsmaschine war nur im globalen Norden, in den Wohlfahrtsstaaten Westeuropas und den USA erfolgreich, wurde jedoch im globalen Süden, den früheren Kolonien und den imperialen Außenposten des Kapitalismus nie vollständig erreicht. Tatsächlich war aus der Perspektive des globalen Südens, an Orten wie zum Beispiel Südafrika, der (als Heuchelei empfundene) Widerspruch zwischen dem freien und grenzenlosen Kapitalismus und den territorial begrenzten Demokratien ein Mythos, der nur von den Bewohnern im globalen Norden und den kapitalistischen Verwaltern im globalen Süden bereitwillig geteilt wurde. Der Widerspruch wurde vom globalen Süden eindringlich erlebt, als die Ausdehnung des Kapitalismus einen Grad erreichte, der die lokalen Umwelten zerstörte, die traditionellen Lebensgrundlagen der Menschen untergrub, Armeen von schlecht entlohnten Arbeitern zwangsrekrutierte und verheerende Auswirkungen auf die Gemeinschaften hatte. Der afrikanische Kontinent weist eine Vielzahl von Beispielen aus den Rohstoffindustrien auf, die alles in ihrem Umkreis zerstören und gleichzeitig riesige Gewinne für transnationale Konzerne erzielen. Da die Gemeinschaften Jahrhunderte der Ausplünderung ihrer natürlichen Umwelten erlebt haben, war der Schleier der Legitimität immer dünn.

Man wird an die Schriften schwarzer Feministinnen samt ihrer Einsichten erinnert, die man als »Außenseiter im Inneren« gewinnt und die das Wissen hervorheben, das dem eigenen sozialen Standort entstammt. Auch Marx erkannte, dass die Anschauungen und das Wissen von der materiellen Realität geprägt werden, die unser Verständnis von der Welt organisiert.[13] Schwarze Feministinnen wie bell hooks und Patricia Hill Collins entwickelten das Konzept der Verbindung zwischen dem eigenen sozialen Standort und dem Wissen weiter, um zu verdeutlichen, dass das Leben an der Außenseite herrschender Machtstrukturen, aber in gleichzeiti-

12 Dörre, in diesem Band, S. 28.

13 Karl Marx, »Zur Kritik der Politischen Ökonomie«, in: MEW 13, Berlin 1981 [1859], S. 3-160, hier S. 8 f.

ger Überschneidung mit ihnen einen einzigartigen Einblick in die grundlegenden Machtstrukturen bietet. hooks beschreibt das, als sie in ihrer Kleinstadt in Kentucky aufwuchs: »So, wie wir lebten – am Rande –, entwickelten wir eine besondere Art, die Realität zu sehen. Wir sahen sowohl von außen nach innen als auch von innen nach außen. [...] Wir verstanden beides.«[14] Hill Collins verweist auf einen ähnlichen Punkt, wenn sie eine 73-jährige schwarze Frau zitiert: »Meine Mutter sagte immer, dass die schwarze Frau das Maultier des weißen Mannes und die weiße Frau sein Hund ist. Nun, sie sagte das, um zu verdeutlichen: Wir machen die schwere Arbeit und werden geschlagen, ob wir sie gut machen oder nicht. Aber die weiße Frau ist näher am Herrn, und er tätschelt ihr den Kopf und lässt sie im Haus schlafen, doch er wird keine von beiden behandeln, als hätte er es mit einer Person zu tun«.[15] Der Unterschied besteht darin, dass die schwarze Frau ihre Unterdrückung als das sieht, was sie ist, während die weiße Frau durch ihre Nähe zur Macht und ihr relatives Wohlergehen geblendet wird. Die verschiedenen Blickwinkel gewähren den Frauen sehr unterschiedliche Einsichten zu Macht und Unterdrückung.

Ebenso haben die Bewohner der Peripherien des Kapitalismus einen besonderen Blickwinkel, der es ihnen erlaubt, die Schattenseite der kapitalistischen Macht zu sehen, während die Menschen in den Zentren des Kapitalismus vor dem Widerspruch beschützt wurden. Für viele Bürger in den Peripherien des Kapitalismus waren das ›demokratische‹ System und das von den Zentren vertretene Wachstumsmantra eine Fassade, die zur Kontrolle, Ausbeutung und Unterdrückung der Peripherien genutzt wurde. So haben die von Dörre umrissenen »Rückstoßbewegungen«, welche sich aus den negativen Auswirkungen der Globalisierung ergeben, die sich in den Zentren des Kapitalismus bemerkbar machten, die negativen Nebenwirkungen des Systems *aufgedeckt*.[16] Solange diese Nebenwirkungen an weitentfernten Plätzen auftraten, konnten sie als Unzulänglichkeiten der Länder des globalen Südens gedeutet wer-

14 bell hooks, *Feminist Theory: From Margin to Center*, Boston 1984, S. vii.

15 Interview mit Nancy White aus John Langston Gwaltney, *Drylongso: A Self-portrait of Black America*, New York 1980, S. 148, zitiert nach: Patricia Hill Collins, »Learning from the Outsider Within: The Sociological Significance of Black Feminist Thought«, in: *Social Problems* 33 (1986), S. 14-32, hier S. 17.

16 Dörre, in diesem Band, S. 35 f.

den, nicht als systemische Probleme, die dem Kapitalismus inhärent sind und auf denen der Reichtum und Wohlstand der industriellen Zentren beruht. So könnten wir deshalb argumentieren, dass die Demokratie für über ein Jahrhundert ein Teil der Vermarktlichung der Welt gewesen ist. Früher wurden die Demokratien zur Marktexpansion genutzt, nun werden sie selbst vermarktlicht. Der aktuelle Fokus der Forschung auf die Marktdemokratie spiegelt diese neue Phase der Vermarktlichung wider.[17] Was vielleicht weniger anerkannt ist, ist die Tatsache, dass die Demokratie lange Zeit den Interessen des expansionistischen Kapitalismus gedient hat.

Diese Form der Demokratie – die Marktdemokratie – ist jedoch eine Pseudodemokratie. Wir können nicht die wahrhafte Demokratie – die die republikanische Gleichheit mit Freiheit und Rechten verbindet – dem Markt abtreten. Ähnlich wie Dörre sehe ich das Problem nicht in der Demokratie, sondern in der Art und Weise, wie die Demokratie im Interesse des expansionistischen Kapitalismus auf eine bloße Hülle reduziert worden ist.

Die Schaffung emanzipatorischer Zukunftsperspektiven

Es gibt zahlreiche Belege dafür, dass der neoliberale Kapitalismus die Demokratie aushöhlt und unsere Fähigkeit zerstört, ein würdevolles Leben zu führen, doch praktikable Alternativen sind keineswegs klar ersichtlich. Das 20. Jahrhundert ist übersät mit gescheiterten Versuchen, unter dem sozialistischen Banner Alternativen zum Kapitalismus einzuführen, namentlich in Afrika, Osteuropa, der Sowjetunion, Nordkorea und China. Doch wie der neoliberale Kapitalismus scheiterten die zentralistischen sozialistischen Systeme daran, die Lebensqualität der Mehrheit zu verbessern. Das Fehlen von gebrauchsfertigen Blaupausen schafft jedoch eine neue günstige Gelegenheit, alte emanzipatorische Alternativen zu überdenken und neue zu entdecken. In verschiedenen Regionen der Welt finden viele spannende Experimente statt: sozialisierte erneuerbare Energiesysteme, Projekte zur Nahrungsmittel-, Saatgut- und Wassersouveränität, alternative Wirtschaftsformen wie die Solidar-

17 Vgl. z. B. Sheldon Wolin, *Democracy Incorporated: Managed Democracy and the Specter of Inverted Totalitarianism*, Princeton 2010; Wendy Brown, *Die schleichende Revolution. Wie der Neoliberalismus die Demokratie zerstört*, Berlin 2015.

wirtschaft, die Wiederbelebung, Verteidigung und Erweiterung des Gemeineigentums, die Demokratisierung der Kommunalverwaltung, das Überdenken der Rolle politischer Parteien und Versuche, Staaten zu Dienern des Gemeinwohls zu machen. Andere Ideen werden theoretisch aufgearbeitet und diskutiert, wie zum Beispiel die universelle Umverteilung durch allgemeine Grundeinkommenszuschüsse, die Abschaffung der Erbschaft (die nur für sozialverträgliche Werte wie ein Familieneigenheim, Bildungsfonds etc. erlaubt sein soll) sowie die Abschaffung des BIP als bestimmendem Indikator für die Wirtschaftsleistung und stattdessen die Einbeziehung der Bewertungen von öffentlichen Gütern wie Bildung und Gesundheitsversorgung sowie der industriellen Entwicklung auf der Grundlage erneuerbarer Energien. Im Gegensatz zu Dörre, der die ökologische Krise mit einer »simulativ-symbolischen Entdemokratisierung« verbunden sieht,[18] sehe ich in der ökologischen Krise eine potenzielle Plattform für die globale Menschheit, sich selbst grundlegend zu restrukturieren. Marx' oft zitiertes Diktum, dass der Kapitalismus die Saat seiner eigenen Vernichtung sät, spiegelt die Krise der ökologischen Grenzen des Kapitalismus besser wider, als es die These von der fortschrittlichen Entwicklung der Arbeiterklasse tat. Die Lebensweisen (in Produktion und Konsumtion) der Zentren des Kapitalismus können aufgrund ihrer ökologisch zerstörerischen Wirkung nicht überall in der Welt reproduziert werden, wie Dörre unmissverständlich erklärt. Die Erde kann das nicht verkraften. »Daraus folgt, dass die demokratisch legitimierten Entscheidungen in den reichen Ländern des Nordens, die die Luxusproduktion und den Luxuskonsum verstetigen, de facto darauf hinauslaufen, ärmeren Ländern und ihren Bevölkerungen jede Entwicklungschance zu nehmen.«[19] Tatsächlich machen das Konsumtions- und Produktionsniveau des globalen Nordens den Planeten unbewohnbar, da sich die Erde die Lebensweise des globalen Nordens nicht leisten kann. Was der globale Norden begreifen muss, ist, dass er sein Verbrauchsniveau ebenfalls ändern muss. »Degrowth by disaster« wird die Zukunft sein, wenn Klimaschocks die Welt treffen.

Die Antwort auf die wachsenden antidemokratischen Entwicklungen muss mehr Demokratie und nicht weniger Demokratie

18 Dörre, in diesem Band, S. 40.

19 Dörre, in diesem Band, S. 41.

sein. Wir müssen die Demokratie in der ganzen Welt demokratisieren, nicht nur in den kapitalistischen Zentren. Dörre zitiert Marx' Verständnis der doppelten Möglichkeit der Demokratie: als einer Regierungsform, die die subalternen Klassen in das hegemoniale Projekt des Kapitalismus integriert, und als echte Einbeziehung der Massen in den politischen Prozess, die für eine Emanzipation nutzbar gemacht werden könnte. Die arbeitenden Klassen im Zentrum und in den Peripherien waren die Hauptakteure bei der Erweiterung der Demokratie (zum Beispiel in Form des allgemeinen Wahlrechts, von politischen und Bürgerrechten und des Arbeitnehmerschutzes), während die herrschenden Eliten die Hauptverfechter der »undemokratischen Demokratien« waren.

Im Mittelpunkt des Weges zu einer emanzipatorischen Zukunft steht die Notwendigkeit einer Demokratisierung der Demokratie. Ein Projekt zur Wiederherstellung der Demokratie hat zwei Dimensionen: (1) eine radikale Demokratie zusammen mit einer substanziellen repräsentativen Demokratie, in der die republikanische Gleichheit zentral für die Freiheit ist, und (2) eine Ausdehnung der Demokratie auf den sozialen und den wirtschaftlichen Bereich. Bei der Suche nach emanzipatorischen Zukunftsperspektiven können wir nicht zum gescheiterten sozialdemokratischen Einbettungsansatz zurückkehren, sondern müssen neue Wege finden, um die Wirtschaft wieder in die sozialen Beziehungen einzubetten und die Demokratie von den Marktkräften loszulösen. Eine stärkere Form der Einbettung würde es mit sich bringen, die Demokratie über das Politische hinaus auf wirtschaftliche Beziehungen auszudehnen, was die Eigentumsverhältnisse und die Entscheidungsstrukturen in Frage stellt. Dies müsste sowohl auf makroökonomischer Ebene durch die Demokratisierung der nationalen Haushalte als auch in den mikroökonomischen Bereichen in Form einer Einbettung der *konkreten Produktionsformen* geschehen, wodurch die Wirtschaftstätigkeit und die Gesellschaft vollständig integriert würden. Die Erfahrung des Bundesstaates Kerala in Indien ist hier lehrreich, da sie zeigt, dass demokratische Verfahren und eine deliberative prozessorientierte Demokratie weder »das Kind mit dem Bade ausschütten« noch klassenblind sein müssen.

Die »People's Plan Campaign for Democratic Decentralization« der Kommunistischen Partei Indiens (Marxisten) in den 1990er Jahren institutionalisierte demokratische Verfahren und deliberative

Prozesse, um sicherzustellen, dass die Entwicklungsbedürfnisse der subalternen Klassen durch das kommunale Regierungshandeln berücksichtigt wurden. Die Kampagne verlagerte die zivilgesellschaftliche Mobilisierung von einer auf Umverteilung zielenden Protestpolitik hin zu einer generativen Politik,[20] die die demokratischen Praktiken vertieft und erweitert und danach strebt, die kommunalen Verwaltungen durch partizipatorische demokratische Institutionen verantwortlicher und responsiver gegenüber den lokalen Bedürfnissen zu machen, die lokale wirtschaftliche Entwicklung durch demokratische Partizipation zu verbessern und das Vermögen zur demokratischen Teilhabe unter den einfachen Bürgern zu fördern.[21] In der Tat erweiterte die Kampagne durch institutionelle Veränderungen und Mobilisierungsbemühungen den Einfluss der Zivilgesellschaft auf die politische und wirtschaftliche Sphäre. Die Kampagne stellt ein radikales Projekt zur Vertiefung der partizipativen Demokratie dar. Zwanzig Jahre später werden die kommunalen Regierungsinstitutionen weiterhin von einem partizipatorischen demokratischen Design bestimmt, aber die Bürokratisierung der Demokratie hat eingesetzt und die makroökonomische Politik auf nationaler Ebene untergräbt das Ausmaß, in dem die lokale Demokratie die Wirtschaft verändern kann. Diese Herausforderungen müssen angegangen werden, negieren aber nicht die Tatsache, dass die Kampagne sehr erfolgreich dabei war, die lokalen Regierungsinstitutionen verstärkt in die Pflicht zu nehmen und die Entwicklungsplanung auf die lokalen Bedürfnisse auszurichten. Es war ein politisches Projekt, das den Klasseninteressen einen Vorrang einräumte, indem es den Interessen der subalternen Klassen durch den Aufbau lokaler partizipatorischer demokratischer Institutionen einen Rückhalt gab. Es entkoppelte nicht die Demokratie vom Sozialen, sondern bettete den lokalen Staat und die lokale Wirtschaft in die Gesellschaft ein, um neue Wege zu einem Wirtschaftswachstum zu finden, ohne das soziale und menschliche Wohlergehen zu beeinträchtigen.

20 Der Ausdruck »generative Politik« bezieht sich auf eine konstruktive Politik des Aufbaues von etwas Neuem. Zu einer ausführlicheren Diskussion der generativen Politik siehe Michelle Williams, *The Roots of Participatory Democracy: Democratic Communists in South Africa and Kerala, India*, London 2008.

21 Michelle Williams, »Practising Democratic Communism in Kerala, India«, in: Leo Panitch, Greg Albo (Hg.), *The Socialist Register: Rethinking Democracy*, London 2017, S. 244-262.

Die Erfahrung von Kerala unterstreicht die Tatsache, dass emanzipatorische Zukunftsprojekte die Demokratie auf den wirtschaftlichen Bereich ausdehnen müssen, um die Wirtschaft in die Gesellschaft einzubetten. Es gibt verschiedene Wege, auf denen die Wirtschaft demokratisiert werden kann, von der makroökonomischen Entscheidungsfindung bis hin zu kollektiven Eigentumsformen am Produktionsstandort. Ein weiterer Bereich ist der der sozioökonomischen Rechte, die den Staat dazu zwingen, dafür Sorge zu tragen, dass das soziale und wirtschaftliche Wohlergehen der Bürger gewährleistet wird. Die transformative Verfassung Südafrikas schreibt sozioökonomische Rechte fest, welche in Jahrzehnten des Kampfes gewonnen wurden, in denen die Arbeiterklasse, die Gemeinschaften, die Befreiungsbewegung(en) und progressive Intellektuelle auf eine weitreichende Demokratie drängten, in der das Recht auf Wasser, Gesundheitsversorgung, eine saubere Umwelt, Nahrung und Unterkunft verfassungsrechtlich vorgeschriebene Staatsaufgaben sind.[22] Im Unterschied zur Weimarer Republik geschah dies nicht, um eine Räterepublik zu vermeiden, sondern um sicherzustellen, dass der Post-Apartheid-Staat die Hinterlassenschaften der Apartheid beseitigt, einschließlich der extremen Ungleichheit. Obwohl diese Rechte in der Verfassung verankert sind, werden sie erst durch Massenmobilisierung und Kampf zur Wirklichkeit. Die Kämpfe sind Stätten der Demokratisierung der Demokratie und der Schaffung von Räumen außerhalb des Marktes.

Fazit

Die Erfahrungen an den Peripherien des Kapitalismus zeigen, dass die Demokratie mit dem Kapitalismus nicht vereinbar ist und es auch niemals war. Um eine wirklich demokratische Gesellschaft zu erreichen, müssen wir also nicht nur die Folgen des ungerechten kapitalistischen Systems angehen, sondern wir müssen seine Hauptinstitutionen demontieren. Wir müssen neue Formen von sozialisierten Eigentums- und Besitzverhältnissen schaffen, auf fossile Energieträger zugunsten von Anlagen zur Produktion erneuer-

22 Vishwas Satgar, »We Need a Truly Transformative Democracy«, in: *Mail & Guardian*, 06. 09. 2013, ⟨https://mg.co.za/article/2013-09-06-00-we-need-a-truly-transformative-democracy⟩, letzter Zugriff 08. 11. 2018.

barer Energien verzichten und die Demokratie in den politischen und wirtschaftlichen Arenen demokratisieren.

Aus dem Englischen von Henri Band

»Enteignet Zuckerberg«, um die Demokratie vor dem Kapitalismus zu retten! Ja, aber wie?

Christos Zografos

Klaus Dörre begegnet der Demokratie mit vorsichtigem Optimismus. Sie hat ihre Mängel, gewiss, aber die modernen Massendemokratien, deren Regierungen durch faire Wahlen zustande kommen und sowohl Pluralität und egalitäre politische Rechte als auch die Respektierung des Völkerrechts garantieren, sind das Beste, was wir in dieser Hinsicht haben.

Aber worin besteht dann das Problem mit der Demokratie? Was stimmt nicht mit ihr? Dörre denkt nicht etwa, dass die demokratischen Institutionen und Verfahren nicht länger angemessen funktionieren. Er konstatiert vielmehr, »die demokratische Herrschaftsform [werde] auf dem Altar eines expansionistischen Kapitalismus geopfert, der zwecks Bestandssicherung zunehmend auf autoritäre Praktiken angewiesen ist«.[1] Unterschiedliche Versionen, in denen dieses Abgleiten auf der schiefen Ebene in Richtung Autoritarismus erfolgt, sind im Übergang zu diversen Varianten entdemokratisierter Demokratie (wie im zur Austerität genötigten Griechenland) und demokratischer Nichtdemokratien (wie der Türkei, Russland, Polen und Ungarn) zu erkennen. Ergänzend erwähnt Dörre Formen einer Selbstentmündigung der Demokratie (beispielsweise die Ausrufung des Ausnahmezustands in Frankreich zur Bekämpfung des islamistischen Terrors) und die Geschäftspraktiken smarter Technologiefirmen, die sich demokratischer Kontrolle entziehen (belegt durch den Facebook-Skandal im Zusammenhang mit den US-Präsidentschaftswahlen von 2016), als Faktoren, welche den Wert der Demokratie als Form kollektiver Governance weiter mindern.

Dörres These ist deutlich: Die Tendenz zur »Aushebelung« demokratischer Rechte und Institutionen durch demokratische Verfahren lässt sich damit erklären, dass die Demokratie »von einem für Markterweiterung und Kapitalakkumulation relativ kompa-

1 Klaus Dörre, in diesem Band, S. 22.

tiblen Anderen zum Objekt finanzkapitalistischer Landnahmen geworden« ist, weshalb sie »nicht länger die präferierte politische Staatsform dar[stellt], in welcher sich ein expansiver Kapitalismus optimal entfalten kann«. Daraus folge, dass »die Demokratie auf Dauer nur Bestand hat, wenn ihre Inhalte, Verfahren und Institutionen« auf zuvor für demokratische Willensbildung verschlossene Felder und Sektoren ausgeweitet werden.[2] Darüber, wie umwälzend und anspruchsvoll ein solches Vorhaben ist, macht Dörre sich keine Illusionen: Die Ausweitung der Demokratie erfordert nichts Geringeres als den Bruch mit dem Kapitalismus. Er konzentriert sich in seinem Beitrag darauf, diese These (in den Teilen 1 bis 3) zu begründen und auszuführen, um dann (im 4. Teil) Vorschläge zu skizzieren, wie die mit dem Vorhaben verbundenen Schwierigkeiten zu überwinden wären.

Den sorgfältig formulierten und erhellenden Ausführungen Klaus Dörres kann ich in vielen Punkten beipflichten. Meine Punkte sollen in diesem Sinne auf den seinen aufbauen und sie nicht etwa bestreiten. Es geht mir vielmehr hauptsächlich darum, die Grenzen einiger seiner Vorschläge in der Hoffnung zu umreißen, so zu weiteren Überlegungen anregen zu können. Dörres Diagnose, die sowohl die Verbindung zwischen Kapitalismus und Demokratie als auch die Risse in ihrem Verhältnis sowie die Faktoren aufzeigt, welche die Demokratie untergraben, stimme ich großenteils zu. Gleiches gilt für sein Bestreben, die Demokratie auf weitere Felder auszuweiten. Nicht ganz einverstanden bin ich mit einigen seiner Vorschläge dazu, *wie* genau dies bewirkt werden könnte. Schwierigkeiten habe ich insbesondere mit einigen der von ihm bevorzugten Ansätze politischer Intervention oder Aktion, namentlich mit seiner europäischen Perspektive und der Betonung der nationalstaatlichen parlamentarischen Demokratie. Außerdem irritiert mich, dass er der Rolle außereuropäischer sozialer Bewegungen im Hinblick auf die Ausweitung einer transformativen Demokratie weniger Bedeutung beimisst. Mir scheint, es gibt ein gewisses Missverhältnis zwischen den Herausforderungen, vor die seine gründliche Bestandsaufnahme der Demokratieprobleme unter dem Kapitalismus uns stellt, und seinen Vorschlägen, wie diese zu überwinden wären.

2 Dörre, in diesem Band, S. 23.

Verbunden mit der Feststellung, dass die Demokratie im Kapitalismus nicht länger die bevorzugte Regierungsform sei, zeigt Dörre, wie die derzeitigen Versionen der Massendemokratie im Prinzip sowohl auf liberalen als auch auf republikanisch-egalitären Traditionen beruhen, die allerdings in den Wohlfahrtsstaaten Nachkriegseuropas asymmetrisch miteinander koexistierten. Des Weiteren erklärt er, wie eine Gewichtsverschiebung zur liberalen Tradition hin (um den Preis einer Untergrabung des republikanischen Gleichheitsideals) gegen Ende des 20. Jahrhunderts verschiedene Theoretiker zu einer Neuausrichtung der Demokratie veranlasste und zwar auf unterschiedliche Varianten einer deliberativen, verfahrensorientierten Demokratie hin. Dörre hat Recht, wenn er solchen Theorien vorwirft, sich über die entscheidende Bedeutung gesellschaftlicher Antagonismen als Substrate der Demokratie hinwegzusetzen. Diese reduzierten sie auf ihre Verfahren und Legitimationsfragen (auf die »Rationalität der Gesetzgebungsverfahren selber«, wie er Habermas kritisch zitiert),[3] und Klassenpolitik lehnten sie als »Privilegierung« eines gesonderten Teils der gesellschaftlichen Wirklichkeit auf der Grundlage nicht länger »vertrauenswürdiger« marxistischer Analysen ab, während sie an einer liberalen Sichtweise festhielten, die Wirtschaftswachstum, wohlfahrtsstaatliche Umverteilung und die Stabilität der Demokratie eng miteinander verknüpft.

Dörre betont zu Recht sowohl die zentrale Rolle, die ökonomisches Wachstum für die Bindung der Demokratie an den Kapitalismus spielt, als auch die Grenzen dieser Bindung. Er arbeitet heraus, wie soziale und politische Rechte im Wohlfahrtsstaat auf eine Weise integriert werden, die das Projekt der Kapitalakkumulation nicht in Frage stellt. Die Grenzen einer solchen Verkoppelung von Demokratie und Kapitalismus werden mit den Folgen des Klimawandels überdeutlich, der ganz wesentlich aus der historischen Abhängigkeit der kapitalistischen Weltwirtschaft von fossilen Brennstoffen resultiert. Auf die Annahme, ökonomisches Wachstum könne weiterhin die Aufgabe erfüllen, gesellschaftliche Antagonismen durch Ausweitung der Teilhabe am »Wohlstandskuchen« auszugleichen, ist kein Verlass mehr. Darüber hinaus verweist die Realität der »Kostenabwälzung«[4] auf das Faktum, dass Niveausteigerungen der

3 Dörre, in diesem Band, S. 26.

4 Karl William Kapp, *The Social Costs of Private Enterprise*, Cambridge 1953.

Wohlfahrt und der Demokratiepraxis innerhalb des Kapitalismus sich nur dadurch erreichen lassen, dass die Kosten nicht-nachhaltiger gesellschaftlicher Metabolismen auf die Peripherien oder Rohstoffgrenzen[5] der kapitalistischen Expansion abgewälzt werden. Dörre beschreibt dies im Anschluss an Rosa Luxemburg als die Doppelgestalt kapitalistischer Dynamik oder auch als Innen und Außen der Demokratie. Das »Außen« meint die Existenz externer Märkte *ohne* demokratische Verfahren und Institutionen, die dazu dienen, in den Kernländern des Kapitalismus (also dem »Innen« der Demokratie) gewisse Wohlfahrtsniveaus (gemäß dem Politikziel erweiterter Teilhabe am »Wohlstandskuchen«) zu gewährleisten. In der Folge involviert jegliche kapitalistische Dynamik eine Doppelbewegung, einerseits ihren Kommodifizierungsdrang und andererseits, in Gestalt anti-liberaler Gegenbewegungen, *laissez-faire*-kritische Einstellungen zu Wirtschaft und Lebenswelt.

Solche Fragestellungen verweisen auf etwas, das Dörre als eine Art Rückstoßwirkung der Globalisierung beschreibt: »Mit der zunehmenden Ungleichheit, den niedrigen Wachstumsraten in den früh industrialisierten Ländern, den fortbestehenden Finanzrisiken, der ökologischen Zerstörung und der anschwellenden Fluchtmigration erzeugt sie Rückstoß- und Gegenbewegungen, die in den verursachenden kapitalistischen Zentren strukturbildend wirken.«[6] Die marktöffnende Globalisierung hat, insbesondere in ihrer jüngsten Version als Finanzkapitalismus, die »Schutzmechanismen« preisgegeben, »mit deren Hilfe der wohlfahrtsstaatliche Sozialkapitalismus die Funktionsfähigkeit interner Märkte gesichert hatte«.[7] Auf die Spitze getrieben, könne sie »das Soziale der Demokratie« zerstören, weil sie mit der Ausweitung solcher Sektoren einhergehe, die sich demokratischer Entscheidungsfindung entziehen (etwa im Bereich der Smart Technologies – mit Firmen wie Facebook beispielsweise). Darüber hinaus wird jenen Kräften und Institutionen, die als Korrektive zur Marktexpansion fungieren könnten, der Boden entzogen. Das Ergebnis sind demobilisierte Klassengesellschaften (in der kapitalistischen Kernzone), ein Phänomen, das sich exemplarisch

5 Jason W. Moore, »Sugar and the Expansion of the Early Modern World-Economy: Commodity Frontiers, Ecological Transformation, and Industrialization«, *Review (Fernand Braudel Center)* 23 (2000), S. 409-433.

6 Dörre, in diesem Band, S. 35.

7 Dörre, in diesem Band, S. 25.

in der Schwäche der Gewerkschaften ausdrückt. Unter diesen Umständen finden die aus der kapitalistischen Entwicklung resultierenden sozialen Polarisierungen »innerhalb des politischen Systems [...] keine angemessene Repräsentation«.[8] Dies wiederum ermöglicht den Aufschwung rechtspopulistisch-autoritärer Bewegungen, die fälschlich behaupten, sie böten die einzig echte Alternative zu den Übeln der Globalisierung. Unter anderem damit, wie diesem gefährlichen Trend zu begegnen wäre, befasst Dörre sich im letzten Teil seines Beitrags, in dem es um Zukunftsfragen transformativer Demokratie geht.

»Soll die Demokratie wieder gestärkt werden«, so Dörres nachvollziehbare Schlussfolgerung, »muss sie gegen einen kapitalistischen Expansionismus in Stellung gebracht werden, der sowohl in seiner liberalen als auch in seiner radikal-nationalen Variante entdemokratisierend wirkt.«[9] Einige seiner Anregungen dazu, wie dies geschehen könnte, sind reizvoll. Interesse weckt beispielsweise der Vorschlag einer Art »Nansen-Pass«, mit dem die Verantwortlichkeit der Industrieländer für den Klimawandel anerkannt würde. Im Hinblick auf die Verursachung des Klimawandels und die Frage, von wem und wie dessen Konsequenzen zu tragen sind, spricht Dörre einige der Mechanismen an, die Ungleichheit bewirken. Der Vorschlag bietet zugleich ein gutes Beispiel für das, was André Gorz als »nichtreformistische Reformen« bezeichnet, solche nämlich, die ihre Ziele nicht an den Rationalitäts- und Praktikabilitätskriterien eines gegebenen Systems ausrichten, sondern im Gegenteil versuchen, die gesellschaftlichen Kräfteverhältnisse zu verändern, unter anderem durch Strukturreformen.[10] Auf ähnliche Weise könnten Dörres Idee eines internationalen Streikfonds und einige seiner Veränderungsvorschläge für den Arbeitsmarkt (wie der eines europäischen Mindestlohns und einer europäischen Arbeitslosenversicherung) unter bestimmten Voraussetzungen einer Kategorie nichtreformistischer Reformen zuzurechnen sein, die sich in der bestehenden politischen Konstellation aus nationalstaatlich organisierter parlamentarischer Demokratie und Europäischer Union (EU) realisieren ließen.

8 Dörre, in diesem Band, S. 36.

9 Dörre, in diesem Band, S. 45.

10 Barbara Muraca, »Décroissance: A Project for a Radical Transformation of Society«, *Environmental Values* 22 (2013), S. 147-169.

Nichtsdestotrotz kommt es, wenn von Transformation und Demokratie die Rede ist, meiner Meinung nach entscheidend darauf an, Nancy Frasers[11] Unterscheidung zwischen zweierlei Rezepturen gegen Ungleichheit zu berücksichtigen: zwischen affirmativen und transformativen Heilmitteln. Erstere sollen ungleiche Ergebnisse ohne Störung der Verhältnisse, die sie hervorrufen, korrigieren, während letztere diese Verhältnisse restrukturieren sollen. Angesichts der Bedeutung des Kapitalismus als struktureller Verursacher vieler Probleme der Demokratie, die Dörre zu Recht betont, halte ich es, wenn transformative Demokratie das Ziel ist, für entscheidend, ausschließlich transformative Therapien in Betracht zu ziehen.

An diesem Punkt drängt sich die Frage auf, inwieweit es sinnvoll ist, zu erwarten, dass eine Entkoppelung der Demokratie vom Kapitalismus ausgerechnet vermittels solcher Institutionen bewerkstelligt werden kann, die entweder historisch bedingt dazu beigetragen haben oder teilweise sogar eigens zu dem Zweck erfunden wurden, Demokratie und Kapitalismus aneinanderzubinden. In meinen Augen fällt der parlamentarisch-demokratische Nationalstaat unter die erste und die EU unter die zweite Kategorie.

Dörre erklärt, die EU werde »als ökonomischer Verflechtungsraum nur eine Zukunft haben, sofern sie zu einer sozial-ökologischen Union wird. Dazu benötigt sie demokratische Projekte von oben und von unten.«[12] Inwieweit er tatsächlich glaubt, dass die EU der Raum sein sollte, in dem solche demokratischen Projekte von oben voranzutreiben und die »europäische Perspektive«[13] zu öffnen wäre, in welcher seinem Plädoyer zufolge die Demokratie transformativ werden kann, ist zugegebenermaßen nicht kristallklar. Doch nach seinen Vorschlägen im Hinblick auf europäische Arbeitsmarktreformen zu urteilen, scheint er weitgehend in diese Richtung zu denken. Aber wenn die EU als Dreh- und Angelpunkt einer Realisierung derartiger Vorhaben von oben angesehen werden und der Gestaltung dessen, was er ein »neu gegründetes Europa« nennt, dienen soll, so stößt dies doch an gewisse Grenzen. Die EU

11 Nancy Fraser, »Redistribution or Recognition? Dilemmas of Justice in a ›Postsocialist‹ Age«, in: Kevin Olson (Hg.), *Adding Insult to Injury: Nancy Fraser Debates Her Critics*, London 2008, S. 9-41.

12 Dörre, in diesem Band, S. 47.

13 Dörre, in diesem Band, S. 46.

wurde praktisch zu dem Zweck gegründet, zu dessen Erfüllung sie in der Folge ihre Institutionen schuf, nämlich zur Realisierung der Vision eines umfassenden Sozialkapitalismus. Dieser sollte nicht nur seinen Bürgern soziale und politische Rechte sichern, sondern auch den Völkern Europas durch gesteigerte materielle Prosperität (also Wirtschaftswachstum) Sicherheit garantieren. Es stimmt, dass im Zuge dieses Vorhabens einige wichtige Rechte etabliert worden sind, namentlich im Hinblick auf das soziale und ökologische Überleben, etwa durch gesetzliche Regulierung des Umgangs mit natürlichen Ressourcen und Umweltschutz. Nichtsdestotrotz ist kaum zu erkennen, dass mit diesen Maßnahmen auch nur ansatzweise versucht worden wäre, den Kapitalismus zu ersetzen, der jedoch den Boden bildet, auf dem die Umweltzerstörung erwächst, und der die Gebrechen der Demokratie erzeugt. Vielmehr waren es EU-Institutionen, die sich in diversen Situationen, in denen die Durchsetzbarkeit bedeutender Kapitalakkumulationsprojekte auf dem Spiel stand, bereitwillig dafür entschieden, Bürgerrechte und Umweltschutz betreffende Fragen zu ignorieren. Beispiele aus jüngster Zeit sind das Freihandelsabkommen CETA (Comprehensive Economic and Trade Agreement) zwischen der EU und Kanada und das jetzt gestoppte Projekt einer »Transatlantischen Handels- und Investitionspartnerschaft« (englisch TTIP). CETA ermächtigt de facto Privatunternehmen, Unterzeichnerstaaten zu verklagen, wenn diese Gesetze anwenden, die ihre Profite einschränken.[14] Und im Falle TTIP versuchte die Europäische Kommission ein Bürgerbehren – »Stop TTIP« – zu blockieren, das sich gegen die Geheimverhandlungen zwischen EU- und US-Bürokraten richtete. Die Kommission verweigerte dem Vorhaben sogar die Registrierung.[15]

Ich gebe, wie gesagt, zu, nicht ganz verstanden zu haben, ob Dörres »europäische Perspektive« sich auf das Erfordernis einer

14 Zu Einzelheiten vgl. Nick Meynen: »Controversial EU Canada trade deal, which threatens environmental protections, is tested by Europe's highest court«, in: *Meta*, 26.06.2018, ⟨https://metamag.org/2018/06/26/controversial-eu-canada-trade-deal-which-threatens-environmental-protections-is-tested-by-europes-highest-court/⟩ letzter Zugriff 16.10.2018.

15 Vgl. Michael Efler u. a.: »The General Court annuls the Commission decision refusing the registration of the proposed European citizens' initiative ›Stop TTIP‹«, in: *Curia* (Press Release 49), 10.05.2017, ⟨https://curia.europa.eu/jcms/upload/docs/application/pdf/2017-05/cp170049en.pdf⟩, letzter Zugriff 16.10.2018.

Neufassung der EU-Institutionen bezieht, aber sein Beitrag erlaubt diese Lesart. Eine Fokussierung auf die EU lässt allerdings außer Acht, dass das Projekt der internationalen Solidarität über die Dimensionen europäischer Zusammenarbeit hinausgehen und die Verbindung mit sozialen Bewegungen und anderen politischen Kräften *an den Rohstofffronten* europäischer Kapitalexpansion suchen sollte, also in ebenjenen Räumen, die sich durch die vermehrten gesellschaftlichen Metabolismen der europäischen Volkswirtschaften[16] geschädigt sehen. Das Fehlen dieser – weiteren – Perspektive hängt, glaube ich, mit Dörres Konzentration auf Demokratie als Staatsform beziehungsweise Regierungssystem zusammen, mit seiner Betonung von Institutionen, Politiken und Regierungsweisen (beispielsweise des Wohlfahrtsstaats) als den Orten demokratischen Handelns. So zu verfahren hat seinen Nutzen, aber eine alternative Herangehensweise bestünde darin, die Demokratie als Praxis zu verstehen. Jacques Rancière[17] sieht die Demokratie als Ausdruck des – stets disruptiven und konfliktträchtigen – Gleichheitsprinzips. Genauer gesagt, handelt es sich um eine Praxis, die Gleichheit anstrebt, indem sie die hierarchische Verteilung von Räumen, sozialen Rollen und Funktionen aufbricht. Sie unternimmt dies durch Fragmentierung und Rekonfiguration dessen, was als vernünftig oder zweckmäßig gilt (»the sensible«) – bezogen auf die Vorstellungen von dem, wer was, warum, wo und wie tun kann. Eine solchermaßen praxisbezogene Demokratiedefinition verschiebt den Fokus von der Beschaffenheit institutioneller Prozesse, die Gleichheit fördern sollen, auf Aktivitäten mit dem Ziel, Gleichheit zu schaffen. Damit rückt die Bedeutung außerinstitutioneller Räume und Aktivitäten in den Vordergrund, wie sie etwa von sozialen Bewegungen geschaffen und genutzt werden. Sich weniger auf institutionelle Strukturen zu konzentrieren erleichtert es, Zugang zu den Opfern der kapitalistischen Expansion und ihrer Auswirkungen zu finden – zu denen also, die unter der globalen

16 Leah Temper u. a., »The Global Environmental Justice Atlas (EJAtlas): ecological distribution conflicts as forces for sustainability«, in: *Sustainability Science* 13 (2018), S. 573-584.

17 Vgl. hierzu Kieran O'Connor, »›Don't they represent us?‹: A discussion between Jacques Rancière and Ernesto Laclau«, in: *Verso Blog*, 26. 05. 2015, ⟨https://www.versobooks.com/blogs/2008-don-t-they-represent-us-a-discussion-between-jacques-ranciere-and-ernesto-laclau⟩, letzter Zugriff 10. 01. 2019.

Ausweitung der gesellschaftlichen Metabolismen des Weltnordens leiden. Dörre bestreitet nicht etwa, dass dies wichtig ist, sagt aber wenig dazu, wie entsprechende Formen der Zusammenarbeit zu entwickeln wären, und verengt die – wie er sie nennt – »internationale Perspektive« transformativer Demokratie auf eine »europäische Perspektive«. Die Rolle sozialer Bewegungen des Globalen Südens ist aber von ausschlaggebender Bedeutung – etwa solcher Bewegungen, die sich in die Kämpfe für Umweltgerechtigkeit einschalten und aktiv dagegen vorgehen, dass ihre Lebensgrundlagen entweder zu Rohstoffreserven oder zu Senkgruben der kapitalistischen Produktion herabgewürdigt werden.[18]

Fragen wirft auch die Forderung nach einem neugegründeten Europa auf, das als Protagonist globaler sozialer und ökologischer Rechte agieren soll. Ein solches Europa ist ohne Erläuterungen, wie dergleichen zu ermöglichen wäre, schwer vorstellbar. Wie genau sollte es denn dazu kommen, dass *wir* (womit ich die Mehrheit der Europäer meine) das Bedürfnis entwickeln, in Sachen globaler sozialer und ökologischer Rechte eine echte Führungsrolle zu übernehmen? Schließlich könnte die Etablierung solcher Rechte das hohe Niveau unseres materiellen Wohlergehens gefährden. Welche radikalen Veränderungen müssten dazu in unseren Vorstellungen vom »guten Leben« erfolgen und welche Prozesse und Politikinstrumente könnten uns dazu bewegen, so zu handeln? Schließlich gibt es, was vielleicht noch problematischer ist, jede Menge Wissenschaftler – und wahrscheinlich auch jede Menge EU-Bürger und -Bürokraten –, die überzeugt sind, Europa fülle diese Führungsrolle bereits aus, beispielsweise im Hinblick auf Maßnahmen gegen den globalen Klimawandel (auf den sich ziemlich viele Studien konzentrieren). Welche Art politischen Handelns könnte sie davon überzeugen, dass dies nicht ausreicht?

Weitere Fragen betreffen Dörres ganz unvermittelt bekundete Unterstützung für »langsames« Wachstum als ein Ziel der von ihm vorgeschlagenen ökosozialistischen Wirtschaftsweise. Ich war ein wenig ratlos, als er nach einer ausführlichen kritischen Diagnose des engen Zusammenhangs zwischen Wachstum, Kapitalismus und diskreditierter Demokratie plötzlich diese Idee vortrug. Mir ist nicht ganz klar, ob Dörres Forderung nach Wachstumsbeschei-

18 Vgl. z. B. die zahlreichen im Environmental Justice Atlas verzeichneten Fälle: ⟨https://ejatlas.org/⟩, letzter Zugriff 09. 01. 2019.

dung eine Konzentration auf »qualitatives Wachstum« meint (ein Plädoyer, dem ich nicht widersprechen würde). Wenn die Forderung sich allerdings auf eine generelle Beschränkung wirtschaftlichen Wachstums bezieht, bleibt rätselhaft, wie das mit Dörres vorausgehenden Ausführungen zur Demokratie *im* Kapitalismus zusammenpasst. Hatte er Wachstum darin nicht als den Schlüssel zu dessen (geschwundener) Legitimierung durch Ausweitung der Teilhabe am »Wohlstandskuchen« beschrieben – aber auch als Gewähr dafür, dass die kapitalistische Ordnung gesichert bleibt, indem Klassenkämpfe politisch entschärft, gleichzeitig jedoch die materiellen, ökologischen Voraussetzungen unseres gemeinsamen Überlebens auf diesem Planeten untergraben werden? Wie – und warum – sollte eine ökosozialistische Wirtschaft versuchen, Wachstum nicht nur von einer populären, ein unerschöpfliches Füllhorn voraussetzenden Vorstellungswelt abzukoppeln, sondern auch vom Imperativ des Produktivismus, der unserem ökologischen und sozialen Dilemma zugrunde liegt?

Was den parlamentarisch-demokratischen Nationalstaat als den Ort betrifft, an dem die von Dörre ins Auge gefassten Transformationen bewirkt werden könnten, so verabschiedet er sich mit seinem Ruf nach einem neuen, ökosozialistischen Modell unmissverständlich von den historischen Versionen, welche die Bindung der Demokratie an den Kapitalismus gefördert haben. Nichtsdestotrotz fällt es schwer, sich vorzustellen, wie die Unfähigkeit sozialistischer Regierungen, im Rahmen parlamentarisch-demokratischer Nationalstaaten sozialökologische Rechte wirksam durchzusetzen, überwunden werden könnte. Das Abrücken der demokratisch-sozialistischen Regierung Ecuadors vom Yasuni-Projekt zugunsten des Extraktivismus zeigt exemplarisch, was ich meine. Auf der kommunalen Ebene könnten die Erfolgsaussichten besser sein. In Spanien zum Beispiel sehen wir letzthin eine wahre Woge radikaler Kommunalpolitik. Dort wird bereits um Maßnahmen der Art gekämpft, die in einigen der Vorschläge Dörres aufscheint, etwa im Hinblick auf Migration (offene Städte zum Beispiel), Klimawandel (Emissionsreduzierung durch Stadtplanung) und Prekarität (Deckelung der Mietpreise und Drosselung von Triebkräften der Teuerung wie etwa unkontrollierte Tourismusentwicklung). Auf ähnliche Weise scheint das kantonale Projekt der Kurden in der Autonomen Region Rojava zumindest gewisse Aussichten auf die Berücksichtigung ökosozialistischer Prioritäten zu eröffnen. In einer geographisch überschaubaren Größenordnung wird dort versucht, soziale Ökologie, Feminismus und Radikaldemokratie zu kombinieren. Sicherlich müssten von einem bestimmten Punkt an größere Vorhaben erwogen werden, aber dort zu beginnen, wo es solche Initiativen bereits gibt, erscheint mir als Einstieg durchaus vernünftig.

Um Missverständnissen vorzubeugen: Die Bedeutung des Bemühens um größtmögliche Ausweitung der politischen Demokratie auf allen Ebenen, einschließlich derjenigen des Nationalstaats und transnationaler Institutionen wie der EU, stelle ich durchaus nicht in Frage. Es handelt sich um ein entscheidendes Projekt. Ich bin allerdings der Auffassung, es sollte – politisch gesprochen – zumindest als offene Frage behandelt werden, auf welcher Ebene politischer Intervention am meisten zu erreichen ist – zumal in einer Welt, in der jeder selbst entscheiden muss, worauf er im Hinblick auf politisches Handeln setzt. Auch rufe ich nicht etwa dazu auf, Anstrengungen, »das System von innen heraus zu verändern«, oder Projekte zur Entwicklung europäischer Solidarität aufzugeben. Ich möchte vielmehr dazu einladen, Dimensionen und Bedeutung der Transformation sorgfältig zu erwägen, desgleichen das Potential bestimmter Demokratieformen und -verständnisse, sie herbeizuführen. Dass Dörre den Begriff der »transformativen Demokratie« als Fokus seiner Vorschläge wählt, regt ganz entschieden hierzu an.

Aus dem Englischen von Karl D. Bredthauer und Henri Band

Die Krise der Demokratie: Über politische Widersprüche des Finanzmarktkapitalismus jenseits des Politizismus

Nancy Fraser

Wir erleben derzeit eine Krise der Demokratie – so viel ist unstrittig. Weniger leicht zu verstehen ist allerdings, dass diese Krise keine freischwebende ist und ihre Ursachen nicht ausschließlich im Bereich des Politischen zu suchen sind. Anders als gemeinhin angenommen, kann sie nicht gelöst werden, indem man die Zivilität wiederherstellt, Überparteilichkeit fördert, sich gegen den Tribalismus wendet oder einen wahrheits- und faktenorientierten Diskurs verteidigt. Entgegen der aktuellen Demokratietheorie kann unsere politische Krise auch nicht durch eine Reformierung des politischen Bereiches gelöst werden – nicht durch die Stärkung des »demokratischen Ethos«, eine Reaktivierung der »verfassungsgebenden Gewalt«, die Entfesselung der Kräfte des »Agonismus« oder das Vorantreiben »demokratischer Iterationen«.[1] All diese Vorschläge fallen einem Fehler zum Opfer, den ich als *Politizismus* bezeichne. Analog zum Ökonomismus übersieht politizistisches Denken den kausalen Einfluss der außerpolitischen Gesellschaft. Indem der Politizismus nämlich die politische Ordnung als selbstbestimmt annimmt, misslingt es ihm, die übergreifende gesellschaftliche Matrix zu problematisieren, die ihre Deformationen hervorbringt.

Tatsächlich ist die aktuelle Krise der Demokratie fest in einer gesellschaftlichen Matrix verankert und bildet eine Dimension einer größeren, weiterreichenden Krise, die noch andere Dimensionen umfasst – ökologische, ökonomische und soziale. Als mit diesen unentwirrbar verknüpft kann sie nicht abgekoppelt von diesen verstanden werden. Weder freischwebend noch ausschließlich sektoral, bilden die heutigen demokratischen Missstände jene spezifisch politische Dimension einer *allgemeinen Krise*, die unsere

1 Ich habe diese Begriffe ausgewählt, um eine Reihe verschiedener Perspektiven in der Demokratietheorie darzustellen, darunter die von William E. Connolly, Andreas Kalyvas, Chantal Mouffe und Seyla Benhabib. Möglich wäre auch eine andere Auswahl gewesen.

gesellschaftliche Ordnung als Ganzes zu verschlingen droht. Deren Ursachen liegen in den Kräften ebenjener gesellschaftlichen Ordnung begründet, in ihren institutionellen Strukturen und konstitutiven Dynamiken. Eng verknüpft mit Prozessen, die das Politische übersteigen, kann die demokratische Krise nur aus einer kritischen Perspektive auf *die soziale Totalität* erfasst werden.

Worin genau besteht diese soziale Totalität? Viele scharfsinnige Beobachter*innen identifizieren sie mit dem Neoliberalismus – und das nicht ohne Grund. Es ist richtig, wie Colin Crouch vorbringt, dass die demokratischen Regierungen den oligopolistischen, global aufgestellten Konzernen unterlegen, wenn nicht sogar vollständig von diesen okkupiert und der öffentlichen Kontrolle entzogen worden sind.[2] Ebenso wahr ist, wie Wolfgang Streeck feststellt, dass der Rückzug der Demokratie im globalen Norden mit einer koordinierten Steuerrevolte des Unternehmenskapitals und der Einrichtung globaler Finanzmärkte einhergeht – einem neuen Souverän, dem die gewählten Regierungen gehorchen müssen.[3] Auch Wendy Browns Diagnose ist richtig, der zufolge die Macht der Demokratie von innen her ausgehöhlt wird – sowohl von neoliberalen politischen Rationalitäten, die Effizienz und Wahlmöglichkeiten hochhalten, als auch von Formen der Subjektivierung, die Eigenverantwortlichkeit und die Maximierung des eigenen Humankapitals vorantreiben.[4] Und schließlich hat Stephen Gill recht mit seiner Behauptung, dass das demokratische Handeln durch einen »neuen Konstitutionalismus« verhindert wird, der neoliberale makroökonomische Politiken durch Verträge wie etwa das TRIPS[5]- und das NAFTA[6]-Abkommen transnational verankert, die die Freihandelsstrukturen als politische Trümpfe festschreiben und eine am öffentlichen Interesse orientierte robuste Sozial- und Umweltgesetzgebung unmöglich machen.[7] Ob in der Zusammenschau

2 Vgl. Colin Crouch, *Das befremdliche Überleben des Neoliberalismus*, Berlin 2011.

3 Vgl. Wolfgang Streeck, *Gekaufte Zeit. Die vertagte Krise des demokratischen Kapitalismus*, Berlin 2013.

4 Vgl. Wendy Brown, »American Nightmare. Neoliberalism, Neoconservatism, and De-Democratization«, in: *Political Theory* 34 (2006), S. 690-714; dies., *Die schleichende Revolution. Wie der Neoliberalismus die Demokratie zerstört*, Berlin 2015.

5 Agreement on Trade-Related Aspects of Intellectual Property Rights

6 North American Free Trade Agreement

7 Vgl. Stephen Gill, »New Constitutionalism, Democratisation and Global Political Economy«, in: *Pacifica Review* 10 (1998), S. 23-38. Zu einer jüngeren Darstellung

betrachtet oder je für sich genommen, diese Ansätze bringen die völlig plausible Idee zum Ausdruck, dass es der Neoliberalismus ist, der unsere Demokratie bedroht.

Das Problem liegt jedoch auf einer tieferen Ebene. Der Neoliberalismus ist schließlich eine Spielart des Kapitalismus und die heutige Krise der Demokratie ist beileibe nicht die erste des Kapitalismus. Und voraussichtlich wird sie auch nicht die letzte sein, sollte der Kapitalismus überdauern. Im Gegenteil hat *jede* Hauptphase der kapitalistischen Entwicklung zu politischen Verwerfungen geführt und wurde ihrerseits von diesen Verwerfungen transformiert. Der merkantilistische Kapitalismus ist immer wieder von einer Vielzahl von Sklavenaufständen an seiner Peripherie und demokratischen Revolutionen in seinen Metropolen heimgesucht und letztendlich zerstört worden. Sein Laissez-faire-Nachfolger brachte es auf beachtliche anderthalb Jahrhunderte politischer Unruhen, inklusive mehrerer sozialistischer Revolutionen und faschistischer Putsche, zweier Weltkriege und zahlloser antikolonialer Aufstände, bevor er in der Zwischen- und Nachkriegszeit einem staatlich organisierten Kapitalismus Platz machte. Auch diesem Regime waren politische Krisen nicht fremd, hatte es doch sowohl eine massive Welle antikolonialer Rebellionen, den Aufstieg einer globalen neuen Linken, den langwierigen Kalten Krieg als auch ein nukleares Wettrüsten überstanden, bevor es der neoliberalen Subversion erlag, die in das gegenwärtige Regime des globalisierten, *finanzialisierten Kapitalismus* führte.

Diese Historie lässt die aktuelle demokratische Krise in einem umfassenderen Licht erscheinen. Die politischen Lasten des Neoliberalismus stellen, wie akut sie auch sein mögen, doch nur das letzte Kapitel einer längeren Geschichte dar, in der es um die politischen Wechselfälle des Kapitalismus als solchem geht. Nicht bloß der Neoliberalismus, sondern der *Kapitalismus* ist anfällig für politische Krisen und der Demokratie feindlich.

Das ist jedenfalls die These, die ich hier darlegen werde. Indem ich die gegenwärtige Krise der Demokratie als eine Dimension der umfassenderen Krise der sozialen Totalität behandle, werde ich die *kapitalistische Gesellschaft in ihrer gegenwärtigen Form* als das Ob-

siehe ders., »Market Civilization, New Constitutionalism and World Order«, in: ders., A. Claire Cutler (Hg.), *New Constitutionalism and World Order*, Cambridge 2015, S. 29-44.

jekt der Krise auffassen. Ich werde außerdem die schwerwiegendere Annahme vertreten, dass *jede* Form des Kapitalismus einen tiefsitzenden *politischen Widerspruch* in sich birgt, der sie für politische Krisen anfällig macht. Wie die anderen Widersprüche des Kapitalismus – die ökonomischen, ökologischen und sozialen – ist auch dieser in seine DNA eingeschrieben. Die demokratische Krise, die wir heute erleben, ist also weit davon entfernt, eine Anomalie darzustellen; vielmehr ist sie jene Gestalt, die dieser Widerspruch in der aktuellen Phase des Kapitalismus annimmt, welche ich als *finanzialisierten Kapitalismus* bezeichnen werde.

1. Der politische Widerspruch des Kapitalismus »schlechthin«

Meine These beruht auf einem erweiterten Verständnis des Kapitalismus und der kapitalistischen Krise. Viele Denker*innen des linken Flügels, die meisten Marxisten*innen eingeschlossen, fassen den Kapitalismus sehr eng auf, nämlich als Wirtschaftssystem schlechthin. Sie fokussieren ihre Aufmerksamkeit auf die der Wirtschaft immanenten Widersprüche, wie den Fall der Profitrate, und setzen damit die kapitalistische Krise mit Dysfunktionalitäten des ökonomischen Systems wie etwa Konjunkturrückgängen, Pleitewellen und Markteinbrüchen gleich. Die Folge ist, dass eine volle Erfassung der Krisentendenzen des Kapitalismus verhindert wird, indem seine *nichtökonomischen* Widersprüche und Krisengestalten außer Acht gelassen werden. Vor allem werden solche Krisen ausgeschlossen, die in *Widersprüchen zwischen den Sphären* gründen – Widersprüche, die entstehen, wenn die ökonomischen Imperative des Kapitalismus mit den Reproduktionsimperativen der nichtökonomischen Sphären kollidieren, deren Zustand für die kontinuierliche Akkumulation und erst recht für das menschliche Wohlergehen von wesentlicher Bedeutung ist.

Ein Beispiel wäre, was ich den Widerspruch der »sozialen Reproduktion« der kapitalistischen Gesellschaft nenne. Marxist*innen haben das Geheimnis der Akkumulation zu Recht in der »verborgene[n] Stätte«[8] der Warenproduktion verortet, wo das

8 Karl Marx, *Das Kapital*, Erster Band, in: MEW 23, Berlin 1973 [1867], S. 189.

Kapital die Lohnarbeit ausbeutet. Allerdings haben sie nicht immer vollständig zu würdigen gewusst, dass dieser Prozess auf der noch verborgeneren Stätte der häufig von Frauen verrichteten unbezahlten Care-Arbeit aufsitzt, die die menschlichen Subjekte (erst) hervorbringt und regeneriert, welche dann die »Arbeitskraft« darstellen. Zutiefst abhängig von solchen sozialreproduktiven Aktivitäten, erkennt das Kapital dieser Arbeit dennoch keinen (monetären) Wert zu, betrachtet sie als kostenlos und unendlich verfügbar und übernimmt keine Verantwortung für ihre Aufrechterhaltung. Derart sich selbst überlassen und angesichts seines unbändigen Strebens nach grenzenloser Akkumulation, läuft das Kapital stets Gefahr, genau jene Prozesse der sozialen Reproduktion zu destabilisieren, von denen es abhängig ist.[9]

Ein weiteres Beispiel für einen sphärenübergreifenden Widerspruch ist der ökologische. Auf der einen Seite ist die Kapitalakkumulation auf die Natur angewiesen – sowohl als eine Quelle, die für den Material- und Energiezufluss in die Warenproduktion sorgt, als auch als eine Senke zur Aufnahme ihrer Rückstände. Auf der anderen Seite leugnet das Kapital die ökologischen Kosten, die es verursacht, und geht davon aus, dass sich die Natur selbstständig und endlos regenerieren kann. Auch in diesem Fall tendiert die kapitalistische Ökonomie dazu, den Ast abzusägen, auf dem sie sitzt, indem sie genau jene Naturbedingungen destabilisiert, auf denen sie beruht.[10] In beiden Fällen begründet ein Widerspruch zwischen zwei Sphären eine Tendenz zu einem Typus kapitalistischer Krise, der die Wirtschaft transzendiert: der sozialen Reproduktionskrise in dem einen und der ökologischen Krise in dem anderen Fall.

Diese Überlegungen weisen auf ein erweitertes Verständnis von Kapitalismus hin – nämlich nicht länger nur als eine Wirtschaftsordnung, sondern als etwas Größeres: eine *institutionalisierte gesellschaftliche Ordnung*. Der wichtige Punkt ist, dass die kapitalistische Gesellschaft über ihr ökonomisches Subsystem hinaus

9 Nancy Fraser, »Contradictions of Capital and Care«, in: *New Left Review* 100 (2016), S. 99-117.

10 Für eine klassische Darstellung über den »zweiten [ökologischen] Widerspruch des Kapitalismus« siehe James O'Connor, »Capitalism, Nature, Socialism: A Theoretical Introduction«, in: *Capitalism, Nature, Socialism* 1 (1988), S. 1-22. Die Idee wird weiterentwickelt in Nancy Fraser, Rahel Jaeggi, *Capitalism: A Conversation in Critical Theory*, Cambridge u. a. 2018, S. 35-37, S. 90-101.

auch die nichtökonomischen Sphären umfasst, die ihre Ökonomie absichern – inklusive die der sozialen Reproduktion und der nichtmenschlichen Natur. In dieser Funktion birgt sie eine Vielzahl von Krisentendenzen in sich – nicht nur jene, die aus intraökonomischen Widersprüchen entspringen, sondern auch jene, die in Widersprüchen zwischen den Sphären wurzeln –, zum einen zwischen Wirtschaft und Gesellschaft und zum anderen zwischen Wirtschaft und Natur. Nicht nur Marx'sche Widersprüche, sondern auch Polanyi'sche sind dann in die kapitalistische Gesellschaft eingebaut.

Dieses erweiterte Verständnis bietet eine Möglichkeit, die gegenwärtigen Verwerfungen der Demokratie zu verstehen, die der Falle des Politizismus entgeht. Werden diese nicht mehr als freischwebende aufgefasst, erscheinen sie als ein weiterer Strang der kapitalistischen Krise, der in einem weiteren sphärenübergreifenden Widerspruch gründet: dem Widerspruch zwischen den Imperativen der Kapitalakkumulation und der Aufrechterhaltung öffentlicher Gewalt, auf der die Akkumulation ebenfalls beruht. Der Kern dieses politischen Widerspruchs des Kapitalismus ist folgender: Eine legitime und wirksame öffentliche Gewalt ist eine Bedingung der Möglichkeit für eine nachhaltige Kapitalakkumulation. Andererseits führt der Drang des Kapitalismus zur unbegrenzten Akkumulation langfristig dazu, eben genau diese öffentliche Macht zu destabilisieren, von der sie abhängt. Aus dieser Sicht ist *die heutige Krise der Demokratie eine Dimension der kapitalistischen Krise*, deren umfassenderen Umrisse den Schlüssel zu ihrer Lösung liefern.

Dieser Hypothese wollen wir nachgehen, indem wir als Erstes festhalten, dass sich das Kapital auf die öffentliche Gewalt stützt, um seine konstitutiven Normen zu etablieren und durchzusetzen. Die Akkumulation ist letztlich undenkbar ohne einen Rechtsrahmen, der dem Privatunternehmertum und dem Markttausch zugrunde liegt. Sie ist ganz entscheidend von der öffentlichen Gewalt abhängig, Eigentumsrechte zu garantieren, die Durchsetzung von Verträgen zu erzwingen und Streitfälle zu entscheiden, Aufstände zu unterdrücken, die Ordnung aufrechtzuerhalten und Dissens zu bewältigen, die Geldregime aufrechtzuerhalten, die den Lebensnerv des Kapitals darstellen, Bemühungen zur Krisenvorbeugung und -behandlung zu unternehmen und beide offiziellen Statushierarchien zu kodifizieren und durchzusetzen, wie beispielsweise diejenigen, welche Staatsbürger*innen von »den Fremden« unterscheiden, sowie außerdem inoffizielle Statushierarchien, welche die freien, verwertbaren »Arbeiter*innen«, die berechtigt sind, ihrer Arbeitskraft zu verkaufen, von abhängigen, enteigenbaren »Anderen«, deren Wirtschaftsgüter einfach beschlagnahmt werden können, unterscheiden.[11]

Historisch gesehen waren die hier in Rede stehenden öffentlichen Gewalten zumeist in Territorialstaaten ansässig gewesen, einschließlich jener, die als Kolonialmächte agierten. Es waren die Rechtssysteme solcher Staaten, die die Konturen jener scheinbar entpolitisierten Arenen geprägt haben, in denen private Akteure ihre *wirtschaftlichen* Interessen frei von *politischen* Eingriffen verfolgen konnten. Gleichermaßen waren es Territorialstaaten, die den *legitimen Zwang* aufgeboten haben, um den Widerstand gegen jene Expropriationen zu unterdrücken, durch die die kapitalistischen Eigentumsverhältnisse hervorgebracht und aufrechterhalten wurden. Die Nationalstaaten waren es auch, die einigen subjektive Rechte verliehen und anderen verweigerten. Und schließlich waren es solche Staaten, die das Geld nationalisierten und dafür bürgten. Nachdem sie auf diese Weise die kapitalistische Wirtschaft errichtet haben, unternahmen diese politischen Mächte anschließend Schritte zur Förderung von Kapitalkapazitäten, um Profite anzuhäufen und Herausforderungen anzugehen. Sie schufen und unterhielten eine öffentliche Infrastruktur, kompensierten *Marktversagen*, steuerten die wirtschaftliche Entwicklung, förderten die soziale Reproduktion, milderten Wirtschaftskrisen ab und bewältigten den damit verbundenen politischen Fallout.

Das ist aber noch nicht alles. Auch auf geopolitischer Ebene unterliegen die Möglichkeiten einer kapitalistischen Wirtschaft politischen Bedingungen. Hier geht es um die Organisation des größeren Raums, in den die Territorialstaaten eingebettet sind. In diesem Raum kann sich das Kapital scheinbar recht leicht bewegen, wenn man die ihm inhärente expansionistische Schubkraft und seinen tief verwurzelten Drang bedenkt, Wert aus den peripheren Regionen für sein Zentrum zu ziehen. Seine Fähigkeit jedoch,

11 Für eine Darstellung dieser letzten Unterscheidung, die grob, aber unmissverständlich der globalen Rassentrennung entspricht, siehe Nancy Fraser, »Is Capitalism *Necessarily* Racist?« [2018 Presidential Address, APA Eastern Division], in: *Proceedings and Addresses of the American Philosophical Association* 92 (2018), S. 21-42.

über Grenzen hinweg zu operieren, durch internationalen Handel Wachstum zu generieren und von der Ausbeutung unterworfener Völker zu profitieren, hängt nicht nur von der Verfügungsgewalt über eine national-imperiale Militärmacht, sondern auch von transnationalen politischen Arrangements ab: vom internationalen Recht, von Abmachungen zwischen den Großmächten und supranationalen Regimen, die ein Gebiet, das manchmal als ein im Naturzustand befindliches wahrgenommen wird, teilweise (auf kapitalfreundliche Weise) befrieden. Die kapitalistische Wirtschaft war über ihre gesamte Geschichte hinweg von den militärischen und organisatorischen Fähigkeiten einer Abfolge von globalen Hegemonialmächten abhängig, die versucht haben, die Akkumulation auf einer fortschreitend expandierenden Skala im Rahmen eines multistaatlichen politischen Systems zu fördern.[12]

Auf beiden Ebenen, der staatlich-territorialen wie der geopolitischen, steht die kapitalistische Wirtschaft demnach tief in der Schuld ihrer äußerlichen politischen Mächte. Diese *nichtökonomischen* Mächte sind für all die Hauptströme der Akkumulation unverzichtbar: für die Ausbeutung freier Arbeitskraft und die Produktion und den Tausch von Waren; für die Expropriation rassifizierter unterworfener Völker und die Abführung des Werts von der Peripherie ins Zentrum; für die Organisation von Finanzen, Räumen und Wissen – also der Steigerung von Zins und Rendite. Die politischen Mächte sind – ebenso wie die soziale Reproduktion und die nichtmenschliche Natur – keinesfalls bloßes Beiwerk, sondern konstitutive Elemente der kapitalistischen Gesellschaft. Essenziell für ihr Funktionieren ist die öffentliche Gewalt als ein wesentlicher Bestandteil der institutionalisierten Gesellschaftsordnung, die den Kapitalismus darstellt.

Die Aufrechterhaltung politischer Macht steht allerdings in einer spannungsvollen Beziehung zu den Imperativen der Kapitalakkumulation. Der Grund dafür liegt in der spezifischen institutionellen Topographie des Kapitalismus, die *das Ökonomische* von *dem Politischen* abgrenzt. In dieser Hinsicht unterscheiden sich kapitalistische Gesellschaften von früheren Gesellschaftsformationen, in denen diese Instanzen faktisch verschmolzen waren – wie zum Beispiel in der feudalen Gesellschaft, wo die Kontrolle über

12 Vgl. Giovanni Arrighi, *The Long Twentieth Century. Money, Power and the Origins of Our Times*, London, New York 1994.

die Arbeit, den Boden und das Militär in der Einzelinstitution von Lehnsherrschaft und Vasallentum gebündelt war. In der kapitalistischen Gesellschaft hingegen sind ökonomische und politische Macht voneinander getrennt; jeder ist ihre eigene Sphäre zugewiesen, mit ihrem jeweils charakteristischen Medium und ihrem eigenen *Modus Operandi* ausgestattet.[13] Die Macht zur Organisation der Produktion wird privatisiert und dem Kapital übertragen, das sich nur der natürlichen, nichtpolitischen Sanktionen des Hungers und der Not bedienen soll. Die Aufgabe der Kontrolle der verbleibenden »nichtökonomischen« Ordnungen, inklusive solcher zur Bereitstellung externer Bedingungen der Akkumulation, fällt der öffentlichen Gewalt zu, die allein das »politische« Mittel des Rechts und der »legitimen« Gewalt anwenden darf. Im Kapitalismus ist also das Ökonomische nichtpolitisch und das Politische nichtökonomisch.

Als grundlegende Definition für das, was Kapitalismus ist, schränkt diese Trennung das Gebiet des Politischen stark ein. Indem sie weite Bereiche des gesellschaftlichen Lebens der Herrschaft »des Marktes« (in Wirklichkeit Großkonzernen) unterstellt, erklärt sie diese zu etwas, das für die demokratische Entscheidungsfindung, das kollektive Handeln und die öffentliche Kontrolle gesperrt ist. Ebendiese Struktur beraubt uns also der Fähigkeit, kollektiv zu entscheiden, was und wie viel wir genau produzieren wollen, auf welcher Energiegrundlage und durch welche Art von sozialen Beziehungen. Sie beraubt uns auch der Fähigkeit, zu bestimmen, wie wir den gesellschaftlichen Mehrwert nutzen wollen, den wir gemeinsam produzieren; wie wir mit der Natur und künftigen Generationen in Beziehung treten wollen; wie wir die Arbeit der sozialen Reproduktion und ihr Verhältnis zur Produktion organisieren wollen. Der Kapitalismus ist in der Summe fundamental antidemokratisch. Selbst im besten anzunehmenden Fall muss die Demokratie in einer kapitalistischen Gesellschaft zwangsläufig eingeschränkt und schwach sein.

Doch die kapitalistische Gesellschaft ist typischerweise nicht in ihrem besten Zustand, und welche Art von Demokratie auch immer sie schafft unterzubringen, sie muss genauso brüchig und instabil sein. Die Schwierigkeit ist, dass das Kapital von Natur aus

13 Vgl. Ellen Meiksins Wood, »The Separation of the Economic and the Political in Capitalism«, in: *New Left Review* I/127 (1981), S. 66-95.

versucht, beides zu haben. Einerseits speist es sich aus der öffentlichen Gewalt und macht sich die für die Akkumulation unerlässlichen Rechtssysteme, repressiven Kräfte, Infrastrukturen und Regulierungsbehörden zunutze. Gleichzeitig verleitet die Profitgier einige Teile der kapitalistischen Klasse dazu, regelmäßig gegen die öffentliche Gewalt zu rebellieren, sie als minderwertig gegenüber Märkten schlechtzureden und Pläne für deren Schwächung zu schmieden. In solchen Fällen, wenn kurzfristige Interessen ein langfristiges Überleben übertrumpfen, gleicht das Kapital der Schlange, die ihren eigenen Schwanz frisst. Es droht, die politischen Bedingungen seiner eigenen Möglichkeit zu zerstören.

Das Kernproblem besteht im Folgenden: Erstens trennen die kapitalistischen Gesellschaften ihre Ökonomien von ihren organisierten politischen Gewalten ab. Zweitens stellen sie ihre Ökonomien in ihrer Funktionsfähigkeit als abhängig von politischen Gewalten dar. Weil aber das Kapital, drittens, nur monetarisierte Formen des Werts anerkennt, nutzt es öffentliche Güter aus und verleugnet ihre Wiederherstellungskosten. Ausgerichtet auf unendliche Akkumulation, neigt die Wirtschaft des Kapitalismus, viertens und letztens, regelmäßig dazu, genau jene politischen Gewalten zu destabilisieren, auf die sie selbst angewiesen ist.

Diese vier Merkmale bringen einen politischen Widerspruch zum Ausdruck, der tief in die institutionelle Struktur der kapitalistischen Gesellschaft eingelassen ist. Ähnlich wie der ökonomische Widerspruch beziehungsweise die ökonomischen Widersprüche, den beziehunsgweise die die Marxist*innen hervorgehoben haben, begründet auch dieser eine Krisentendenz. In diesem Fall sind diese Spannungen jedoch nicht *innerhalb* der Wirtschaft zu verorten, sondern vielmehr an jener Grenze, die das Ökonomische und das Politische in der kapitalistischen Gesellschaft voneinander trennt und gleichzeitig miteinander verbindet. Dem Kapitalismus als solchem inhärent, lässt dieser sphärenübergreifende Widerspruch *jede* Form der kapitalistischen Gesellschaft zur politischen Krise tendieren.

2. Die Historisierung des politischen Widerspruchs des Kapitalismus

Bis hierher habe ich die Struktur jener politischen Krisentendenz für den Kapitalismus als solchen dargestellt. Die kapitalistische Gesellschaft existiert jedoch nicht *als solche*, sondern nur in historisch spezifischen Formen oder Regimen der Akkumulation. Weit davon entfernt, ein für alle Mal vorgegeben zu sein, ist die für den Kapitalismus konstitutive Trennung zwischen *dem Ökonomischen* und *dem Politischen* umstritten und veränderbar. Speziell in Krisenperioden ringen die sozialen Akteur*innen um die Grenzen, die die Wirtschaft von der Politik trennen – und vermögen sie manchmal mit Erfolg neu zu ziehen. Im 20. Jahrhundert zwangen die sich verschärfenden Klassenkonflikte Staaten beispielsweise dazu, neue Verpflichtungen bei der Förderung der Beschäftigung und des Wirtschaftswachstums zu übernehmen. Im frühen 21. Jahrhundert hingegen veränderten Parteigänger des *freien Marktes* die internationalen Verkehrsregeln so, dass die Staaten stark dazu angespornt wurden, solche Bemühungen zu beenden. Das Ergebnis war in beiden Fällen, dass ehemals etablierte Grenzen zwischen Ökonomie und Politik revidiert wurden. Diese Trennung hat sich im Zuge der Geschichte des Kapitalismus mehrfach verändert wie sich auch die öffentlichen Gewalten verändert haben, die die Akkumulation auf jeder Stufe möglich gemacht haben.

Als Produkte dessen, was ich an anderer Stelle *Grenzkämpfe* genannt habe,[14] markieren solche Veränderungen epochale Transformationen der kapitalistischen Gesellschaft. Wenn wir eine Perspektive einnehmen, die sie in den Vordergrund stellen, können wir vier Akkumulationsregime in der Geschichte des Kapitalismus unterscheiden: das frühmoderne Regime des Handelskapitalismus, das Regime des Laissez-faire-Wettbewerbskapitalismus im 19. Jahrhundert, das Regime des staatlich gelenkten Monopolkapitalismus im 20. Jahrhundert und das gegenwärtige Regime des globalisierten *finanzialisierten Kapitalismus*. Jeweils nahmen die politischen Voraussetzungen der kapitalistischen Wirtschaft sowohl auf staatlich-territorialer als auch auf geopolitischer Ebene eine unterschiedliche

14 Nancy Fraser, »Behind Marx's Hidden Abode. For an Expanded Conception of Capitalism«, in: *New Left Review* 86 (2014), S. 55-72.

institutionelle Form an. Auch der politische Widerspruch der kapitalistischen Gesellschaft nahm jeweils eine unterschiedliche Gestalt an und fand seinen Ausdruck in einem verschiedenen Set an Krisenphänomenen. Und in jedem Regime entfachte schließlich der politische Widerspruch des Kapitalismus verschiedene Formen sozialer Kämpfe. Prüfen wir kurz, auf welche bestimmte Art und Weise diese Dynamiken sich in den ersten drei Regimen abgespielt haben, bevor wir uns dem gegenwärtigen zuwenden.

Betrachten wir als Erstes die initiale, merkantilistische Phase des Kapitalismus, die einige hundert Jahre lang, nämlich ungefähr vom 16. bis zum 18. Jahrhundert, die Vorherrschaft hatte. In dieser Phase war die Wirtschaft des Kapitalismus nur teilweise vom Staat getrennt. Weder Boden noch Arbeit besaßen wirklich Warencharakter, und moralisch-ökonomische Normen bestimmten noch die meisten Alltagsinteraktionen, selbst in den kleineren und größeren Städten des europäischen Kernlands. Absolutistische Herrscher nutzten ihre Macht, um den Handel intern auf ihren Territorien zu regulieren, genauso wie sie von den externen Raubzügen profitierten, die durch militärische Gewalt erfolgten, und vom Fernhandel, der – zunächst unter genovesischer und dann unter niederländischer Hegemonie – auf der Grundlage eines wachsenden Weltmarktes für Sklav*innen, Edelmetalle und Luxusgüter kapitalistisch organisiert war. Das Ergebnis war eine Innen-außen-Trennung: Regulierung des Handels innerhalb des eigenen Territoriums, Herrschaft des *Wertgesetzes* außerhalb.

Obwohl diese Teilung eine Zeit lang Bestand hatte, konnte sie letztendlich nicht erhalten werden. Die Spannungen innerhalb dieser Ordnung verschärften sich, als die auf internationaler Ebene wirksame Wertlogik begann, den heimischen Raum der europäischen Staaten zu durchdringen, die sozialen Beziehungen zwischen den Landbesitzern und den von ihnen Abhängigen zu verändern und in den urbanen Zentren neue Berufs- und Geschäftsmilieus entstehen zu lassen, die zu den Keimzellen des liberalen, ja revolutionären Denkens wurden. Gleichermaßen zersetzend – und folgenreich – war die zunehmende Verschuldung der Herrschenden. Angesichts des Einnahmenbedarfs waren einige von ihnen gezwungen, protoparlamentarische Körperschaften einzuberufen, die sie letztlich nicht kontrollieren konnten. Und das führte in mehreren Fällen zur Revolution.

Dank dieser Kombination aus ökonomischer Zersetzung und politischem Aufruhr wurde der merkantile Kapitalismus im 19. Jahrhundert von einem anderen Regime abgelöst, das häufig als liberaler oder Laissez-faire-Kapitalismus bezeichnet wird, obwohl diese Bezeichnungen, wie wir sehen werden, hochgradig irreführend sind. In dieser Phase wurde der Nexus Ökonomie/politische Ordnung neu konfiguriert. Die führenden kapitalistischen Staaten Europas bedienten sich zur Regulierung des Binnenhandels nicht mehr direkt der öffentlichen Gewalt. Stattdessen konstruierten sie Marktwirtschaften, in denen Produktion und Tausch als autonom operierend und frei von übermäßiger politischer Kontrolle erschienen, die durch den *rein wirtschaftlichen* Mechanismus von Angebot und Nachfrage funktionierten. Was dieser Konstruktion zugrunde lag, war eine neue Rechtsordnung, die die Überlegenheit von Verträgen, Privateigentum, preisbildenden Märkten sowie der damit zusammenhängenden subjektiven Rechte *freier Individuen* festschrieb, die als nutzenmaximierende, rein geschäftsmäßige Wirtschaftssubjekte angesehen wurden. Das Ergebnis war, dass auf nationaler Ebene eine scheinbar scharfe Trennung zwischen der öffentlichen Gewalt der Staaten auf der einen und der privaten Macht des Kapitals auf der anderen Seite institutionalisiert wurde. Natürlich nutzten die Staaten die ganze Zeit ihre repressive Macht dazu, die Landenteignungen zu rechtfertigen, durch die die Landbevölkerungen in »doppelt freie« Proletarier*innen verwandelt wurden. Auf diese Weise schufen sie die klassenmäßigen Voraussetzungen für die umfassende Ausbeutung der Lohnarbeit, die, als sie mit fossiler Energie kombiniert wurde, einen massiven Anstieg der Industrieproduktion zur Folge hatte – und damit einen intensiven Klassenkonflikt. In einigen Metropolstaaten konnten militante Arbeiterbewegungen und ihre Verbündeten einen Klassenkompromiss erzwingen. Arbeiter, die der ethnischen Mehrheit angehörten, erlangten das Wahlrecht und die politische Staatsbürgerschaft, wobei sie dem Kapital das Recht einräumten, über den Arbeitsplatz zu herrschen und sie darin auszubeuten. In der Peripherie kamen solche Kompromisse hingegen nicht zustande. Die europäischen Kolonialmächte ließen mittlerweile jeden Anschein von politischer Zurückhaltung fallen und setzten ihre militärische Macht ein, um Rebellionen zu zerschlagen. Indem die groß angelegte Plünderung unterworfener Bevölkerungen durchgesetzt wurde, konsolidierten sie die koloniale Herrschaft auf der Grundlage eines *Freihandelsimperialismus* unter britischer Hegemonie – was Zweifel an dem Ausdruck »liberaler Kapitalismus« aufkommen lässt.

Praktisch von Anfang an war dieses Regime darüber hinaus von Instabilität betroffen, sowohl wirtschaftlich als auch politisch. In den demokratisierten Kernländern stand die politische Gleichberechtigung in einem angespannten Verhältnis zur sozioökonomischen Ungleichheit; und die hier erweiterten politischen Rechte hinterließen ein Unbehagen bei denen, die in der Peripherie unter brutaler Unterwerfung litten. Ebenso korrosiv war der von Hannah Arendt diagnostizierte Widerspruch zwischen dem unbegrenzten, trans-territorialisierten Vorstoß der ökonomischen Logik und dem begrenzten, territorial festgelegten Charakter seiner demokratischen Verfassungen.[15] Kein Wunder also, dass, wie Karl Polanyi betonte, diese Konfiguration zwischen Ökonomie und Politik sich als chronisch krisengeplagt herausstellte. Auf der ökonomischen Seite wurde der *liberale* Kapitalismus durch wiederkehrende Wirtschaftskrisen, Zusammenbrüche und Paniken in Aufruhr versetzt; und andererseits, auf politischer Ebene, erzeugte er heftige Klassenkonflikte, Grenzkämpfe und Revolutionen – die allesamt das internationale Finanzchaos, antikoloniale Aufstände und interimperialistische Kriege anheizten und davon angetrieben wurden.[16] Bis zum 20. Jahrhundert hatten sich die vielfältigen Widersprüche dieser Form des »liberalen« Kapitalismus zu einer verschleppten allgemeinen Krise ausgewachsen, die letztlich erst im Nachgang des Zweiten Weltkrieges mit der Installation eines neuen Regimes gelöst wurde.

In diesem neuen, staatlich organisierten kapitalistischen Regime begannen die Kernstaaten damit, innerhalb ihrer Territorien die öffentliche Gewalt proaktiver einzusetzen, um Krisen zu verhindern oder abzumildern. Unterstützt durch das Bretton-Woods-System der Kapitalverkehrskontrollen, das unter US-amerikanischer Hegemonie eingeführt worden war, investierten sie in die

15 Hannah Arendt, *The Origins of Totalitarianism*, New York 1973. Bzgl. des Konflikts zwischen dem trans-territorialen Schub der grenzenlosen Akkumulation und der territorialen Logik der politischen Herrschaft siehe David Harvey, »The ›New‹ Imperialism: Accumulation by Dispossession«, in: *Socialist Register* 40 (2004), S. 63-87.

16 Karl Polanyi, *The Great Transformation*, Boston ²2001 [1944].

Infrastruktur, übernahmen einige Kosten der sozialen Reproduktion, förderten die Vollbeschäftigung und den Konsumismus der Arbeiter*innenklasse, akzeptierten Gewerkschaften als Partner in trilateralen korporatistischen Verhandlungen, steuerten aktiv die wirtschaftliche Entwicklung, kompensierten *Marktversagen* und disziplinierten überhaupt das Kapital zu seinem eigenen Nutzen. Mit dem Ziel, die Bedingungen für eine nachhaltige private Kapitalakkumulation abzusichern, erweiterten diese Maßnahmen teilweise den Geltungsbereich der Politik, während sie ihn gleichzeitig einschränkten: Sie berücksichtigten potenziell revolutionäre Schichten, indem ihre Staatsbürgerschaft aufgewertet und ihnen Beteiligung am System gewährt wurde. Dies führte über einige Jahrzehnte zur Stabilisierung der Lage, aber zu einem hohen Preis. Die Regelungen, die den der ethnischen Mehrheitsbevölkerung angehörenden Industriearbeiter*innen in den kapitalistischen Zentren eine »soziale Staatsbürgerschaft« verliehen, stützten sich auf ein paar nicht so feine Rahmenbedingungen: auf die Abhängigkeit der Frauen durch den Familienlohn, auf rassische beziehungsweise ethnische Ausschlüsse und auf die anhaltende imperialistische Expropriation der *Dritten Welt*. Letztere ging mit alten und neuen Mitteln auch nach der Dekolonisierung weiter und schränkte die Fähigkeiten der neuen unabhängigen Staaten, ihre Gesellschaften zu stabilisieren und die Entwicklung zu steuern sowie ihre Bevölkerung vor den handelsgetriebenen Raubzügen zu schützen, stark ein. Das Ergebnis war, dass einige politische Zeitbomben gelegt wurden, deren Detonation schließlich im Zusammenspiel mit anderen Prozessen das Regime des staatlich organisierten Kapitalismus zu Fall brachte.

Zum Schluss scheiterte auch dieses Regime an seinen eigenen Widersprüchen, sowohl den ökonomischen als auch den politischen. Steigende Löhne und die Verallgemeinerung von Produktivitätssteigerungen führten zusammen im Zentrum zu sinkenden Profitraten in der Industrieproduktion, was neue Anstrengungen seitens des Kapitals hervorrief, die Kräfte des Marktes von der politischen Regulation zu befreien. Und eine globale Neue Linke trat hervor, um die Unterdrückungen, Ausschlüsse und Ausplünderungen anzufechten, auf denen das ganze Konstrukt beruhte. Was folgte, war eine langwierige Krisenperiode, mal akut, mal langsam vor sich hin kochend, während das Arrangement des staatlich organisierten Kapitalismus still und heimlich durch das gegenwärtige Regime des *finanzialisierten Kapitalismus* ersetzt wurde, dem ich mich nun zuwenden möchte.

3. Politische Widersprüche des finanzialisierten Kapitalismus

Der *finanzialisierte Kapitalismus* hat das Verhältnis von Ökonomie und Politik noch einmal erneuert. In diesem Regime haben Zentralbanken und globale Finanzinstitutionen die Nationalstaaten als Lenker einer zunehmend globalisierten Ökonomie abgelöst. Sie und nicht die Staaten sind es, die jetzt die Regeln für die zentralen Beziehungen der kapitalistischen Gesellschaft bestimmen: die zwischen Arbeit und Kapital, Bürger*innen und Staat, Zentrum und Peripherie und – entscheidend für sie alle – die zwischen Schuldnern und Gläubigern. Die letzteren Beziehungen sind zentral für den finanzialisierten Kapitalismus und durchdringen alle anderen. Es ist größtenteils die Verschuldung, durch die das Kapital heute die Arbeit ausschlachtet, Staaten diszipliniert, Reichtum von der Peripherie ins Zentrum transferiert und Wert aus der Gesellschaft und aus der Natur herauszieht. Wenn die Schulden durch Staaten, Regionen, Gemeinden, Haushalte und Firmen fließen, kommt es im Ergebnis zu einem dramatischen Wandel im Verhältnis von Wirtschaft und Politik.

Das vorangegangene Regime hatte die Staaten dazu ermächtigt, die kurzfristigen Interessen privater Unternehmen dem langfristigen Ziel einer nachhaltigen Akkumulation unterzuordnen. Im Gegensatz dazu autorisiert dieses hier das Finanzkapital, Staaten und Öffentlichkeiten im unmittelbaren Interesse privater Investoren zu disziplinieren. Das Ergebnis ist ein doppeltes Dilemma. Einerseits sind die staatlichen Institutionen, die bisher (einigermaßen) für die Bürger*innen ansprechbar waren, zunehmend nicht mehr in der Lage, deren Probleme zu lösen oder Bedürfnissen nachzukommen. Andererseits sind die Zentralbanken und globalen Finanzinstitutionen, die die Fähigkeiten des Staates eingeschränkt haben, *politisch unabhängig*, das heißt der Öffentlichkeit nicht rechenschaftspflichtig und frei, im Interesse der Investoren und Gläubiger tätig zu werden. Währenddessen übersteigt das Ausmaß an drängenden Problemen, wie zum Beispiel die globale Erwärmung, die Reichweite und das Gewicht öffentlicher Gewalten. Letztere sind ohnehin den transnationalen Konzernen und globalen Finanzströmen unterlegen, die sich der Kontrolle durch politische Akteure entziehen, die an ein begrenztes Territorium gebunden sind. Das allgemeine Ergebnis ist eine wachsende Unfähigkeit der öffentlichen Gewalten, private Gewalten im Zaum zu halten. Daher die Verbindung von *finanzialisiertem Kapitalismus* zu Entdemokratisierung und Postdemokratie.

Der Wandel hin zu einem Regime, das sich um die Kapitalakkumulation durch Schulden dreht, entstand durch eine grundlegende Umstrukturierung der internationalen Ordnung, die einerseits die Abschaffung des Bretton-Woods-Systems der Kapitalverkehrskontrollen, der festen Wechselkurse und der Goldkonvertibilität und andererseits die Neuausrichtung der Weltbank und des Internationalen Währungsfonds zu Agenten der ökonomischen Liberalisierung umfasste – beides Schritte, die von den USA angestoßen wurden und dazu dienten, ihre Hegemonie zu verlängern. Darauf folgte bald der US-geführte Angriff auf den Entwicklungsstaat, der zunächst über den Washington Consensus und dann über Strukturanpassungen lief. Nachdem die Liberalisierung in einem Großteil des globalen Südens mit der Waffe der Verschuldung erzwungen worden war, balgten sich die verschuldeten Staaten um die harte Währung, indem sie Exportproduktionszonen eröffneten und die Arbeitsmigration um der Rücküberweisungen in die Heimat willen förderten. Unterdessen hat die Verlagerung der Industrieproduktion an die Semiperipherie das Kapital in zwei Hinsichten gestärkt: erstens durch die Schaffung eines Unterbietungswettlaufs im Süden und zweitens durch die Dezimierung der mächtigen Gewerkschaften im kapitalistischen Zentrum und die damit verbundene Schwächung der politischen Unterstützung für die Sozialdemokratie. Derweil beraubten die Beseitigung der Kapitalverkehrskontrollen und die Schaffung des Euro nahezu alle Staaten der Kontrolle über ihre Währungen, wodurch sie der Gnade und Ungnade der Wertpapiermärkte und Ratingagenturen überlassen wurden, und setzten ein entscheidendes Instrument des Krisenmanagements außer Kraft.[17] Die Kernstaaten wurden damit

17 Die Ausnahme sind die Vereinigten Staaten, die ganz einfach mehr von den Dollars drucken können, welche als »Weltgeld« dienen.

in eine Position gedrängt, die jenen an der Peripherie schon lange vertraut war: die Unterwerfung unter die globalen Wirtschaftskräfte, die sie unmöglich kontrollieren können.

Eine Reaktion hierauf war ein politischer Wechsel von einem *öffentlichen Keynesianismus*, der auf Steuern und Ausgaben basiert, hin zu einem *privatisierten Keynesianismus*, welcher der Konsument*innenverschuldung Vorschub leistete, um ein anhaltend hohes Niveau der Konsumausgaben unter den ansonsten ungünstigen Bedingungen von sinkenden Reallöhnen, zunehmender Prekarität sowie zurückgehenden Körperschaftssteuereinnahmen zu fördern. Das Ergebnis war, wie wir heute wissen, die Finanzkrise von 2007 und 2008, die die Macht der privaten Kreditgeber über die öffentliche Gewalt nur noch gefestigt hat. Nachdem sie Staatsschuldenkrisen orchestriert haben, zwangen die Zentralbanken und globalen Finanzinstitutionen die von den Anleihemärkten angegriffenen Staaten dazu, eine Sparpolitik einzuführen, was bedeutete, die Interessen ihrer Bürger*innen denen der internationalen Kreditgeber zu opfern. Die Europäische Union, die einst als Musterbeispiel der *postnationalen Demokratie* galt, drängte darauf, den Forderungen der Banker*innen und Investor*innen nachzukommen, und verwirkte damit in den Augen vieler ihren Anspruch auf demokratische Legitimität.

Generell bedeutet der finanzialisierte Kapitalismus die Epoche der *Steuerung ohne Regierung*, das heißt von Herrschaft ohne das Feigenblatt der Zustimmung. In diesem Regime sind es nicht die Staaten, sondern transnationale Governancestrukturen wie die EU, die Welthandelsorganisation, das NAFTA- und das TRIPS-Abkommen, die den Löwenanteil zwingend vollstreckbarer Regeln bestimmen, die heute ausgedehnte Bereiche des gesellschaftlichen Zusammenlebens überall in der Welt beherrschen. Niemandem rechenschaftspflichtig und ganz überwiegend im Interesse des Kapitals tätig, *konstitutionalisieren* diese Körperschaften neoliberale Vorstellungen von *Freihandel* und *geistigem Eigentum*, verankern sie fest im globalen Regime und verhindern bereits im Voraus eine demokratische Arbeits- und Umweltgesetzgebung. Durch eine Vielzahl von Maßnahmen hat dieses Regime letztlich die Eroberung der öffentlichen Gewalt durch die private (Unternehmens-) Macht gefördert, indem sie erstere auch intern kolonisiert und ihren *Modus Operandi* dem privater Unternehmungen nachgebildet hat. An

Foucault anknüpfende Gouvernementalitätsforscher*innen haben diese *neoliberale politische Rationalität* sehr gut beschrieben.

Der Gesamteffekt war, dass die öffentliche Gewalt auf allen Ebenen ausgehöhlt wurde. Überall sind politische Agenden eingeengt worden, sowohl durch externe Vorgaben (die *Forderungen der Märkte*, der *neue Konstitutionalismus*) als auch durch interne Kooptation (von Unternehmen gekaperte Gesetzgebung, Privatisierung, die Ausbreitung neoliberaler politischer Rationalität) zurechtgestutzt worden. Angelegenheiten, die früher als direkt in den Aufgabenbereich des demokratischen politischen Handelns fallend angesehen wurden, werden nun zu Tabuzonen erklärt und *den Märkten* überlassen – zum Nutzen des Finanz- und Unternehmenskapitals. Und wehe denen, die widersprechen. Im gegenwärtigen Regime zielen die Unterstützer des Kapitals unverschämt auf alle möglichen öffentlichen Institutionen oder politischen Kräfte, die sie herausfordern könnten – sei es durch die Aufhebung von Wahlen oder Volksabstimmungen, welche die Austerität ablehnen, wie 2015 in Griechenland, oder durch die Verhinderung der Kandidaturen von Sympathieträger*innen, welche den Anschein machen, sie könnten diesen Weg einschlagen, wie 2017 bis 2018 in Brasilien. Während dieser gesamten Zeit haben indes führende kapitalistische Interessen (Big Fruit, Big Pharma, Big Energy und Big Arms) ihre langjährige Praxis der Förderung von Autoritarismus und Repression, Imperialismus und Krieg auf der ganzen Welt fortgesetzt. Die gegenwärtige Flüchtlingskrise verdanken wir größtenteils ihnen und den staatlichen Akteur*innen, an die sie gebunden sind. Das gegenwärtige Akkumulationsregime hat also generell eine Krise der demokratischen Regierungsführung hervorgebracht. Weit davon entfernt, eine freischwebende zu sein, gründet diese Krise in der widersprüchlichen, sich selbst destabilisierenden Dynamik der kapitalistischen Gesellschaft. Was manche als unser »Demokratiedefizit« bezeichnen, ist in Wirklichkeit die historisch spezifische Gestalt, die der dem Kapitalismus inhärente politische Widerspruch in seiner gegenwärtigen Phase annimmt, in der eine aus dem Ruder gelaufene Finanzialisierung den Bereich des Politischen überflutet und dessen Kräfte so weit schwächt, dass er die drängenden Probleme nicht mehr lösen kann. Einschließlich jener Probleme, wie zum Beispiel der globalen Erwärmung, die die langfristigen Perspektiven der Akkumulation gefährden – ganz zu schweigen vom Leben, wie wir es auf diesem Planeten kennen. In dieser Phase des Kapitalismus ist, wie in jeder anderen auch, die Krise der Demokratie keine bloß bereichsspezifische, sondern eine Dimension eines größeren Krisenkomplexes, die noch weitere Aspekte aufweist – ökologische, sozialreproduktive und wirtschaftliche. Untrennbar mit diesen anderen Dimensionen verflochten, ist unsere gegenwärtige Demokratiekrise ein wesentlicher Bestandteil der *allgemeinen Krise des finanzialisierten Kapitalismus*. Sie kann nicht gelöst werden, ohne die allgemeine Krise zu lösen – also ohne diese Gesellschaftsordnung von Grund auf zu transformieren.

4. Die Hegemoniekrise des finanzialisierten Kapitalismus

Es bleibt noch einiges über die aktuelle demokratische Krise zu sagen. In diesem Aufsatz habe ich sie hauptsächlich aus einer strukturellen Perspektive betrachtet, als die nichtzufällige Entfaltung von Widersprüchen, die dem finanzialisierten Kapitalismus innewohnen. Diese Perspektive ist unerlässlich, wie ich hoffentlich gezeigt habe. Um das volle Ausmaß der gegenwärtigen Krise zu fassen, reicht sie jedoch nicht; sie beinhaltet, wie jede umfassende Krise, auch eine hegemoniale Dimension.

Eine Krise ist schließlich nicht einfach nur ein Stillstand im gesellschaftlichen Getriebe. Weder eine Störung in den Kreisläufen der Akkumulation noch eine Blockade im System der Regierungsführung verdienen die Bezeichnung *Krise* im eigentlichen Sinne des Wortes. Dieser Sinn umfasst nicht nur Systemblockaden, sondern auch die Reaktionen der sozialen Akteur*innen darauf. Entgegen einem verarmten, systemtheoretischen Verständnis, zählt nichts im vollen Sinne als Krise, bis sie als solche erlebt wird. Was für einen außenstehenden Beobachter wie eine Krise aussieht, wird erst dann geschichtlich wirksam, wenn die Gesellschaftsmitglieder es *als* eine Krise sehen – also zum Beispiel erst dann, wenn sie intuitiv erkennen, dass die akuten Probleme, die sie wahrnehmen, nicht trotz, sondern gerade *wegen* der etablierten Ordnung entstehen und nicht von ihr gelöst werden können. Erst dann, wenn eine kritische Masse zu dem Schluss kommt, dass diese Ordnung durch kollektives Handeln transformiert werden *kann* und *muss*, gewinnt eine objektive Blockade eine subjektive Stimme. Dann und nur dann können wir von einer Krise in dem umfassenderen Sinne eines *bedeutsamen historischen Scheideweges, der eine Entscheidung verlangt*, sprechen.[18]

Genau das geschieht heute. Die politischen Dysfunktionen des finanzialisierten Kapitalismus haben Massen von Menschen auf der ganzen Welt dazu veranlasst, abtrünnig zu werden. Obwohl schwerwiegend, führten die Demokratiedefizite und administrativen Blockaden nicht zur massenhaften Abkehr von einer Politik des »Weiter so«. Was externe Beobachter*innen zunächst als Krise *an sich* beurteilt haben mögen, ist nun zu einer Krise *für sich* geworden.

Wir brauchen nur an die Brexit-Abstimmung, die Wahl und Präsidentschaft Donald Trumps und den wachsenden Erfolg rechtspopulistischer und quasi-faschistischer Parteien nicht mehr »nur« in Südasien und in Nord-, Mittel- und Osteuropa, sondern nun auch in Brasilien denken – und umgekehrt an die starke Präsenz linkspopulistischer Kandidaten in einigen Ländern Südeuropas und in den USA (darunter einige selbsternannte »Democratic Socialists«) und die wachsende Unterstützung für Jeremy Corbyns Flügel der Labour-Partei in Großbritannien. Diese Phänomene, so verschieden sie auch sind, deuten auf eine weit verbreitete Entschlossenheit hin, mit dem Neoliberalismus und den Parteien, die ihn ermöglicht haben, abzuschließen. In ihrer Zurückweisung des vorherrschenden Commonsense und der politischen Eliten denken die Akteur*innen, die sie vorantreiben, über den Tellerrand hinaus und erwägen neue Perspektiven und politische Projekte. Das Ergebnis ist eine neue Phase der Ausprägung der kapitalistischen Krise: Eine *bloße* Ansammlung von Systemblockaden ist nun zu einer ausgewachsenen *Krise der Hegemonie* geworden.[19] Zusammen bilden diese beiden Aspekte – hegemonial und strukturell – die sich gegenseitig verstärkende Dynamik der gegenwärtigen Krise des finanzialisierten Kapitalismus.

Solche Krisen kommen nicht jeden Tag vor. Sie sind historisch selten und stellen Umschlagpunkte in der Geschichte des Kapitalis-

18 Reinhart Koselleck, Michaela W. Richter, »Crisis«, in: *Journal of the History of Ideas* 67 (2006), S. 357-400.

19 Zu einer Analyse der hegemonialen Dimension der gegenwärtigen Krise der Demokratie siehe Nancy Fraser, »From Progressive Neoliberalism to Trump – and Beyond«, in: *American Affairs* 1 (2017), S. 46-64.

mus dar, Momente der Entscheidung, in denen die Gestalt des gesellschaftlichen Lebens zur Disposition steht. Die brennende Frage in solchen Zeiten lautet: Wem wird es gelingen, eine funktionsfähige Gegenhegemonie aufzubauen, und auf welcher Grundlage? Wer wird, mit anderen Worten, den gesellschaftlichen Transformationsprozess anleiten, in wessen Interesse und mit welchem Ziel? Wie wir gesehen haben, hat sich der Prozess, durch den die allgemeine Krise zu einer gesellschaftlichen Umstrukturierung führt, in der neueren Geschichte mehrfach abgespielt – größtenteils zum Nutzen des Kapitals. Durch diesen Prozess hat sich der Kapitalismus immer wieder neu erfunden. Um die Profitabilität wiederherzustellen und die Opposition zu bändigen, haben seine Verfechter*innen die Grenze zwischen Ökonomie und Politik neu gezogen, was beide Bereiche, ihr Verhältnis zueinander sowie zur sozialen Reproduktion und zur nichtmenschlichen Natur rekonfiguriert. Dabei haben sie nicht nur den jeweiligen Modus der politischen Herrschaft reorganisiert, sondern auch die etablierten Formen der Ausbeutung und Expropriation, also der Klassenherrschaft und Statushierarchie, sowie die Formen politischer Unterwerfung. Indem sie diese Spannungslinien jeweils neu hervorgebracht haben, ist es ihnen oft gelungen, aufbegehrende Energien in neue hegemoniale Projekte zu lenken, die zum überwältigenden Teil dem Kapital zugutekamen.

Wird sich dieser Prozess heute wiederholen? Der Kampf um eine Lösung der gegenwärtigen Krise der Demokratie kann, wie diese Krise selbst, weder nur bereichsspezifisch noch freischwebend sein. Weit davon entfernt, nur die politischen Institutionen allein zu betreffen, wirft sie die fundamentalsten und allgemeinsten Fragen der gesellschaftlichen Organisation auf: Wo wollen wir die Linie ziehen, die die Ökonomie von der Politik, die Gesellschaft von der Natur, die Produktion von der Reproduktion abgrenzt? Wie wollen wir unsere Zeit zwischen Arbeit und Erholung, Familienleben, Politik und Zivilgesellschaft aufteilen? Wie wollen wir den gesellschaftlichen Mehrwert nutzen, den wir kollektiv produzieren? Und wer genau soll all diese Dinge entscheiden? Wird es denjenigen, die heute Profite schlagen, gelingen, die Widersprüche des Kapitalismus in neue Möglichkeiten zur Anhäufung von Reichtümern zu verwandeln? Werden sie wichtige Stränge der Rebellion kooptieren, auch wenn sie die gesellschaftliche Herrschaft umorganisieren? Oder wird ein Massenaufbegehren gegen das Kapital jener »Griff des in [dem] Zug [der Weltgeschichte; N. F.] reisenden Menschengeschlechts nach der Notbremse« sein?[20]

Die Antwort hängt zum Teil davon ab, wie wir die gegenwärtige Krise der Demokratie verstehen. Wenn wir uns an die vertrauten politizistischen Interpretationen halten, werden wir die Mühen der Demokratie für eine freistehende Art von politischen Problemen halten. Wir werden Moralpredigten über die Notwendigkeit von Höflichkeit, Überparteilichkeit und Respekt gegenüber der Wahrheit halten und dabei versäumen, die tieferliegenden Fehlerquellen zu enttarnen. Indem wir hochsinnig über den Sorgen jener unwissenden »Bedauernswerten« schweben, werden wir die Forderungen derjenigen kritischen Massen überall auf der Welt unberücksichtigt lassen, die heute den Neoliberalismus ablehnen und grundlegende Veränderungen verlangen. Wenn wir ihre legitimen Beschwerden (die jedoch falsch interpretiert und fehlgeleitet werden) missachten, werden wir uns damit im gegenwärtigen Kampf um die Schaffung einer Gegenhegemonie selbst ins Abseits manövrieren. Die Alternative, die ich hier skizziert habe, besteht darin, die aktuellen Mühen der Demokratie als Ausdruck von tiefsitzenden Widersprüchen anzusehen, die in die institutionelle Struktur des finanzialisierten Kapitalismus eingebaut sind – sie also als eine Dimension der allgemeinen Krise zu verstehen. Diese Interpretation bietet zweifelsohne keine einfachen Antworten. Aber sie hat die Signalwirkung, uns in die richtige Richtung zu lenken und uns herauszufordern, die dysfunktionale, antidemokratische Struktur der institutionalisierten gesellschaftlichen Ordnung namens Kapitalismus neu zu denken – oder sogar abzuschaffen.

Aus dem Englischen von Frank Lachmann,
Henri Band und Marlen van den Ecker

20 Walter Benjamin, »Über den Begriff der Geschichte«, in: ders., *Werke und Nachlaß. Kritische Gesamtausgabe*, Band 19, Berlin 2010, S. 153.

Die Krise der Demokratie pluralisieren

Banu Bargu

»Krise« ist zum Schlagwort unserer Zeit geworden. Mit ihm wird eine ganze Bandbreite an Phänomenen bezeichnet, darunter Zusammenbrüche im Finanzsektor, ökologische Katastrophen, humanitäre Kriege und massenhafte Fluchtmigrationen, die alle dramatische Auswirkungen haben. Mit jedem Nachrichtenzyklus hasten wir von einer Krise, die mit kraftvollen Klauen unser Leben ergreift und fesselt, zur nächsten, nur um dann von einer noch drängenderen abgelöst zu werden, die sofortige Aufmerksamkeit und umgehendes Handeln erfordert.

Man könnte sich mit dem umgangssprachlichen Gebrauch und Missbrauch des Ausdrucks auseinandersetzen, insbesondere wie seine übermäßige Verwendung die moralische und politische Bedeutung des Begriffes entleert. Gerade in Anbetracht dieser gewichtigen Bedeutung haben Wissenschaftler*innen den Begriff »Krise« aufgegriffen und die Aufmerksamkeit auf seine historischen Ursprünge und Abwandlungen, auf die politische Arbeit, die sein Einsatz leistet, sowie auf seinen vielfältigen und komplexen Nachhall für das kritische Denken gelenkt. Reinhart Koselleck zufolge war der Ausdruck »Krise« einer der »Grundbegriffe« der griechischen Sprache, der kritische Situationen oder Wahlmöglichkeiten bezeichnete, die eine endgültige Entscheidung oder ein abschließendes Urteil verlangten, meist unter Zeitnot.[1] Der Ausdruck »Krise« umfasst, wie Koselleck darlegt, drei semantische Optionen: Er kann, erstens, das immanente Weltgericht der Weltgeschichte bezeichnen, zweitens das Überschreiten einer Epochenschwelle nach vielen leidvollen Konflikten indizieren und drittens die schlechthinnige Endgültigkeit der Situation meinen, die eine Entscheidung verlangt.[2] Insbesondere im Verlauf des 20. Jahrhunderts hat der Begriff der Krise Traditionen des radikalen Denkens sowie

1 Reinhart Koselleck, »Einige Fragen an die Begriffsgeschichte von ›Krise‹«, in: ders., *Begriffsgeschichten. Studien zur Semantik und Pragmatik der politischen und sozialen Sprache*, Frankfurt/M. 2006, S. 203-217, hier S. 203-205.

2 Ebd., S. 207-213.

der kritischen sozialen und politischen Theorie geprägt und wurde nicht nur verwendet, um auf die desaströsen gesellschaftlichen Folgen der vom Kapitalismus verursachten Zerstörung aufmerksam zu machen, sondern auch, um auf jene ausweglose Lage hinzuweisen, in der das Wissen um diese Zerstörung nicht immer von einer revolutionären Militanz begleitet wurde, die eine radikale soziale Transformation ermöglichen würde.[3] Das Konzept der Krise enthält also in sich die Dringlichkeit der Situation, die Möglichkeit (ja die Notwendigkeit) einer immanenten Verwirklichung von Gerechtigkeit in der Geschichte und den Imperativ der Entscheidung zu kämpfen, um die Krise anzugehen und zu lösen. Das Diskurs-Terrain, das von der Heraufbeschwörung einer Krise eröffnet wird, »deutet«, »fordert auf« und »warnt«, so wie es »anzeigt« und »diagnostiziert«. Als solcher ist der Krisendiskurs sowohl diagnostisch und kritisch als auch prognostisch und performativ.

Einer der wichtigen Stränge des Krisendiskurses heute betrifft die Demokratie. Viele politische Expert*innen, öffentliche Kommentator*innen und kritische Theoretiker*innen stimmen darin überein, dass die Demokratie eine Krise erlebt und die derzeit existierenden Demokratien ganz dringend einer Reform bedürfen. Die Schwere ihrer Diagnosen verschlimmert sich angesichts neuerer Entwicklungen, insbesondere dem Aufblühen populistischer Bewegungen von links wie von rechts, die nachhaltig die politischen Eliten, die die gegenwärtige Politik bestimmen, herausgefordert haben und die bestehenden institutionellen und prozeduralen Einrichtungen in Frage stellen, die die Funktionsfähigkeit moderner Demokratien sichern.[4] Diese Bewegungen propagieren alternative Visionen von Politik, die den Status quo umstoßen, indem sie offen entweder stark redistributive Ziele oder stark exkludierende, xenophobe und rassistische Ideen (und oftmals beide gleichzeitig) vertreten. Obwohl sich die Interpret*innen über die

3 Viel Tinte wurde über die »Krise des Marxismus« vergossen. Für eine gewichtige Rekonstruktion siehe: Ernesto Laclau, Chantal Mouffe, *Hegemonie und radikale Demokratie. Zur Dekonstruktion des Marxismus*, Wien 2012.

4 Zu neueren Überlegungen zu den Herausforderungen des Populismus vgl. unter anderem Ernesto Laclau, *On Populist Reason*, London/New York 2018; Jan-Werner Müller, *Was ist Populismus?*, Berlin 2016; Nadia Urbinati, *Democracy Disfigured: Opinion, Truth, and the People*, Boston 2014; und Carlos de La Torre (Hg.), *The Promise and Perils of Populism: Global Perspectives*, Lexington 2015.

Gründe für die Demokratiekrise und ihre Eigenart häufig uneins sind und dementsprechend unterschiedliche Positionen gegenüber der populistischen Herausforderung vertreten, sind sie sich doch weitgehend darin einig, dass die Zukunft der Demokratie als ein funktionsfähiges politisches System auf dem Spiel steht. Für viele stellen das Aufkommen starker populistischer Führer, die Tendenz zum Autoritarismus, der Abbau der Hegemonie der globalisierten Finanzwirtschaft (mit ihren zunehmend integrierten Märkten und intensivierten Finanz- und Warenströmen) zugunsten eines ökonomischen Protektionismus, das Aufkommen strengerer Grenzregime sowie die polarisierende, spaltende und feindselige politische Rhetorik, die immer mehr an Akzeptanz und Zustimmung gewinnt, Entwicklungen dar, die die Alarmglocken für die Zukunft der Demokratie schrillen lassen.

Nancy Frasers Intervention in diese Debatte ist eindringlich und wichtig. Sie kritisiert den primär politizistischen Charakter dieser Diagnosen und der sie begleitenden Reformempfehlungen. Obwohl sich ihre Lesart der Behauptung anschließt, dass die Demokratie in der Krise steckt, unterstreicht sie, dass die Krise der Demokratie nicht unabhängig von den weiter gefassten gesellschaftlichen Bedingungen verstanden werden kann, in denen sie entsteht. Fraser verortet die Krise der Demokratie im Kontext des gegenwärtigen finanzialisierten Kapitalismus und argumentiert, dass diese Krise am besten als ein Resultat des Widerspruchs zwischen der Rolle der öffentlichen Gewalt bei der Schaffung günstiger Bedingungen für die kapitalistische Akkumulation einerseits und den Imperativen der kapitalistischen Akkumulation andererseits zu verstehen ist, die schließlich die öffentliche Gewalt untergraben, deren Unterstützung jedoch für die Akkumulation notwendig ist. Genauer gesagt, behauptet sie: Obgleich die öffentliche Gewalt, die in den demokratischen Regimen der modernen Territorialstaaten verwirklicht ist, für die Herstellung, den Schutz und die Reproduktion der Bedingungen der Möglichkeit eines finanzialisierten Kapitalismus von entscheidender Bedeutung war und ist, indem sie vielfältige Funktionen erfüllt – wie zum Beispiel die Schaffung eines gesetzlichen Rahmenwerks für Vertrags- und Eigentumsrechte, die Bändigung des Klassenkonflikts und die Bereitstellung eines gewissen Maßes an wohlfahrtsstaatlichen Leistungen –, wird sie fortlaufend von den Kräften des Kapitalismus untergraben. Dieser

Widerspruch, in dem die kapitalistische gesellschaftliche Totalität ihre eigenen fundamentalen Stützen unterhöhlt und beschädigt, wird in der politischen Sphäre in verschiedenen historischen Formen erfahren. Fraser bietet einen systematischen Überblick über die verschiedenen historischen Phasen der kapitalistischen Akkumulation und zeigt, wie sich der politische Widerspruch zwischen den Grundvoraussetzungen der Akkumulation und der Rolle der öffentlichen Gewalt in jeder dieser Phasen – sowohl im Inneren der Staaten als auch auf globaler Ebene – in einer Art und Weise ausgewirkt hat, die von den dominanten Merkmalen der entsprechenden Form der Akkumulation geprägt worden ist. Nur in der gegenwärtigen Phase der kapitalistischen Akkumulation, d. h. dem finanzialisierten Kapitalismus, wird dieser politische Widerspruch als Dysfunktion und Niedergang der Demokratie erlebt.

Frasers Ansatz kommt das große Verdienst zu, sich von dem zu distanzieren, was sie »Politizismus« nennt – die Tendenz, die Probleme der Demokratie heute hauptsächlich oder ausschließlich als ein Ergebnis politischer Dynamiken zu betrachten –, ohne jedoch der entgegengesetzten Neigung zum »Ökonomismus« zu verfallen – der Tendenz, jedes Problem als eine Widerspiegelung der Widersprüche der Ökonomie anzusehen, die einen Großteil der orthodoxen marxistischen Theorien im 20. Jahrhundert heimgesucht hat. Frasers feministisches Anliegen, ihre Aufmerksamkeit für das, was sie auf brillante Weise als »Grenzziehungskämpfe« und deren Geschichtlichkeit theoretisiert hat, sowie ihr ausgeprägtes ökologisches Bewusstsein schließen die ökonomistische Falle aus, während ihre Analyse des Kapitalismus als einer gesellschaftlichen Totalität es ihr ermöglicht, den rein politischen Ansatz zu problematisieren und zu erweitern. Sie kennzeichnet damit gekonnt die »Pluralität« der Krisentendenzen innerhalb des heutigen Kapitalismus und weist auf deren Vereinigung und Zusammenwirken hin, was eine viel umfassendere, verbindlichere und breitere Momentaufnahme der Gegenwart erlaubt.

In ihrem Bemühen, den politischen Widerspruch innerhalb der kapitalistischen Totalität als einen ihrer vielfältigen Widersprüche zu verorten, neigt sie jedoch dazu, die Diagnose der Krise der Demokratie als einen selbstverständlichen und allgemeinen Ausgangspunkt zu behandeln, ohne die Eigenart und die Merkmale dieser Krise vollständig zu ergründen. Sind wir mit Problemen konfrontiert, die aus staatlicher Inkompetenz, Korruption und Elitenherrschaft hervorgegangen sind, die die öffentliche Kontrolle über die öffentliche Entscheidungsfindung und Ressourcenallokation abschwächen? Ist die Krise der Demokratie vor allem ein Ausdruck der neoliberalen Aushöhlung von Institutionen, Praktiken und Normen, die einst die politische Gewalt bestimmten, und ihrer Ersetzung durch Kräfte und Rationalitäten der Wirtschaft? Betreffen die Probleme, mit denen es die Demokratien zu tun haben, eher die Gewaltenteilung, wie zum Beispiel die wachsende Bedeutung der exekutiven Gewalt gegenüber der Legislative und die Abnahme der Unabhängigkeit der Judikative, die auf Verwundbarkeiten zurückzuführen sind, die sich aus den dominanten Formen der Konstitutionalisierung und ihren institutionellen Architekturen ergeben? Oder ist es so, dass das Wachstum der Bürokratien, die die Komplexität des modernen Regierens mit Hilfe von Expert*innenwissen zu bewältigen versuchen, zunehmend die Fähigkeit untergräbt, Veränderungen durch die Idee der Demokratie, das heißt der Volksherrschaft, herbeizuführen?

Oder haben wir es mit einem umfassenderen Legitimitätsproblem zu tun, in dem die Erwünschtheit und die normative Anziehungskraft der Demokratie »als solcher« auf dem Spiel steht? Wie sollen wir die Gleichgültigkeit innerhalb der Bürgerschaft, insbesondere in den westlichen Demokratien, gegenüber dem Politikbetrieb erklären, wie sie sich zum Beispiel in niedrigen Wahlbeteiligungen zeigt? Vielleicht sollte die Krise der Demokratie so gedeutet werden, dass sie aus den anhaltenden Problemen bei der Inklusion neuer großer Bevölkerungsgruppen in den Staatsbürgerschaftsstatus entstanden ist, die historisch von der Repräsentation und der Gewährleistung ihrer Grundrechte ausgeschlossen waren. Oder vielleicht ist die Krise ein Ausdruck des Attraktivitätsverlustes der Demokratie aufgrund der wachsenden sozialen Ungleichheiten zwischen Arm und Reich, die sie ermöglicht oder zumindest duldet und die das Prinzip der Gleichheit vor dem Gesetz untergraben, das das Aufblühen des demokratischen Ideals zunächst ermöglicht hat. Jede dieser Möglichkeiten weist uns in unterschiedliche Richtungen bei der Suche nach den Gründen und Lösungen für die Probleme der modernen Demokratie.

Was also verursacht die Krise der Demokratie für Fraser? Was sind ihre Merkmale und Formen, in denen sie sich in gelebte Erfahrung übersetzt? Mit Blick auf Frasers Diskussion der Frage, wie sich der politische Widerspruch des Kapitalismus in der Gegenwart äußert, destilliere ich aus ihrem Ansatz drei unterscheidbare Formen heraus, in denen sich dieser Widerspruch manifestiert. Während Fraser diese Tendenzen zusammen diskutiert, werde ich bei ihrer Identifizierung die Differenzen schärfen, um die verschiedenen Facetten von Frasers Diagnose der Krise der Demokratie hervorzuheben.

Die erste Facette ist der Verlust der Autonomie der öffentlichen Gewalt gegenüber den Interessen von Unternehmen, sodass Letztere in der Lage sind, die politische Sphäre durch die Durchsetzung von finanzfreundlichen Gesetzen, Vorschriften und politischen Entscheidungen zu dominieren. Hier gibt sich Fraser keinen Illusionen hin, dass der Staat jemals vollständig unabhängig von den Interessen des Kapitals gewesen sei; tatsächlich scheint sie sich der These von der »relativen Autonomie« des Staates anzuschließen, die eine wichtige Erkenntnis des Marxismus des 20. Jahrhunderts war.[5] Aber mit Blick auf die gegenwärtige Konfiguration der Beziehungen zwischen Staatsmacht und Klassenmacht weist Frasers Argumentation auf die Erosion des Staates hin, insbesondere hinsichtlich seiner einst autonomeren Rolle als keynesianischer Wohlfahrtsstaat in der vorangegangenen Phase der kapitalistischen Akkumulation, die sie »staatlich gelenkten Monopolkapitalismus« nennt.

Die zweite Facette der Krise ist die Schwächung der öffentlichen Gewalt, die immer unfähiger wird, die Bedürfnisse ihrer Bürger*innen zu erfüllen. Dieser Machtverlust ist nicht nur auf die vom Kapital herbeigeführte Erosion der Autonomie des Staates innerhalb seiner Tätigkeitsbereiche zurückzuführen, sondern auch auf eine Einschränkung dieser Bereiche dergestalt, dass ehemals öffentliche Aufgaben privatisiert und individuellen statt kollektiven Lösungen zugeführt worden sind. Daher müssen wir neben der schwindenden Autonomie des Staates die schrumpfenden Umrisse des öffentlichen Bereiches berücksichtigen, in dem diese geschwächte Unabhängigkeit wirksam bleiben kann. Die abnehmende Sphäre der öffentlichen Gewalt wird auch durch ihre Durch-

5 Vgl. z. B. Ralph Miliband, *Der Staat in der kapitalistischen Gesellschaft*, Frankfurt/M. 1975 und Nicos Poulantzas, *Politische Macht und gesellschaftliche Klassen*, Frankfurt/M. 1975.

dringung von einer ökonomistischen Logik weiter untergraben, die Effizienz, Produktivität und individualisierte Entscheidungen wertschätzt. Dieses Symptom des Neoliberalismus macht, wie von Wendy Brown eindringlich dargelegt wurde, die Logik der Politik selbst zunichte, indem es die öffentliche Gewalt erobert und sie von innen »aushöhlt«.[6] Der Niedergang der öffentlichen Gewalt als Folge dieser gleichzeitigen Entwicklungen wird weiter verschärft, so Fraser, weil das Ausmaß und die Größenordnung der Probleme, mit denen wir konfrontiert sind, wie etwa die Umweltzerstörung und Erderwärmung, ebenfalls gewachsen sind, was wiederum das Unvermögen des Staates, Probleme zu lösen, weiter vergrößert.

Das dritte Merkmal der Krise ergibt sich aus der Diagnose der Schwächung und Schrumpfung der öffentlichen Gewalt und betrifft die Art der Kräfte, die in ihrem Nachgang zum Zuge kommen. Anders ausgedrückt, ist es die mangelnde Rechenschaftspflicht jener Kräfte und Institutionen, die den Staat verdrängen. Fraser hebt hervor, dass die Zentralbanken und globalen Finanzinstitutionen, die heute jene Instanzen darstellen, die Schlüsselentscheidungen treffen, welche das Leben vieler betreffen, keine Rechenschaftspflicht gegenüber jenen haben, die den Folgen ihrer Entscheidungen ausgesetzt sind. Im Ergebnis stehen wir vor einer Situation, in der jene, die gewählt und der Öffentlichkeit gegenüber rechenschaftspflichtig sind, weniger Autonomie und eine geschwächte Macht haben, während jene, die über enorme Entscheidungsspielräume und Macht verfügen, nicht gewählt oder zur Verantwortung gezogen werden können.

Diese drei verschiedenen Facetten des aktuellen politischen Widerspruchs umreißen gemeinsam und anschaulich Frasers Diagnose der Krise der Demokratie. Nicht so klar ist in ihrer Darstellung jedoch, ob ihre Analyse die spezifischen Formen der Demokratie betrifft, die im Westen institutionalisiert und praktiziert wurden und werden, oder aber die Demokratie im Allgemeinen, wie sie zu unserem gegenwärtigen Zeitpunkt rund um die Welt gelebt wird. Obwohl uns Fraser sowohl eine allgemeine Darstellung der Widersprüche des Kapitalismus »als solchem« als auch ein deutlich historisiertes Verständnis seiner gegenwärtigen Ausprägung bietet,

6 Wendy Brown, *Die schleichende Revolution. Wie der Neoliberalismus die Demokratie zerstört*, Berlin 2015.

neigt sie dazu, der Demokratie eine ähnliche Komplexität abzusprechen. Könnten wir zum Beispiel die Probleme der Demokratie »als solcher« diskutieren, um ihre Grenzen zu bestimmen, die dadurch bedingt werden, wie sie innerhalb einer kapitalistischen gesellschaftlichen Totalität *im Allgemeinen* institutionalisiert worden ist, bevor wir diese Probleme in den besonderen gegenwärtigen Verhältnissen der kapitalistischen Akkumulation (d. h. dem finanzialisierten Kapitalismus) verorten und beschreiben, was speziell die gegenwärtige Krise auszeichnet? Fraser merkt an, dass die Demokratie im Kapitalismus zwangsläufig »eingeschränkt und schwach« sowie »brüchig und instabil« sein muss, dies jedoch vor allem aufgrund der Trennung des Ökonomischen vom Politischen, die dem, was eine demokratische Regierung kontrollieren und erreichen kann, Grenzen setzt.[7] Gibt es weitere strukturelle Merkmale der »kapitalistischen« Demokratie, die Probleme mit sich bringen, welche unabhängig von den und eher konstant über die spezifischen Formen der Akkumulation hinweg sind? Viele soziale Bewegungen im 20. Jahrhundert haben verschiedene Eigenschaften demokratischer Regime problematisiert: ihre Repräsentationsmechanismen und Wahlverfahren, ihre Professionalisierung der Bürokratie, ihre Unfähigkeit, Gerechtigkeit zu verwirklichen, und ihre tiefsitzenden Strukturen von Klassismus, Sexismus und Rassismus. Diese Kritiken haben Fragen nach dem Wesen der Demokratie »als solcher« aufgeworfen, die nicht unbedingt auf die Widersprüche zurückführbar sind, die durch bestimmte Akkumulationsstrategien hervorgebracht wurden. Da diese Fragen in Frasers Essay nicht weiterverfolgt werden, neigt ihre Sicht der Krise der Demokratie dazu, Verhältnisse zu skizzieren, die sowohl sehr spezifisch sind, d. h. eine Reihe von aktuellen Problemen umfassen, die insbesondere in den westlichen, liberal-demokratischen Gesellschaften erfahren werden, als auch eher allgemein, d. h. Probleme betreffen, die in mehr oder weniger ähnlicher Weise überall auf der Welt erfahren werden, unabhängig von den institutionellen Arrangements, ideologischen Schattierungen und sozialen Mobilisierungsdynamiken, die zwischen diesen Demokratien erheblich variieren.

Vielleicht könnte eine strukturiertere Annäherung an die Demokratie der Gegenwart von der Einsicht ausgehen, dass zwar das

7 Fraser, in diesem Band, S. 85.

Gefühl einer Krise der Demokratie global in seiner Ausstrahlung ist, aufgrund der Hegemonie, die ihre spezifisch westliche liberale Form erlangt hat, dass aber die Art und Weise, in welcher sie erlebt wird, hochgradig lokal ist. Da die Demokratie weltweit verschiedene Formen annimmt, je nach den historischen und kulturellen Traditionen, aus denen sie hervorgegangen ist, den sozialen und politischen Kämpfen, die ihre Wechselfälle geprägt haben, und der Art der Anforderungen und Probleme, Herausforderungen und Störungen, durch die sie in verschiedenen Kontexten geformt wurde, steht sie auch vor höchst unterschiedlichen Herausforderungen, die kontextspezifische Formen der »Krise« darstellen. Können wir beispielsweise die Probleme der Demokratie in einem postkolonialen, postsozialistischen Kontext in derselben Weise diskutieren, wie wir ihre Probleme in Westeuropa diskutieren? Sind die populistischen Herausforderungen innerhalb der Vereinigten Staaten jenen ähnlich, die von Südeuropa und Lateinamerika ausgehen und darauf hindeuten, dass die Krise der Demokratie in allen Belangen die gleiche ist? Ist das Übergewicht der Exekutivgewalt in Russland oder der Türkei vergleichbar mit der in Frankreich oder Italien? Frasers Darstellung der Krise würde reicher ausfallen, wenn die Unterschiede zwischen den Ländern, Traditionen und Geschichten der demokratischen Regierungen bei der Analyse des finanzialisierten Kapitalismus einbezogen werden könnten. Mit anderen Worten, die Analyse der politischen Sphäre als ungleiche und differenzierte Geographie könnte besser zu Frasers ausgeprägtem Sinn für die unterschiedlichen, ungleichen und vielfältigen Tendenzen innerhalb der gesellschaftlichen Totalität als ganzer passen.

Schließlich ist ein zentraler Aspekt von Frasers Beitrag, dass er sich von der Verortung der Krise der Demokratie innerhalb des breiteren Kontextes der kapitalistischen Akkumulation entfernt, um einen stärkeren Nachdruck auf die Krise des globalisierten Kapitalismus im Allgemeinen zu legen. Anders gesagt, erklärt ihr Beitrag nicht nur die Gründe für die Krise der Demokratie innerhalb der gesellschaftlichen Totalität, sondern weist auf eine parallele, wiewohl umfassendere Krise auf der Ebene der gesellschaftlichen Totalität selbst hin, eine Krise, die zudem zunehmend von sozialen Kräftegruppen als eine »Krise« wahrgenommen wird, die zu erkennen beginnen, dass diese Diagnose mit der Entscheidung, zu handeln und am Kampf teilzunehmen, einhergehen muss. Im Lichte meiner Bemerkung über die Notwendigkeit, verschiedene Arten von Herausforderungen zu unterscheiden, mit denen Demokratien in unterschiedlichen Kontexten konfrontiert sind, und auf diese Weise unsere Auffassung von einer Demokratiekrise zu pluralisieren, frage ich mich, ob diese Behauptung einer allgemeinen Krise nicht auch einer weiteren Qualifizierung bedarf. Der Kapitalismus scheint in eine symbiotische Beziehung zu autoritären Regierungen zu treten und wird oft durch die Unterstützung nichtökonomischer Zwangsmechanismen gestärkt, die von illiberalen, autoritären und gerade auch totalitären Regimen gewaltsam angewandt werden. Ebenso beobachten wir eine wachsende öffentliche Unterstützung für Bewegungen, die dazu neigen, illiberale und häufig antidemokratische Mittel gutzuheißen, um Probleme der sozialen Ungleichheit, Armut und Entwicklung anzugehen, obwohl diese Bewegungen nicht unbedingt über den Kapitalismus hinausgehen, sondern für seine stärkere Regulierung eintreten. Könnte in diesem Kontext die Krise der Demokratie ein Ausdruck nicht so sehr einer Krise des Kapitalismus sein, als vielmehr ein notwendiger Bestandteil seines uneinheitlichen Funktionierens in der globalen gesellschaftlichen Totalität? Anders ausgedrückt, können wir von einer verallgemeinerten Krise sprechen, wo doch der Kapitalismus in Abwesenheit der Demokratie genauso zu gedeihen scheint, wie in jenen Fällen, in denen die demokratischen Misserfolge aus den Krisentendenzen des Kapitalismus hervorzugehen scheinen?

Die Krise der Demokratie kann zwar ein Barometer für die Krise des Kapitalismus darstellen, sie kann aber auch Ausdruck der ungleichen und differenziellen Entwicklung des Kapitalismus sein, der verschiedene politische Formen als für seine Aktivitäten zuträglicher erachtet, je nach Verfügbarkeit von Ressourcen, Formen der Warenproduktion, Arten von Technologien, Grad der Finanzialisierung, Militanz der Kämpfe zum Beispiel und anderen solchen Erwägungen. Während also die Probleme der Demokratie, wie Fraser eindrucksvoll aufzeigt, die »tiefsitzenden Widersprüche« zum Ausdruck bringen, »die in die institutionelle Struktur des finanzialisierten Kapitalismus eingebaut sind«,[8] können sie zugleich auch beunruhigende Zeichen für die Vitalität des Kapitalismus und seine Expansion in Kontexte hinein sein, die bislang unvoll-

8 Fraser, in diesem Band, S. 99.

ständig in seine Totalität einbezogen waren. Insofern der Befund der »Krise« gleichzeitig auch eine performative Intervention ist, die zum politischen Handeln aufruft, stellt dieser Perspektivenwechsel keineswegs Frasers grundlegende Schlussfolgerung in Frage, die uns dazu auffordert, »die dysfunktionale, anti-demokratische Struktur der institutionalisierten gesellschaftlichen Ordnung namens Kapitalismus neu zu denken – oder sogar abzuschaffen«.[9] Das wirft jedoch die Frage auf, ob wir bei unserer Antwort auf die Krise nicht auch auf die Pluralität der politischen Tendenzen rund um den Globus achten und mit den nichtdemokratischen politischen Formen rechnen sollten, die der Kapitalismus fördert und in denen er ebenso gedeiht, wie wir es von jenen demokratischen Formen kennen, die er zu untergraben droht. Eine solche Orientierung, die die Wirksamkeit des Krisendiskurses sowohl als ein diagnostisches und kritisches als auch als ein prognostisches und performatives Werkzeug verbessert, ermöglicht es uns letztlich, die Grenzen der hegemonialen Form der »kapitalistischen« Demokratie vor dem Hintergrund der Pluralität ihrer lokalen Formen neu zu durchdenken und uns neue Konfigurationen vorzustellen und sie zu fordern, in denen die Volksherrschaft wirklich realisiert werden kann.

Aus dem Englischen von Frank Lachmann und Henri Band

9 Fraser, in diesem Band, S. 99.

Über das Ergänzungsverhältnis von Krisenbewusstsein und Demokratie: Eine Anmerkung zum politischen Widerspruch des Kapitalismus

Brian Milstein

Nancy Frasers Analyse des politischen Widerspruchs, der den Kapitalismus kennzeichnet, konzentriert sich hauptsächlich auf die Frage, wie der Kapitalismus die *Effektivität* öffentlicher Gewalten untergräbt, insbesondere, wenn er es mit großen Krisen zu tun bekommt. In diesem Kommentar möchte ich auf Frasers Analyse aufbauen und einen Weg zur Untersuchung der Frage einschlagen, wie der Kapitalismus in Krisenzeiten auch die Legitimität dieser Gewalten unterminiert. Die beiden Fragen sind nicht voneinander unabhängig: Die Legitimität einer Institution mag Schaden nehmen, wenn sie nicht effektiv ist; umgekehrt leidet ihre Effektivität, wenn sie nicht als legitim akzeptiert wird. Dennoch kann man sie unterscheiden.

Fraser zufolge muss der Kapitalismus den Spielraum der öffentlichen Gewalt derart einschränken und begrenzen, dass die Demokratie »eingeschränkt und schwach« sowie »brüchig und instabil« bleibt, und sie zeigt überzeugend, wie das gegenwärtige Regime des finanzialisierten Kapitalismus namentlich die demokratische Legitimität beschädigt hat.[1] Selbst wenn wir akzeptieren, dass der Kapitalismus der Demokratie und ihrer Legitimationsweise feindlich gesinnt ist, scheint es eine Unklarheit darüber zu geben, wie Kapitalismus und Demokratie letztlich zusammenhängen. So könnte man beispielsweise argumentieren, dass das, worauf der Kapitalismus wirklich angewiesen ist, die *administrative Macht* sei – die Macht, Geld zu prägen, Infrastrukturen zu gewährleisten, Eigentumsrechte zu regeln, Polizei und Militär bereitzustellen und so weiter. Eine Form politischer Hegemonie kann erforderlich sein, um die Art von Verwaltung zu legitimieren, die der Kapitalismus benötigt, und diese *könnte* eine (schwach) demokratische Gestalt annehmen; aber er hat keinen Bedarf an der Demokratie »als solcher«. Man könnte

1 Fraser, in diesem Band, S. 85.

noch weiter gehen und behaupten, dass Kapitalismus und Demokratie völlig im Widerstreit miteinander lägen: Wo und was der eine an Boden gewinnt, verliert die andere, und umgekehrt. Kapitalismus gegen Demokratie ist ein Nullsummenspiel.

Es gibt zweifellos Argumente, die für diese Auffassungen sprechen. Sie scheinen mir jedoch die Demokratie ›außerhalb‹ des Kapitalismus und ›im Gegensatz zu‹ ihm in einer Weise zu verorten, die Fraser mit ihrem weiter gefassten Begriff von Kapitalismus als gesellschaftlicher Totalität zu vermeiden sucht. Dennoch glaube ich, dass ein Argument dafür vorgebracht werden kann, dass die kapitalistische Gesellschaft tatsächlich auf eine demokratische Form der Legitimation angewiesen ist, welche sie nichtsdestotrotz unaufhörlich untergräbt. So gesehen steht der Kapitalismus zwar immer noch in einem Spannungsverhältnis zur Demokratie, aber diese Spannung ist ein integraler Bestandteil dessen, was Fraser den »politischen Widerspruch« des Kapitalismus nennt.

Ein Grund dafür, warum der Kapitalismus letztlich auf demokratische Legitimität angewiesen ist, könnte mit dessen Neigung zusammenhängen, periodisch Krisen zu erzeugen. Dieser Zusammenhang lässt sich deutlich machen, wenn man die Logik des modernen Krisenbewusstseins untersucht, welches sich gemeinsam mit dem modernen Ideal demokratischer Selbstbestimmung entwickelt hat und wesentliche Voraussetzungen mit ihm teilt. Meine Bemerkungen hierzu können zugegebenermaßen nur als Anregung dienen und beschränken sich im Wesentlichen auf politische Entwicklungen innerhalb der westlichen ›Kern‹-Länder. Doch von diesem Ergänzungsverhältnis zwischen Krisenbewusstsein und demokratischer Legitimität auszugehen, ermöglicht uns, zu sehen, wie Letztere sich als nützlich für die Fähigkeit einer Gesellschaft erweist, Ersteres in geordnete Bahnen zu lenken und wirksam zu beeinflussen. Es erlaubt uns, zu erkennen, wie die Tendenz des Kapitalismus, die Demokratie zu schwächen, seine politischen Fähigkeiten untergräbt, mit den von ihm selbst erzeugten Krisen angemessen umzugehen.

Das politische System versorgt, wie Fraser betont, den Kapitalismus mit den entscheidenden Mitteln zur Gewährleistung der kapitalistischen Produktions-, Arbeits- und Austauschverhältnisse. Es stellt unter anderem die rechtliche Infrastruktur sicher, die es Privatpersonen erlaubt, Privateigentum zu besitzen, Verträge auszuhandeln und Streitigkeiten gerichtlich beizulegen. Dieses

Rechtsgebäude ist in den klassischen *Freiheitsrechten* kodifiziert, welche die europäischen Staaten seit dem 17. Jahrhundert gewähren. Doch diese Rechte schlossen auch Dinge wie die Freiheit des religiösen Gewissens, der Presse und der Versammlung sowie das Recht auf ordentliche Verfahren bei strafrechtlichen Ermittlungen und auf Petitionen an die Regierung ein. Als solche Freiheitsrechte begründeten sie auch einen *Legitimationsmodus*, der sich nicht gänzlich auf die Bedürfnisse der kapitalistischen Wirtschaft reduzieren lässt. Mit dem, was Fraser »liberalen Wettbewerbskapitalismus« nennt, erweiterte sich dieser Legitimationsmodus auch auf die Ausdehnung der *demokratischen Rechte* auf immer weitere Kreise der Bürger*innen kapitalistischer Staaten. Was diese beiden Formen von Rechten voneinander unterscheidet, ist Folgendes: Während die Freiheitsrechte die kapitalistische Ordnung durch die Schaffung der gesetzlichen Rechtsgrundlagen für Privateigentum, Vertrag, Tausch und dergleichen *sowohl direkt als auch* in Form einer Legitimitätsbasis *indirekt* stützen, stützen die demokratischen Rechte die kapitalistische Ordnung *nur* in der *indirekten* Weise der Begründung von Legitimität.

Fraser erkennt an, dass die öffentliche Gewalt sowohl legitim als auch effektiv sein muss, um die Kapitalakkumulation gewährleisten zu können. Noch wichtiger, Fraser besteht darauf, dass die Rolle der öffentlichen Gewalten in der kapitalistischen Gesellschaft nicht auf die Systemimperative reduziert werden kann, die Erstere für die Letztere erfüllen. Wie das politische System in Bezug auf andere Komponenten der kapitalistischen Gesellschaft funktioniert, hängt, historisch gesehen, letztlich nicht von einer funktionalistischen Logik, sondern »vom gesellschaftlichen Kräfteverhältnis und dem Ergebnis sozialer Kämpfe« ab.[2] In Frasers Modell erreichen soziale Kämpfe ihren Höhepunkt in Zeiten großer Krisen, die Anfang und Ende ihrer vier Akkumulationsregime markieren. Wir können sogar den mehr oder weniger expandierenden Umfang demokratischer Rechte und Fähigkeiten im Laufe der Geschichte des Kapitalismus (zumindest bis in die Periode des »staatlich gelenkten Kapitalismus« hinein) als eine Widerspiegelung der von einer Krise zur nächsten wechselnden relativen Macht der Beteiligten in diesen Kämpfen verstehen.

2 Nancy Fraser, Rahel Jaeggi, *Capitalism: A Conversation in Critical Theory*, Cambridge 2018, S. 54.

Es ist ebenso wichtig zu erwähnen, dass für Fraser demokratische Werte nicht bloß ein ›Überbau‹-Phänomen sind. In welchem Maße auch immer die Demokratie der Regulierung und dem Fortbestand der kapitalistischen Ökonomie als notwendiger Legitimationsquell dient, die Inhalte dieses Quells werden nicht durch die Bedürfnisse jener Ökonomie bestimmt. Letztlich zehren die demokratischen Ideale von *tieferen* Quellen der Normativität, die solche Werte wie das Recht auf demokratische Partizipation, die Standards der Staatsbürgerschaft und die gleichberechtigte Teilhabe an der Regelung von Fragen des öffentlichen Interesses betreffen.[3] Selbst diese aber speisen sich aus einer noch tieferen Schicht des reflexiv-kritischen sozialen Wissens, der vernunftbegründeten Autonomie und dem Gefühl einer möglichen kollektiven Kontrolle über das eigene historische Schicksal, wie es charakteristisch für das moderne Bewusstsein ist – für ein Bewusstsein, das seine »Normativität aus sich selber schöpfen« muss[4] –, dessen Mobilisierung moderne demokratische Ideale fördert.

Eben hier lässt sich ein »Ergänzungsverhältnis«[5] zwischen den normativen Ressourcen der Demokratie und jenen des Krisenbewusstseins ausmachen, die sich beide im Verlauf der westlichen Moderne entwickelt haben. Wie Reinhart Koselleck anmerkte, ist »Krise« trotz der griechischen Herkunft des Wortes ein ausgesprochen *moderner* Begriff. Seine heutigen Konnotationen hat er erst im 17. und 18. Jahrhundert angenommen, und die Idee einer »Wirtschaftskrise« erlangte erst im 19. Jahrhundert – mit dem Aufstieg der kapitalistischen Wirtschaft – weite Verbreitung.[6] Das moderne Bewusstsein der Krise entsteht allein im Kontext eines breiteren Trends zur gesellschaftlichen Rationalisierung und Reflexivität, wenn den Beteiligten aufgeht, dass sie sich nicht mehr länger auf

3 Ebd., S. 50.

4 Jürgen Habermas, *Der philosophische Diskurs der Moderne*, Frankfurt/M. 1985, S. 16; Hervorh. weggel.

5 Mit dieser Annahme eines »Ergänzungsverhältnisses« folge ich Jürgen Habermas, *Faktizität und Geltung. Beiträge zur Diskurstheorie des Rechts und des demokratischen Rechtsstaats*, Frankfurt/M. 1992, S. 135-151.

6 Reinhart Koselleck, »Krise«, in: Otto Brunner u. a. (Hg.), *Geschichtliche Grundbegriffe. Historisches Lexikon zur politisch-sozialen Sprache in Deutschland*, Band 3, Stuttgart 1982, S. 617-650; Reinhart Koselleck, »Einige Fragen an die Begriffsgeschichte von ›Krise‹«, in: ders., *Begriffsgeschichten. Studien zur Semantik und Pragmatik der politischen und sozialen Sprache*, Frankfurt/M. 2006, S. 203-217.

Appelle an traditionelle Autoritäten und eine göttliche Ordnung verlassen können, um die Bedingungen eines immer komplexeren gesellschaftlichen und politischen Lebens zu sichern. Als ein »Grundbegriff« der Moderne spiegelt der Begriff der Krise den *Doppel*charakter einer Gesellschaftsordnung wider, deren Akteure danach streben, selbstbestimmt zu sein (Gesellschaft als *Subjekt*), selbst wenn sie sich der Gewalt der Mächte der historischen Kontingenz und der gesellschaftlichen Komplexität ausgeliefert sehen (Gesellschaft als *Objekt*).

Von einem ›objektiven‹ oder ›Beobachterstandpunkt‹ aus betrachtet, kann man sagen, dass Krisen entstehen, wenn solche Mächte der Kontingenz beziehungsweise Komplexität die Fähigkeiten einer Gesellschaftsordnung in einer Weise überfordern, die nach dringender Abhilfe verlangt. Eine derartige Überbelastung kann auf ein Set von strukturellen Widersprüchen, auf eine unvorhergesehene kontingente Entwicklung oder eine Erschöpfung administrativer Fähigkeiten zurückgeführt werden. Als Begriff ist »Krise« allerdings mehr als eine einfache Bezeichnung für einen bestimmten Zustand, und etwas eine »Krise« zu nennen ist mehr, als eine Beobachtung zu machen. Nur unter der Ägide der *normativen* Imperative, die die Akteure einer Gesellschaftsordnung auf sich selber anwenden – eben aufgrund ihres Strebens nach reflexiver Selbstbestimmung –, wird eine Krise erfasst. Etwas als »Krise« zu bezeichnen heißt, zu erklären, dass etwas in der Gesellschaft grundlegend nicht mehr mit unseren Erwartungen in Einklang steht, wie die Dinge sein und wie sie im Alltag funktionieren *sollten*, und zu fordern, dass *dringend Maßnahmen ergriffen werden müssen*, um das abzustellen. Also ist »Krise« auch ein *partizipatorischer* Begriff, wonach Akteure in der Gesellschaft andere Akteure eindringlich mahnen, über die Krise und ihre Auswirkungen für das gesellschaftliche Ganze nachzudenken und sie in die eigene Hand zu nehmen.

Anders ausgedrückt, Krisen können nicht existieren, außer aufgrund eines Krisen*bewusstseins*. Denn was eine »Krise« von einer »Katastrophe«, »Tragödie«, »Heimsuchung der Götter« oder anderen schicksalhaften Ereignissen unterscheidet, ist die Prämisse, dass als Reaktion darauf ein gemeinsames Handeln nicht nur erfolgen *muss*, sondern *kann*. Krisenbewusstsein setzt eine Haltung gegenüber der Gesellschaft als etwas voraus, das ihre Mitglieder reflektierend bewerten und bewusst steuern können.

Geschehnisse in der Gesellschaft erreichen das Niveau einer »Krise« nur insoweit, als sie sich als akute Bedrohungen des Alltagslebens darstellen, die nicht durch normale Problemlösungsroutinen vermindert werden können, wenn in der einen oder anderen Art und Weise die Gesellschaftsordnung nicht mehr länger mit denselben Normen, Regeln und Selbstverständlichkeiten weiterbestehen kann wie bisher. Aber ob tatsächlich eine Krise im Anmarsch ist oder nicht, ist etwas, das von allen Betroffenen bestätigt werden muss; nur die Akteure einer Gesellschaft können erkennen, dass *ihre* kollektive Identität und Lebensweise betroffen ist und wie sie betroffen ist. Gesellschaften können Krisen nicht unerwartet durchmachen, und ihre Mitglieder erleben gesellschaftliche Krisen nicht bloß privat. Krise ist ein *öffentlicher* Begriff, der von Mitgliedern einer Öffentlichkeit an andere Mitglieder einer Öffentlichkeit über eine Sache von öffentlichem Interesse gerichtet wird, und es ist nur unter den Mitgliedern einer Öffentlichkeit möglich, dass die objektive Realität und der normative Einsatz einer Krise für gültig erklärt werden können. Die Behauptung aufzustellen beziehungsweise zu akzeptieren, dass eine Krise im Gang ist, heißt, ein *Interesse* an ihrem Ausgang zu *bekunden* und das Ergreifen von Maßnahmen zu *autorisieren*; verschiedene Segmente und Schichten einer Gesellschaft können die Krise unterschiedlich wahrnehmen und unterschiedlich von ihr betroffen sein, mit unterschiedlichen Graden an Dringlichkeit und unterschiedlichen Handlungsnotwendigkeiten. Darüber hinaus erfordern Krisen nicht nur dringende, sondern *außergewöhnliche* Maßnahmen. Für die öffentlichen Gewalten bedeutet dies häufig, Maßnahmen zu ergreifen, die schwerwiegender sind und über die bisher akzeptierten Verfahrens- und Autoritätsgrenzen hinausgehen, was wiederum ihre Legitimitätsanforderungen erhöht. Die Mitglieder und Autoritäten der Gesellschaft müssen nicht nur im Hinblick auf das ›Faktum‹ einer Krise, sondern auch im Hinblick auf ihren Charakter, ihr Ausmaß, ihre Schwere und die auf dem Spiel stehenden Einsätze auf der ›gleichen Wellenlänge‹ sein, sowie vor allen Dingen auch im Hinblick darauf, was für eine effektive und normativ angemessene Handlungsweise erforderlich ist. Die öffentliche Logik des Krisenbewusstseins trägt deshalb eine schwere Bürde der diskursiven Übereinkunft und Handlungskoordination – eine, die auf eine Form der Legitimation verweist, die erfolgreich die Stimmen aller von der Krise Betroffenen und aller den außergewöhnlichen Maßnahmen der öffentlichen Gewalt Ausgesetzten anerkennt.[7]

So endemisch Krisen für den kapitalistischen Modus gesellschaftlicher Organisation auch sein können – das moderne Krisenbewusstsein als solches ist kein Produkt des Kapitalismus, da es in letzter Instanz auf eine bestimmte, tiefere und allgemeinere Schicht reflexiver Normativität zurückgreift. Dennoch können wir sagen, dass die Reproduktion und Entwicklung des Kapitalismus im zeitlichen Verlauf von dessen Fähigkeit abhängen, auf die normativen Ressourcen des Krisenbewusstseins zurückzugreifen, und in dieser Hinsicht könnten wir postulieren, dass die kapitalistische Gesellschaft nicht nur auf eine öffentliche Gewalt, sondern auf eine *demokratisch legitime* öffentliche Gewalt angewiesen ist.

Wie bereits erwähnt, wurde erst mit dem Kapitalismus die Krise als ein dauerhaftes Kennzeichen des Wirtschaftslebens anerkannt. Gewiss kannten schon die vormodernen Gesellschaften zeitweilig Hungersnöte, Dürreperioden und gelegentlich sogar einen Finanzkollaps, und das von Fraser als erstes Stadium der Geschichte des Kapitalismus erwähnte Regime des Handelskapitalismus wurde durch eine »allgemeine Krise« im 17. Jahrhundert eingeläutet.[8] Doch erst Mitte des 18. Jahrhunderts fingen die Finanz- und Wirtschaftszusammenbrüche an, zur *Regel* zu werden. Zu Beginn des frühen 19. Jahrhunderts begannen die politischen Ökonomen zu erkennen, dass derartige Krisen in der kapitalistischen Gesellschaft endemisch sind und dass deren volle Wucht von den unteren Klassen als jäh auftretende Verelendungswellen empfunden werden.[9] Tatsächlich gingen das Aufkommen eines ökonomischen Krisenbewusstseins und die Entwicklung der Politischen Ökonomie als eigenständiger Wissenschaft Hand in Hand, wenig später gefolgt von den ersten sozialistischen, Arbeiter- und allgemeinen Wahlrechtsbewegungen. Das Krisenbewusstsein stachelte die Gegenbe-

7 Ausführlicher hierzu: Brian Milstein, »Thinking Politically about Crisis: A Pragmatist Perspective«, in: *European Journal of Political Theory* 14 (2015), S. 141-160.

8 Eric J. Hobsbawm, »The General Crisis of the European Economy in the 17th Century«, in: *Past & Present* 5 (1954), S. 33-53.

9 Vgl. Rabah Benkemoune, »Charles Dunoyer and the Emergence of the Idea of an Economic Cycle«, in: *History of Political Economy* 41 (2009), S. 271-295; Ross E. Stewart, »Sismondi's Forgotten Ethical Critique of Early Capitalism«, in: *Journal of Business Ethics* 3 (1984), S. 227-234.

wegungen gegen die liberale Bewegung der »Vermarktlichung« an, die Fraser unter den Bezeichnungen »gesellschaftlicher Schutz« und »Emanzipation« in ihrem Modell der »Dreifachbewegung« identifiziert.[10]

Wie Fraser veranschaulicht, führt jede der »allgemeinen Krisen«, welche die Geschichte des Kapitalismus durchziehen, zu einer Rekonfiguration der Beziehung zwischen Wirtschaft und politischem System. Derartige Rekonfigurationen schließen Innovationen in der Art und Weise ein, in welcher die öffentliche Gewalt die kapitalistische Ökonomie koordiniert, unterstützt und reguliert; dies schließt jedoch *auch* substanzielle Veränderungen in der Art und Weise ein, in der öffentliche Gewalten die Legitimität der kapitalistischen Gesellschaftsordnung insgesamt sicherstellen, sowohl in Reaktion auf die vorangegangene Krise als auch in Antizipation künftiger Krisen. So wurde der Handelskapitalismus, der aus den Krisen des 17. Jahrhunderts hervorging, von der Einführung der klassischen liberalen Freiheitsrechte zusammen mit dem Aufstieg der parlamentarischen Beratung (wenn auch noch nicht Souveränität) begleitet. Auf ähnliche Weise fiel der Übergang zum liberalen Wettbewerbskapitalismus weitgehend mit den demokratischen Revolutionen Ende des späten 18. und des 19. Jahrhunderts zusammen, während der im Gefolge des Zweiten Weltkriegs entstandene staatlich gelenkte Kapitalismus die Institutionalisierung einer sozialen Demokratie in ihren stärker oder schwächer ausgeprägten Formen sah.[11] Jede der allgemeinen Krisen, die die ersten drei Regime der kapitalistischen Akkumulation einläuteten, wurde von einer politischen Krise begleitet, welche soziale Kämpfe zeitigte, die schließlich zu einer Erweiterung der demokratischen Fähigkeiten führten. Mit jeder Erweiterung wird das politische System in die Lage versetzt, breitere und umfassendere Äußerungen des Krisenbewusstseins aus verschiedenen Segmenten, Schichten und Klassen

10 Vgl. Nancy Fraser, »A Triple Movement? Parsing the Politics of Crisis after Polanyi«, in: *New Left Review* 81 (2013), S. 119-132.

11 Vgl. T. H. Marshall, Tom Bottomore, *Citizenship and Social Class*. London 1987; Stein Rokkan, »Dimensions of State Formation and Nation-Building: A Possible Paradigm for Research on Variations within Europe«, in: Charles Tilly (Hg.), *The Formation of National States in Western Europe*, Princeton 1975, S. 562-600; Jürgen Habermas, *Theorie des kommunikativen Handelns*, Band 2, Frankfurt/M. [4]1987, S. 524-531.

der Gesellschaft zu kanalisieren, was die Fähigkeiten der kapitalistischen Gesellschaftsordnung vergrößert, Legitimität während und mittels Krisen zu schaffen und zu erhalten.

Natürlich dürfen Erweiterungen demokratischer Fähigkeiten nicht mit deren vollständiger Realisierung verwechselt werden, und die historische Realität war weitaus chaotischer als das oben Gesagte nahelegt. Wenn, wie Fraser behauptet, die »Demokratie in einer kapitalistischen Gesellschaft […] zwangsläufig eingeschränkt und schwach«[12] sein muss, dann bleibt das Vermögen des Kapitalismus, politische Instabilität in Krisenzeiten zu vermeiden, begrenzt. Wie bereits erwähnt, bürdet das öffentliche Krisenbewusstsein den öffentlichen Gewalten eine schwere Legitimationslast bei ihrer Krisendefinition und ihrem Krisenverhalten auf. Selbst unter günstigen Umständen bleibt immer das Risiko, dass die Erfahrungen, Bedürfnisse und berechtigten Ansprüche krisenbewusster Mitglieder der Gesellschaft übergangen und dadurch entsprechende Reaktionen und Legitimationsprobleme hervorgerufen werden. Aber alles in allem gilt: Je ärmer und schwächer die Demokratie ist, desto politisch unbeständiger wird sie.

Was das gegenwärtige Regime des finanzialisierten Kapitalismus betrifft, so sind seine Einschränkungen der Demokratie unübersehbar. Obwohl mit ihm eine weitere Demokratisierungswelle im ausgehenden 20. Jahrhundert einherging, ist die Demokratie in der globalen Peripherie mit den Fesseln der technokratischen Überwachung durch Gremien wie dem IWF, der Weltbank, der WTO und der EU konfrontiert. Inzwischen haben sich die demokratischen Fähigkeiten sogar im Zentrum unter der neoliberalen Hegemonie *verringert*. Man könnte sich fragen, ob der finanzialisierte Kapitalismus nicht irgendwie die Saat seiner eigenen politischen Krise in einer Weise gesät hat, wie dies die vorangegangenen Akkumulationsregime nicht getan haben, und was das für die derzeitige Krise und das, was danach kommt, bedeuten könnte.

Diese Anmerkungen sind, wie eingangs erwähnt, lediglich als Anregung gedacht. Sie erlauben uns aber nachzuvollziehen, wie das Bestreben des Kapitalismus, die Demokratie arm und schwach zu halten, für ihn selbst einen »politischen Widerspruch« schafft, der nicht nur die Bedingungen seiner eigenen Effektivität, sondern

12 Fraser, in diesem Band, S. 85.

auch die Bedingungen seiner eigenen Legitimität untergräbt. Wenn der Kapitalismus als eine institutionalisierte Gesellschaftsordnung für seine Existenz auf effektive und legitime öffentliche Gewalten angewiesen ist, dann bedeutet die dem Kapitalismus innewohnende Neigung, Krisen zu erzeugen, dass diese öffentlichen Gewalten irgendwie in der Lage sein müssen, die Legitimationslasten auf sich zu nehmen, die diese Krisen hervorbringen – und das wiederum bedeutet, die krisenbewussten Äußerungen, Erwartungen und Forderungen zu bewältigen, die überall in der Gesellschaft hervorgerufen werden. Der politische Widerspruch des Kapitalismus besteht also darin, dass der Kapitalismus, so abträglich er für die demokratische Legitimität auch ist, stark von ihr abhängig bleibt, denn auf lange Sicht hat nur die demokratische Legitimität das historische Versprechen eingelöst, solche Lasten zu schultern.

Aus dem Englischen von Karl D. Bredthauer und Henri Band

Die Dialektik der Demokratie. Grenzziehungen und Grenzüberschreitungen im Wohlfahrtskapitalismus

Stephan Lessenich

Was stimmt nicht mit der Demokratie?

Die sozialwissenschaftliche Rede von den »contested concepts« wird mittlerweile inflationär verwendet. Doch der Begriff der Demokratie ist ohne jeden Zweifel ein diskursiv umkämpfter – und er ist dies heute vielleicht mehr denn je. Unter »essentially contested concepts« verstand der Philosoph Walter Bryce Gallie, Schöpfer des seither weitgehend unumstrittenen Konzepts, solche Begriffe, »deren angemessener Gebrauch unvermeidlich endlose Debatten über ihren angemessenen Gebrauch seitens ihrer Anwender*innen zur Folge hat«.[1] Die wissenschaftliche wie politische Debatte um unterschiedliche, konkurrierende Demokratieverständnisse ist ein Musterbeispiel für die konstitutive Unabschließbarkeit gesellschaftlicher Begriffspolitik. »Demokratie« kann als geradezu prototypischer Fall eines »flottierenden Signifikanten« gelten, der nicht fest mit einem spezifischen Signifikat verbunden ist, sondern wechselnden inhaltlichen Bestimmungen Raum zu geben vermag.[2]

Im letzten Jahrzehnt hat nun mit der Postdemokratie ein Begriff öffentliche Karriere gemacht, der in seiner Zeitdiagnostik zwar sehr bestimmt auftritt, aber faktisch – was sicherlich mit ein Grund für seinen bemerkenswerten Erfolg ist – ebenso unterbestimmt bleibt wie der Demokratiebegriff selbst. Von Colin Crouch[3] populari-

1 Walter Bryce Gallie »Essentially Contested Concepts«, in: *Proceedings of the Aristotelian Society* 56 (1956), S. 169, übersetzt von Cora Puk.

2 Bis hin zu dem Punkt, wo der Begriff geradezu inhaltsleer, also zu einem »leeren Signifikanten« wird – ebenfalls ein Begriff, von dem ein inflationärer Gebrauch gemacht wird. Vgl. Ernesto Laclau, »Identity and Hegemony. The Role of Universality in the Constitution of Political Logics«, in: Judith Butler u. a. (Hg.), *Contingency, Hegemony, Universality. Contemporary Dialogues on the Left*, London 2000, S. 44-89.

3 Colin Crouch, *Post-Democracy*, Cambridge 2004.

siert und von unzähligen anderen adaptiert, meint die Rede von »post-democracy« die Aushöhlung formaler demokratischer Institutionen und die Entwertung politischer Meinungsbildungs- und Entscheidungsprozesse durch die Dominanz ökonomischer Interessen, und zwar auf zweifache Weise: in Form eines allein der Aufmerksamkeitsproduktion dienenden medienindustriellen Komplexes einerseits, in Gestalt einer unter Ausschluss der Öffentlichkeit auf den Hinterbühnen der Politik operierenden Wirtschaftslobby anderseits.[4] Jenseits der Offenheit des Konzepts für eher kritisch-emanzipatorische oder aber tendenziell verschwörungstheoretische Ausdeutungen ist allerdings zumindest den diskursbeherrschenden Positionen der ansonsten unüberschaubaren Postdemokratie-Literatur eines gemein: Die analytische Konstruktion einer noch nicht allzu fernen Vergangenheit, in der das Gras grüner und die Demokratie noch ›echte‹ Demokratie war.

Crouch selbst veranschaulicht dies in Form einer Parabel, nach der die westlichen Industriegesellschaften zur Mitte der zweiten Hälfte des 20. Jahrhunderts einen demokratiehistorischen Höhepunkt erreicht hätten, von dem ausgehend seither die demokratische Qualität der politischen Gemeinwesen Europas und Nordamerikas im beständigen Sinkflug begriffen sei.[5] Mehr oder weniger eindeutig und explizit folgen auch zeitdiagnostische Großanalysen wie die des Soziologen Wolfgang Streeck[6] oder der Politikwissenschaftlerin Wendy Brown[7] diesem Deutungspfad einer retrospektiven Überhöhung, wenn nicht gar Idealisierung der politisch-sozialen Verhältnisse im »golden age« des Fordismus. Im Lichte einer schlechten Gegenwart erscheint dann eine bessere Zukunft gleichsam als Verlängerung der Vergangenheit und die Wiederherstellung demokratischer Verhältnisse als politische Aufgabe der Zeit: »Die

4 Das Buchcover der englischen Originalausgabe zeigt dementsprechend einen von einem überdimensionierten Arm mit Ketten gehaltenen Anzugträger, der mit offenen Armen einem anderen Anzugträger begegnet und sich anschickt, dessen bereits ausgestreckte Hand zu schütteln.

5 Colin Crouch, »The Parabola of Working-Class Politics«, in: Andrew Gamble, Tony Wright (Hg.), *Rethinking Democracy: The Political Quarterly*, Special Issue (1999), S. 69-83.

6 Wolfgang Streeck, *Gekaufte Zeit. Die vertagte Krise des demokratischen Kapitalismus*, Berlin 2013.

7 Wendy Brown, *Die schleichende Revolution. Wie der Neoliberalismus die Demokratie zerstört*, Berlin 2015.

imaginierte Demokratie nach der Postdemokratie ähnelt in vielem der in den 1980er-Jahren verlorenen korporativen Demokratie.«[8]

In Abgrenzung zu dieser Form einer vereinseitigenden sozialwissenschaftlichen Vergangenheitspolitik soll in diesem Beitrag auf die inhärente *Dialektik* der Demokratie verwiesen werden – auf den Charakter der Demokratie als dialektische Bewegung, in welcher gegenläufige gesellschaftliche Dynamiken ineinandergreifen und in konfliktträchtiger Opposition zueinander stehen. Erst die Entwicklung eines analytischen Sensoriums für diese Dialektik, so die zentrale These des Beitrags, bietet eine geeignete und sachlich angemessene Grundlage für die normative Diskussion über die Zukunft der Demokratie beziehungsweise die Demokratie der Zukunft.

Die den folgenden Ausführungen zugrunde liegende und, wie einleitend dargelegt, als solche grundsätzlich bestreitbare Konzeption von Demokratie ist nun freilich nicht die historisch-konkrete Form der Demokratie im prä-neoliberalen »organisierten Kapitalismus«.[9] Unter Demokratie verstehe ich ein über je spezifische Organisationsstrukturen und Entscheidungsverfahren vermitteltes *Prinzip gesellschaftlicher Selbststeuerung*, in dessen Zentrum die *Idee wechselseitiger Berechtigung* steht. Die Bürger*innen eines demokratischen Gemeinwesens vertreten sich in eigener Person und im eigenen Interesse in den für sie relevanten Belangen, und indem jede*r Bürger*in dieses Selbstvertretungsrecht auch allen anderen Bürger*innen gleichermaßen zuerkennt, lässt er beziehungsweise sie es zu einem kollektiven, oder genauer, kollektiv-individuellen Recht werden. Demokratie soll also hier gefasst werden als ein formales und materiales Prinzip der wechselseitigen Zubilligung gleicher Rechte auf gesellschaftliche Beteiligung, auf Partizipation in den und an den Institutionen, Prozessen und Ressourcen einer

8 Frank Nullmeier, »Once Upon a Time in the West. Mark Lilla sucht die Zukunft des Liberalismus in seiner goldenen Vergangenheit«, in: *Soziopolis*, 18.12.2017, ⟨https://soziopolis.de/lesen/buecher/artikel/once-upon-a-time-in-the-west/⟩, letzter Zugriff 11.06.2018. Diese Sichtweise prägt jedenfalls die Arbeiten von Crouch und Streeck – insgesamt aber ist der Überhang entsprechender Positionen unter den gegenwärtig als *state of the art* kritischer Gesellschaftsanalyse geltenden Ansätzen bemerkenswert. Vgl. dazu die Beiträge in Heinrich Geiselberger (Hg.), *Die große Regression*, Berlin 2017 – ein Titel, der sich, so gesehen, durchaus zweideutig liest.

9 Scott Lash, *The End of Organized Capitalism*, Cambridge 1987.

Gesellschaft, die sich *als solche* als eine demokratische Gesellschaft konstituiert.

Dieser operative Begriff von Demokratie als *verallgemeinerte Gegenseitigkeit der Anerkennung als Gleiche und Gleichberechtigte* – und das heißt zuallererst: als in gleichem Maße Anerkennungsberechtigte – kann auch als normativer Maßstab dienen, als Richtschnur zur Beurteilung real existierender beziehungsweise zukünftig herzustellender demokratischer Verhältnisse. Als eine solche normative Kategorie *demokratischer Solidarität* soll der Begriff am Ende dieses Beitrages verwendet werden, wenn es um die Frage gehen wird, welchen Ausweg es aus den Irrwegen der Demokratie und ihrer Geschichte geben könnte. Zunächst aber soll diese Geschichte, die Nachkriegsgeschichte der Demokratie im euro-amerikanischen beziehungsweise nordatlantischen Raum, in Form einer zugegebenermaßen extrem stilisierten Skizze nachgezeichnet werden.

Demokratie lässt sich nur auf konzeptioneller Ebene ohne Adjektive denken, d. h. als abstrakter Idealtyp. Empirisch realisiert sich die demokratische Idee wechselseitiger Berechtigung immer unter historisch-konkreten Bedingungen, im Rahmen je spezifischer sozialstruktureller und sozioökonomischer Gegebenheiten, im Zeichen der jeweils herrschenden sozialen Machtkonstellationen und gesellschaftlichen Kräfteverhältnisse. In den westlichen Industriegesellschaften der zweiten Hälfte des 20. Jahrhunderts kam die Demokratie dementsprechend in einer besonderen Gestalt daher, die auch noch die heutigen gesellschaftspolitischen Debatten maßgeblich prägt: in Gestalt der *wohlfahrtskapitalistischen* Demokratie. Um deren spezifische gesellschaftliche Prägung und Prägekraft soll es in den folgenden Abschnitten gehen.

Demokratie im Wohlfahrtskapitalismus

Die gesellschaftliche Entwicklung nach dem Zweiten Weltkrieg war, jedenfalls in Westeuropa und in spezifischer Weise im postfaschistischen Deutschland, gezeichnet durch die politökonomische Trias von Wiederaufbau, Wirtschaftsboom und Wohlfahrtsstaat.[10]

10 In den USA beginnt diese ›Nachkriegsgeschichte‹ gleichsam vor dem Weltkrieg mit dem *New Deal*. Wenn man so will, handelte es sich dabei ebenfalls um einen sozioökonomischen Wiederaufbau; nach dem Krieg waren die US-Ökonomie

Der Zusammenhang ist hinlänglich bekannt und muss hier nicht weiter dargelegt werden. Unter demokratiehistorischen und -politischen Gesichtspunkten ist eher die Tatsache von Interesse, dass sich die Geschichte der westlichen Nachkriegsdemokratie als eine Geschichte *demokratischer Berechtigung mit strukturellen Begrenzungen* darstellt. Diese Begrenzungen waren mindestens dreifacher Art.

Erstens wurde Demokratie, und zwar im Zeitverlauf zunehmend, von ihren wesentlichen Träger*innengruppen wie auch von den demokratisch Berechtigten als eine Frage weniger der politischen denn der sozialen Teilhabe verstanden. Demokratie galt als ein institutionelles Vehikel der gerechten – oder wenigstens gerechteren – Verteilung der rapide wachsenden Erträge kapitalistischer Wertschöpfung. Namentlich die europäische Sozialdemokratie und die ihr verbundene Gewerkschaftsbewegung sahen sich als Garantinnen dafür, dass die arbeitenden Klassen nicht nur ihren gerechten Lohn, sondern auch ein größeres und wachsendes ›Stück vom Kuchen‹ der sich etablierenden Wohlstandsgesellschaft erhalten sollten. Politische Anliegen im Sinne einer innerbetrieblichen Mitbestimmung oder einer Demokratisierung der Wirtschaft traten, nach zum Teil durchaus erfolgreichen Initiativen in der unmittelbaren Nachkriegszeit, im Laufe der Jahre immer weiter hinter die Aussicht zurück, auch als Subalterne einen substanziellen Anteil am wirtschaftlichen Wertprodukt für sich reklamieren zu können.

Zweitens, und mit dieser – wenn man so möchte – Tendenz zur Entpolitisierung der Demokratie im Zeichen eines »sozialen Kapitalismus« einhergehend, wurden Idee und Politik der Teilhabe faktisch auf den sogenannten produktiven Kern der industriellen Erwerbsgesellschaft bezogen. Der in der Hochphase der westeuropäischen Prosperitätskonstellation regierende, von den Interessenorganisationen der industriellen Kernsektoren getragene »welfare corporatism«[11] sah den männlichen Lohnabhängigen – in Deutschland in der Sozialfigur des Facharbeiters personifiziert – als den zentralen Bezugspunkt arbeitspolitischer Regulierung an. Das in jener Zeit expandierende System sozialer Sicherungen wurde entsprechend um die Realfiktion des »male breadwinner« her-

und ihr Aufschwung dann in vielfältiger Weise mit dem wirtschaftlichen Boom in Europa verbunden.

11 Wolfgang Streeck, *Re-Forming Capitalism. Institutional Change in the German Political Economy*, Oxford 2009.

um konstruiert, womit das weibliche Arbeitsvermögen nicht nur in der Erwerbssphäre diskriminiert, sondern auch sozialpolitisch diskreditiert und zugleich das gesamte Feld der Reproduktionsarbeit als Sphäre vermeintlich wenig produktiver oder gar gänzlich unproduktiver Tätigkeiten abgewertet wurde. Jenseits dieser Konstruktion des Geschlechterverhältnisses lässt sich insgesamt von einer wohlfahrtsstaatlich vermittelten Etablierung asymmetrischer Machtkonstellationen sprechen, in denen die sozialen Teilhabechancen unterschiedlicher Gruppen durch ihre relative Nähe beziehungsweise Distanz zum »produktiven Zentrum« der Industriegesellschaft bestimmt wurden.[12]

Drittens schließlich war die soziale Demokratie der wohlfahrtskapitalistischen Gesellschaften eine, die in den Grenzen des Nationalstaats operierte und soziale Berechtigung von Beginn an in nationalgesellschaftlichen Kategorien dachte – und auch kaum anders zu denken vermochte. Thomas H. Marshall, der unmittelbar nach dem Zweiten Weltkrieg gewissermaßen die soziologische Legitimationstheorie des modernen Wohlfahrtskapitalismus verfasst hat, ließ in seiner Konzeption von »citizenship« keinen Zweifel daran, dass die wohlfahrtsstaatlich garantierten und die industriekapitalistische Klassenstruktur transformierenden sozialen Rechte solche der Staatsbürger*innen seien und sein müssten.[13] Nur die kulturellen Bande der in der politischen Nation vergemeinschafteten Individuen nämlich könnten stark genug sein, um jene solidarischen Dispositionen zu tragen, mit deren Bestand und ständiger Reproduktion die Idee und Realität eines umfassenden und umverteilenden, ›sozial-demokratischen‹ Wohlfahrtsstaates stehe und falle.

All diese Grenzen der real existierenden Nachkriegsdemokratie – ihre sozioökonomische, geschlechterpolitische und nationalstaatliche Begrenzung – sind sozialwissenschaftlich wohlbekannt und zum Gegenstand vielfältigster theoretischer wie empirischer Analysen geworden. Für die Beantwortung der Leitfrage dieses

12 Als eine Frage »horizontaler Disparitäten« hat Claus Offe diese Konstellationen bereits Ende der 1960er Jahre analysiert und staatstheoretisch in die Figur eines konzentrischen Prioritätenschemas politischer Intervention übersetzt; vgl. Jens Borchert, Stephan Lessenich, *Claus Offe and the Critical Theory of the Capitalist State*, New York 2016, S. 48-76.

13 Thomas H. Marshall, *Citizenship and Social Class and Other Essays*, Cambridge 1950.

Buches, was mit ›der‹ Demokratie nicht stimmt, sind sie von entscheidender Bedeutung – ebenso entscheidend, wie sie es für jede Überlegung zu sein hätten, was denn gegen das Unstimmige an der demokratischen Verfasstheit der Gegenwartsgesellschaft zu tun sei.

Sozialwissenschaftlich (und selbst soziologisch) hingegen weniger geläufig, aber vor allem für die zweite Frage vermutlich der springende Punkt, ist der analytische Fokus auf die *gesellschaftlichen Subjektivitäten*, die sich im Verlauf der mittlerweile sieben Jahrzehnte euroamerikanischer Nachkriegsgeschichte geformt haben.[14] In dieser Perspektive geht es um die Frage, welcher Typus von ›sozialen Individuen‹ im demokratischen Wohlfahrtskapitalismus der zweiten Hälfte des 20. Jahrhunderts entstanden ist und welchen Ausdruck diese Subjektform in Gestalt einer gesellschaftlich verbreiteten, ja tendenziell vorherrschenden Habitusformation gefunden hat. Ich möchte auf diese Frage kurz und in extrem stilisierter Form eingehen, bevor ich mich jener Dialektik der Demokratie zuwende, die in den genannten Subjektivitäten – so die Behauptung – ihr soziales Substrat hat.

Die 1950er bis 1980er Jahre, das »golden age« der nordatlantischen Nachkriegsprosperität, haben die gesellschaftliche Konstitution dessen gesehen, was ich hier noch etwas ungelenk als *Wachstums-, Wohlfahrts- und Aufstiegssubjektivität* bezeichnen möchte. Gemeint ist damit die für breite beziehungsweise zunehmend breitere Bevölkerungsschichten geltende, subjektiv wahrgenommene und in individuelle Handlungsorientierungen, Wertmaßstäbe und Alltagspraktiken inkorporierte Erwartung und Erwartbarkeit anhaltenden wirtschaftlichen Wachstums, expandierender wohlfahrtspolitischer Staatstätigkeit und erleichterter sozialer Aufwärtsmobilität. Im spezifischen Fall Deutschlands ist diese gesellschafts-

14 Man neigt für gewöhnlich dazu, die *durée* der nach 1945 einsetzenden gesellschaftlichen Mentalitätsprägungen zu unterschätzen, scheint diese Vergangenheit doch irgendwie immer noch so nah zu sein. Geht man jedoch vom Jahr 1945 aus gut sieben Jahrzehnte in der Geschichte zurück, so landet man in Deutschland bei der Reichsgründung 1870/71 und in den USA fast schon beim *Civil War* 1861-1865 – und wird der historischen Dimension der entsprechenden Zeitspanne heute eher gewahr. Von der euroamerikanischen ›Nachkriegsgeschichte‹ kann selbstverständlich nur im Sinne der kriegerischen Unversehrtheit des eigenen Territoriums die Rede sein; unterhalb der Schwelle des Weltkriegs sind Europa wie Nordamerika auch nach 1945 mittelbar oder unmittelbar Kriegsparteien geblieben.

historische Phase – ebenso wie die ihr nachfolgende – nicht zu verstehen, ohne das sozioökonomische Konglomerat von Wachstum, Wohlfahrt und Aufstieg als Kompensationsgeschehen jener kollektiven narzisstischen Kränkung zu sehen, die mit dem jähen Ende führerstaatlicher Weltherrschaftsphantasien und der politischen ›Aufdeckung‹ der ungeheuerlichen nationalsozialistischen Vernichtungsenergie verbunden war.[15]

Seit den 1970er Jahren bis in unsere Tage, in der Zeit einer »neoliberal transformation«[16] nicht nur der industriellen Beziehungen, sondern auch der Arbeitsverhältnisse und der sozialen Sicherungssysteme, ja der vorherrschenden kritischen Analyse zufolge der Gesellschaft als ganzer, ist an die Stelle der posttraumatischen Prosperitätssubjektivität der Nachkriegszeit nach und nach eine durch das Ende des Booms[17] geprägte Krisensubjektivität getreten.[18] Die alte, noch im goldenen Glanz des Vergangenen erscheinende Subjekt- und Habitusformation wird allerdings von der neuartigen *Wettbewerbs-, Wohlstands- und Abwehrsubjektivität* des – wenn man so will – »silver age« weniger abgelöst denn überformt: Unter- beziehungsweise hintergründig wirken die Prägungen der ›guten alten Zeit‹ noch nach, bestimmen sie die kollektiv-individuellen Gegenwartsdeutungen mit. Dominant und sozial wirkungsmächtig sind vor diesem Hintergrund Dispositio-

15 Diesen Zusammenhang hat Theodor W. Adorno schon unmittelbar nach dem Ende des Nationalsozialismus in diversen kritisch-sozialpsychologischen Beiträgen erhellt; vgl. zusammenfassend: Theodor W. Adorno, »Was bedeutet: Aufarbeitung der Vergangenheit«, in: Theodor W. Adorno, *Gesammelte Schriften*, Bd. 10.2, Frankfurt/M. 1997 [1959], S. 555-572. Nicht umsonst musste der ökonomische Nachkriegsboom in der Bundesrepublik sogleich mystifiziert und zum Wirtschaftswunder verklärt werden. Auch die spezifische bundesdeutsche Form der oben genannten Entpolitisierung der Demokratie dürfte mit der Sozialpsychologie des Postfaschismus in Verbindung stehen.

16 Lucio Baccaro, *Trajectories of Neoliberal Transformation: European Industrial Relations Since the 1970s*, Cambridge 2017.

17 Anselm Doering-Manteuffel, Lutz Raphael, *Nach dem Boom. Perspektiven auf die Zeitgeschichte seit 1970*, Göttingen 2008.

18 Die öffentlich zuletzt vieldiskutierte These gesellschaftlich weit verbreiteter, ja womöglich sogar dominanter Abstiegserwartungen (vgl. Oliver Nachtwey, *Die Abstiegsgesellschaft. Über das Aufbegehren in der regressiven Moderne*, Berlin 2016) ließe sich in diesem Sinne als Sozialdiagnose einer gewissermaßen prätraumatischen – das Trauma des Abstiegs vorwegnehmenden – Konstellation deuten.

nen geworden, die das spätestens in den 1990er Jahren ausgerufene Zeitalter des Standortwettbewerbs und der Eigenverantwortung in subjektive Handlungskalküle einpreisen, sich um die Möglichkeiten der individuellen wie gesellschaftlichen Wohlstandssicherung in »hard times«[19] sorgen und eine strukturelle Abwehrhaltung gegen unverdiente Kostgänger*innen wahlweise des Sozialstaats, der Steuerzahler*innengemeinschaft oder der selbsternannten Leistungsträger*innen einnehmen.

Neben den genannten demokratischen Begrenzungen und Grenzziehungen muss an dieser Stelle allerdings noch von einer fundamentalen *Entgrenzung* die Rede sein, die beiden historischen Subjektivitätsformen und Habitusformationen gleichermaßen unterliegt und deren materielle oder, genauer, stoffliche Basis bildet: von der Grenzenlosigkeit nämlich des verwertenden und zerstörenden Zugriffs des demokratisch verfassten Industriekapitalismus der langen Nachkriegszeit auf eine als frei verfügbares, beliebig auszubeutendes Gut verstandene Natur. Wie die Grenzen der wohlfahrtskapitalistischen Demokratie sind auch deren sozialökologische Grenzüberschreitungen hinlänglich bekannt – als konstitutives Moment ihrer Funktionsweise kommen sie jedoch allenfalls am Rande des sozialwissenschaftlichen Mainstream ins Blickfeld der Analyse.[20] Dabei kommt keine angemessene Darstellung demokratischer Missstände und schon gar keine plausible Überlegung zu demokratischen Zukünften um die Reflexion der Tatsache herum, dass Demokratie im Wohlfahrtskapitalismus seit ihren Anfängen von einem Ressourcen- und Energieregime gelebt hat, das einerseits den historischen Klassenkompromiss zwischen Arbeit und Kapital befeuerte, dies andererseits aber um den Preis einer konsequenten »Politik der Nicht-Nachhaltigkeit« tat.[21]

Mit der sozialökologischen Entgrenzung ist eine strukturelle

19 Peter Gourevitch, *Politics in Hard Times: Comparative Responses to International Economic Crises*, Ithaca 1986.

20 John Bellamy Foster u. a., *The Ecological Rift. Capitalism's War on the Earth*, New York 2010. Zumeist werden sie dann aber auch eher dem Kapitalismus als ökonomischer Formation, weniger seiner konkreten politischen Verfasstheit zugeschrieben.

21 Timothy Mitchell, *Carbon Democracy. Political Power in the Age of Oil*, London 2011; Ingolfur Blühdorn, *Simulative Demokratie. Neue Politik nach der postdemokratischen Wende*, Berlin 2013.

Ambivalenz demokratischer Verhältnisse benannt, die sich nicht einfach additiv den zuvor genannten sozioökonomischen und soziopolitischen Begrenzungen hinzufügen lässt, sondern in ihrer ganz eigenen Qualität die Widersprüche der herrschenden Form der Demokratie geradezu potenziert. Hierauf wird am Ende des nun folgenden, erneut bloß kursorischen Durchgangs durch die Widerspruchsdynamiken der wohlfahrtskapitalistischen Demokratie zurückzukommen sein. Ich möchte drei solcher Dynamiken unterscheiden.

Dialektik der Demokratie I: Oben vs. Unten

Es scheint ein – überspitzt formuliert – ehernes Gesetz der Demokratie zu sein, dass ihre Ausdehnung zugleich die Kräfte der Reaktion mobilisiert.[22] Diese erste Dimension der demokratischen Widerspruchsdynamik soll hier denn auch als *reaktionäre* Dialektik der Demokratie bezeichnet werden: Eine politische Gesellschaftsverfassung der wechselseitigen Anerkennung aller Bürger*innen als gleichermaßen Teilhabeberechtigte ruft in dem Maße, wie sie diese Idee verallgemeinerter Wechselseitigkeit auch tatsächlich als eine *alle* Bürger*innen einbeziehende zu realisieren und also zu institutionalisieren trachtet, politisch-soziale Gegenbewegungen mit dem Ziel einer Beschränkung von Teilhaberechten hervor. Entweder werden dann Gründe gesucht, warum bestimmte Gruppen der Bürger*innenschaft in bestimmter Hinsicht doch nicht Teil der gesellschaftlichen Teilhabegemeinschaft werden sollen. Oder aber es werden – in einer Demokratie ebenfalls unter Rechtfertigungszwängen – bereits gewährte Teilhaberechte wieder in Frage gestellt, widerrufen oder entzogen.

Wir haben es hier mit der »Oben gegen Unten«-Dimension demokratischer Dialektik zu tun: Die sozialstrukturell besser Positionierten wehren sich dagegen, dass die schlechter Gestellten nachziehen und am Ende wirklich als Gleiche anerkannt werden und als solche gar noch berechtigt sein sollen, Ansprüche zu stellen. Für diese vertikale Achse sozialer Herrschaftsbeziehungen gibt

22 Albert O. Hirschman, *The Rhetoric of Reaction. Perversity, Futility, Jeopardy*, Cambridge 1991.

es die unterschiedlichsten kategorialen Bestimmungen, je nach sozialtheoretischem Paradigma und politischer Intentionalität: Es ist dies das soziale Feld des Antagonismus von Kapital und Arbeit, von Besitzenden und Besitzlosen, in einem weiteren Sinne auch das Terrain des Gegensatzes und der Entgegensetzung von Herrschenden und Beherrschten, Eliten und Massen.[23] In jedem Fall aber geht es darum, dass die privilegierten Bürger*innen – die Produktionsmittelbesitzenden, die Reichen und Vermögenden, die an den Schalthebeln der politischen und ökonomischen Macht Wirkenden – eine aus ihrer Sicht verständliche Abneigung, Renitenz und im Zweifel auch Resistenz an den Tag legen, wenn es darum geht, ihre großen und kleinen Privilegien mit anderen oder gar allen anderen Bürger*innen zu teilen (was ihnen zwangsläufig den Charakter von Privilegien nähme).

Demokratie wird in demokratischen Gesellschaften von den Inhaber*innen privilegierter Positionen formal als eine im Prinzip ›gute Sache‹ gewürdigt. Diese wird ihnen dann aber doch rasch des Guten zu viel, wenn es darum und daran geht, das Prinzip wechselseitiger Berechtigung auch als ein verallgemeinertes zu materialisieren. Sobald Demokratie universell und material zu werden droht, sobald ›Hinz und Kunz‹ – also sprichwörtlich Jede*r – sich anschickt, das gleiche Recht auf Teilhabe in Anspruch zu nehmen, werden zuverlässig Probleme, Haken und Ösen des demokratischen Prinzips entdeckt, regen sich auf die eine oder andere Weise Protest und Widerstand von oben. Dann ist es plötzlich nicht mehr gut, wenn wirklich alle wählen gehen, denn womöglich wählen ja die weniger bemittelten Bürger*innen nicht die ›Richtigen‹. Dann wird öffentlich darüber sinniert, ob die sozialversicherten und gegen die allergrößten Existenznöte geschützten Arbeiter*innen denn am Ende überhaupt noch arbeiten wollen, weswegen man für die Arbeitslosen vorsichtshalber über Leistungseinschränkungen und Verhaltenskontrollen ›Anreize‹ zur Aufnahme auch einer schlechter entlohnten und dequalifizierten Arbeit setzt, falls sie arbeitslos werden. Und dann kommt man überein, dass der Massentourismus die zuvor so schönen und menschenleeren Küsten verschandelt und all

23 Für das Verhältnis von Kapital und Arbeit hat Streeck die schöne, weil die jeweilige soziale Bestimmtheit beider Positionen reflektierende Begrifflichkeit von »profitabhängigen« und »lohnabhängigen Klassen« eingeführt; Streeck, *Gekaufte Zeit*, S. 88 ff.

die Billigfliegenden die zuvor geheimen Orte und Lokale »überschwemmen«, an die man daher nun einfach nicht mehr fahren kann und die es fortan zu meiden gilt.

Der Protest und Widerstand der Privilegierten gegen diese systemischen ›Auswüchse‹ der Demokratie und gegen die ›Überdehnung‹ des demokratischen Prinzips kann ganz unterschiedliche Formen annehmen. Als mit Macht, Einfluss und einem hinlänglichen Maß an materiellen wie symbolischen Ressourcen gesegnete Bürger*innen sind sie jedoch grundsätzlich in der Lage, eher unauffällige und geräuschlose Varianten der Reaktion zu wählen: Man drängt hinter den Kulissen auf gesetzliche Restriktionen, erwirkt für sich und das eigene Milieu Sonderregelungen oder wählt schlicht die »Exit«-Option und kauft sich aus der Gemeinschaft der Gleichberechtigten heraus – und schaut ansonsten wahlweise verächtlich oder belustigt auf das staatsbürgerliche Fußvolk herab, dem seinerseits derart elegante Reaktionsweisen freilich nicht zur Verfügung stehen.

Dialektik der Demokratie II: Innen vs. Außen

Zielt die Rhetorik und Praxis der Reaktion auf die Verhinderung einer verallgemeinerten, also für alle Staatsbürger*innen gleichermaßen geltenden Wechselseitigkeit der Zuerkennung von gesellschaftlichen Teilhaberechten, so bezieht sich eine zweite Dimension der demokratischen Widerspruchsdynamik auf die gewissermaßen vorgelagerte Frage des Zugangs zu diesem Raum der Wechselseitigkeit: Wer soll der Staatsbürger*innengemeinschaft angehören, wer soll als ihr zugehörig gelten? Wer soll überhaupt legitimerweise Ansprüche auf gleiche Teilhabe stellen dürfen, die dann gegebenenfalls von oben in Frage gestellt, ausgehebelt, hintergangen, konditioniert oder schlichtweg verweigert werden?

Diese zweite, *exklusive* Dialektik der Demokratie vollzieht sich in der »Innen gegen Außen«-Dimension und verläuft entlang der horizontalen Achse sozialer Herrschaftsbeziehungen. Hier wenden sich Etablierte gegen Außenseiter, suchen die Insider die Outsider fernzuhalten, grenzt sich die Mehrheitsgesellschaft von den damit hergestellten gesellschaftlichen Rändern ab. Diese Exklusivität begleitet die wohlfahrtskapitalistische Demokratie, wie bereits angedeutet, seit ihren historischen Anfängen: Die Berechtigungsinstitution der »citizenship« war von Beginn an auf Exklusivität angelegt, auf eine exklusive Inklusion, deren Teilhabeverbürgungen für die einen – die Staatsbürger*innen beziehungsweise die ihnen rechtlich Gleichgestellten – konstitutiv auf dem Ausschluss aller anderen beruhten.

In diesem Sinne muss die »Regression«, die für den Mainstream der kritischen Gesellschaftsanalyse historisch auf das engste mit dem Siegeszug des Neoliberalismus verbunden ist,[24] als ein Strukturmerkmal der modernen Gesellschaftsformation gesehen werden. Oder anders, in Anlehnung an Bruno Latour:[25] Wir sind nie progressiv gewesen – die Moderne war immer regressiv. Oder nochmals anders und genauer: Sie war immer von einer regressiven Progressivität geprägt, bei der die Berechtigung der einen das Spiegelbild der Entrechtung anderer war. Immanuel Wallerstein hat diese progressiv-regressive Doppelgeschichte moderner »citizenship« auf eindrucksvolle Weise rekonstruiert und gezeigt, wie der hart erkämpfte Aufstieg bestimmter Gruppen in den Kreis der demokratisch Berechtigten jeweils mit deren Zurückfallen in soziale Schließungsstrategien gegenüber anderen Gruppen einherging: »Sie verhielten sich so, als wollten sie sich einen Platz auf einem Rettungsboot namens Staatsbürgerschaft sichern, fürchteten aber, dass es durch das Hinzukommen anderer nach ihnen überlastet würde.«[26]

Das Boot der Demokratie – der wechselseitigen Anerkennung als Gleichberechtigte – war also historisch wiederkehrend voll beziehungsweise wurde in immer neuen Abwehrbewegungen als bereits überbelegt ausgegeben: Von wahlberechtigten Männern gegenüber den Suffragetten, von beiden zusammen gegenüber den politischen und sozialen Teilhabeansprüchen ethnischer Minderheiten beiderlei Geschlechts, von ihnen allen gemeinsam gegenüber Nachzügler*innen und Neuankömmling*en aller Art, die ihrerseits auch noch Einlass in den Sozialraum der demokratischen

24 Nachtwey, *Die Abstiegsgesellschaft*, und Geiselberger (Hg.), *Die große Regression.*

25 Bruno Latour, *Wir sind nie modern gewesen. Versuch einer symmetrischen Anthropologie*, Berlin 1995.

26 Immanuel Wallerstein, »Citizens All? Citizens Some! The Making of the Citizen«, in: *Comparative Studies in Society and History* 45 (2003), S. 650-679, hier S. 657, übersetzt von Cora Puk.

Berechtigungsgemeinschaft begehrten. In dieser Geschichte der Öffnung und Schließung des demokratischen Sozialraumes ging es nicht um den Dualismus von Oben und Unten, sondern um die Wahrung der Vorrechte der jeweils Etablierten[27] – wobei die ehemaligen Außenseiter*innen sich, einmal etabliert, bisweilen als die kompromisslosesten Verfechter*innen der nun aber doch notwendigen Schließung gegenüber Dritten erwiesen: Der Letzte zieht die Leiter hoch und macht die Türen zu.

Die Rechtfertigungsdiskurse solcher Schließungsambitionen sind aus der Alltagspraxis der wohlfahrtskapitalistischen Demokratie wohlbekannt und bedürfen hier kaum der Illustration: Da bringt die Arbeitsmarktinklusion von Frauen die Prekarisierung von Beschäftigungsverhältnissen mit sich und sollte deswegen vielleicht doch unterbunden werden, da entdeckt man mit der zunehmenden weiblichen Bildungsbeteiligung plötzlich die ›Überakademisierung‹ der Gesellschaft, da wird mit jeder nennenswerten Ankunft von Zuwandernden regelmäßig die von diesen ausgehende Verdrängungskonkurrenz auf Arbeits- und Wohnungsmärkten problematisiert.[28] Wie gesagt, die Beispiele sind Legion – die wenigen genannten verweisen aber schon auf ein Wesensmerkmal demokratischer Exklusionsbemühungen, nämlich auf deren zutiefst vergeschlechtlichten und ethnifizierten Charakter.

Dialektik der Demokratie III: Mensch vs. Welt

Quer sowohl zur vertikalen als auch zur horizontalen Achse demokratischer Widerspruchsproduktion, der Oben-Unten- wie der Innen-Außen-Dialektik gleichermaßen unterliegend, sie beide überspannend, liegt eine dritte Widerspruchsdimension: Es handelt sich um das gesellschaftliche Naturverhältnis wohlfahrtskapitalistischer

27 Norbert Elias, John L. Scotson, *Etablierte und Außenseiter*, Frankfurt/M. 1990.

28 Sogar selbsterklärte Liberale offenbaren dann regelmäßig ihren autoritären Charakter – so wenn Christian Lindner, seines Zeichens Vorsitzender der Partei der »Freien Demokraten« und ansonsten keiner ökonomischen Liberalisierung abgeneigt, von ihm so bezeichnete »Wirtschaftsflüchtlinge« (womit er offensichtlich nicht die transnationale Manager*innenmigration meint) vom deutschen Territorium strikt fernhalten will. Siehe seinen Auftritt in der Talkshow *Maybrit Illner* am 05.10.2017; ⟨https://www.youtube.com/watch?v=apNwZcpOdGU⟩, letzter Zugriff 26.10.2018.

Demokratien, um den von *allen* genannten sozialen Gruppen und sozialstrukturellen Positionen *gemeinsam* wie selbstverständlich erhobenen – und immer weiter realisierten – Anspruch der kollektiven Naturbeherrschung. Zur historischen Realität der demokratischen Berechtigungsgemeinschaft gehörte und gehört die implizite Übereinkunft, der natürlichen Umwelt sämtliche Rechtsansprüche auf Unversehrtheit und Existenzwahrung abzusprechen. Oder, noch unmittelbarer in der Logik der Demokratie ausgedrückt: Die Gemeinschaft der Berechtigten kommt überein, sich wechselseitig das gleiche Recht auf die Entrechtung der Natur zuzuerkennen.

Strukturell weist diese dritte, *destruktive* Dialektik der Demokratie eine bezeichnende Analogie auf zum oben nur angedeuteten Modus des einschließenden Ausschlusses der weiblichen (beziehungsweise maßgeblich Frauen zugewiesenen) Reproduktionsarbeit aus dem demokratischen Anerkennungszusammenhang. In beiden Fällen lässt sich das beobachten, was im ökofeministischen Diskurs »Externalisierung als Prinzip«[29] genannt wird: Wie die Reproduktionsarbeit wird in der wohlfahrtskapitalistischen Demokratie auch das Ökosystem zu einem von Anerkennungsansprüchen ausgeschlossenen, in seiner existenziellen Funktionalität verleugneten und in seinen re-produktiven Leistungen systematisch abgewerteten Anderen, das der gesellschaftlichen Produktions- und Konsumgemeinschaft scheinbar unbegrenzt für einen praktisch kostenlosen Zugriff und seine grenzenlose Verwertung zur Verfügung steht.

Dass die innere Dynamik demokratischer Berechtigung auf einen hemmungslosen Verbrauch natürlicher Ressourcen bis hin zur (Selbst-)Zerstörung der gesellschaftlichen Lebensgrundlagen hinauslaufen könnte, hat der amerikanische Wissenschaftshistoriker Lynn White schon vor einem halben Jahrhundert erkannt oder zumindest erahnt: »Unsere ökologische Krise ist das Produkt einer aufkommenden, völlig neuartigen demokratischen Kultur. Die Frage lautet, ob eine demokratisierte Welt ihre eigenen Implikationen überleben kann. Vermutlich können wir es nicht, es sei denn, wir überdenken unsere Grundsätze.«[30] Dass es zwischenzeitlich zu

29 Adelheid Biesecker u. a., »Draußen? Zur Dialektik von Enteignung und Aneignung und zu deren aktuellen Erscheinungsformen«, in: *Das Argument* 55 (2013), S. 522-538.

30 Lynn White, Jr. »The Historical Roots of Our Ecological Crisis«, in: *Science* 155

einer solch axiomatischen Wende im gesellschaftlichen Naturverhältnis gekommen wäre, darf – oder eher: muss – definitiv bezweifelt werden. Vielmehr wird die »Mensch gegen Welt«-Dimension demokratischer Dialektik bis heute, und auf geradezu pervers zu nennende Weise, von einem diesbezüglich in der Tat *gesellschaftlich verallgemeinerten* Konsens der wechselseitigen staatsbürgerlichen Zuerkennung von im Prinzip uneingeschränkten Naturvernutzungsrechten getragen.

Zwar hat die als soziales Teilhaberecht verstandene Lizenz zur ökologischen Ausbeutung gesellschaftshistorisch unterschiedliche Formen angenommen.[31] Und die effektive Inanspruchnahme dieses Nutzungsrechts ist faktisch in einer Weise strukturiert, dass die vertikale Achse sozialer Herrschaftsbeziehungen auch hier durchschlägt, die ökonomisch Privilegierten dementsprechend auch ein deutlich größeres Stück vom Umweltkuchen beanspruchen. Zudem ist darauf hinzuweisen, dass das frühe, kohlebasierte Regime fossiler Energieproduktion – anders als das nach dem Zweiten Weltkrieg sich durchsetzende erdölbasierte – zur stofflichen Grundlage jener organisierten Arbeiter*innenmacht wurde, die überhaupt erst die politische Basis einer fortschreitenden Demokratisierung schuf.[32] Doch bei alledem gilt gleichwohl: Mit der »fossilistischen« Demokratie war eben auch der Pfad eines stetig, mit der Zeit sogar exponentiell wachsenden stofflichen Ressourcenverbrauchs beschritten – ein Entwicklungspfad, der die gesellschaftliche Ausbeutung der Natur zu jener geradezu selbstverständlichen Voraussetzung gesellschaftlicher Selbstregierung werden ließ, als die sie im demokratischen Wohlfahrtskapitalismus bis auf den heutigen Tag erscheint. Im Zweifel bis zum bitteren Ende.

Was also tun?

Aus der Beschreibung der *sozialstrukturellen Begrenzungen* der wohlfahrtskapitalistischen Demokratie auf der einen und ihrer *so-*

(1967), S. 1204, übersetzt von Cora Puk.

31 Dennis Eversberg, »Die Erzeugung kapitalistischer Realitätsprobleme: Wachstumsregimes und ihre subjektiven Grenzen«, in: *WSI-Mitteilungen* 67 (2014), S. 528-535.

32 Mitchell, *Carbon Democracy*.

zialökologischen Entgrenzung auf der anderen Seite, aus dem kurzen Durchgang durch die dieser historisch-konkreten Demokratieform inhärenten Widerspruchsdynamiken ergibt sich zwar nicht ohne Weiteres das, was zu tun wäre. Oder gar, wer es tun könnte. Aber es ergibt sich sehr wohl das Gegenbild einer anderen Demokratie zu der im Wohlfahrtskapitalismus herrschenden.

Zugegeben, Bilder sind leicht gezeichnet – unendlich leichter, als es umgekehrt ist, die Gesellschaft nach imaginierten Bildern zu formen. Doch darum soll es auch gar nicht gehen. Allenfalls kann es, im sozialwissenschaftlichen Feld und aus ihm heraus operierend, darum gehen, ein Leitbild zu skizzieren, eine leitende Idee (»governing idea«) oder »idée directrice« im Sinne des französischen Rechtsphilosophen Maurice Hauriou[33] zu entwickeln, die im besten Fall als positiver Fluchtpunkt das politische und soziale Handeln real existierender Akteur*innen zu orientieren vermag.

Ein solches Leitbild müsste den reaktionären, exklusiven und destruktiven Tendenzen der wohlfahrtskapitalistischen Demokratie die imaginierte Realität eines – in heute seltsam abgegriffen erscheinenden Begriffen formuliert – progressiven, inklusiven und nachhaltigen politischen Gemeinwesens entgegensetzen. Es müsste die soziale Vorstellungskraft, das gesellschaftliche Imaginäre,[34] auf das Ziel einer *Demokratisierung der Demokratie* richten: Auf die effektive Verwirklichung der Idee einer verallgemeinerten Wechselseitigkeit, die – ganz im klassisch-soziologischen Sinne[35] – die soziale Tatsache wechselseitiger Verbundenheit zum Anlass einer politischen Programmatik demokratischer Solidarität nimmt.

Entsprechende Leitbilder einer demokratisierten Demokratie müssen im Übrigen gar nicht neu erfunden werden. Sie sind im Reservoir sozialwissenschaftlicher Imagination bereits vorhanden. Man denke etwa nur an Iris Marion Youngs[36] »social connection model« gesellschaftlicher Verantwortung, das mit seiner Betonung des Eingebundenseins sozialer Akteur*innen in strukturell unge-

33 Christopher Berry Gray, *The Methodology of Maurice Hauriou. Legal, Sociological, Philosophical*, Amsterdam/New York 2011.

34 Cornelius Castoriadis, *Gesellschaft als imaginäre Institution. Entwurf einer politischen Philosophie*, Frankfurt/M. 1984.

35 Émile Durkheim, *Über soziale Arbeitsteilung. Studie über die Organisation höherer Gesellschaften*, Frankfurt/M. 1988 [1893].

36 Iris Marion Young, *Responsibility for Justice*, Oxford 2011.

rechte gesellschaftliche Verhältnisse nicht nur den analytischen Kern der wohlfahrtsdemokratischen Konfiguration trifft, sondern zugleich auch die extremen politischen Herausforderungen deutlich werden lässt, vor denen eine Transformation derselben steht. Eine Demokratisierung der »rich democracies«[37] in Europa und Nordamerika müsste nicht allein gegen die reaktionären Dispositionen der Herrschenden durchgesetzt werden, sondern eben auch gegen die Exklusionsbestrebungen der Etablierten und vor allen Dingen gegen die destruktiven Effekte der in diesen Gesellschaften gewachsenen demokratischen Lebensform als solcher.

Was es für eine demokratische Transformation beziehungsweise für eine transformative Demokratie also bräuchte, ist nicht weniger als eine neue demokratische Subjektivität, genauer gesagt: neue demokratische Subjektivitäten (im Plural), die aus ihrer individuellen Verstrickung in den Strukturzusammenhang wohlfahrtskapitalistischer Begrenzungen und Entgrenzungen der Demokratie den handlungspraktischen Schluss einer »Verantwortung für Gerechtigkeit«[38] ziehen. Neue Subjektivitäten, aus denen sich neue Kollektivitäten bilden könnten – im Sinne neuer gesellschaftlicher Geschlechterverhältnisse, Naturverhältnisse und Weltverhältnisse. Im Zentrum dieser neuen gesellschaftlichen Verhältnisse stünde die demokratische Idee einer – tatsächlich – verallgemeinerten Wechselseitigkeit. Und im Mittelpunkt dieser Idee wiederum die politische Überzeugung, dass das fundamentale »Recht, Rechte zu haben«[39] *niemandem* – weder den Armen noch den Fremden noch der natürlichen Lebenswelt – abgesprochen werden kann.

Eine demokratiepolitische Utopie? Wohl wahr. Aber man wird ja wohl noch seine Träume äußern dürfen.

37 Harold L. Wilensky, *Rich Democracies. Political Economy, Public Policy, and Performance*, Berkeley 2002.

38 Young, *Responsibility for Justice.*

39 Peg Birmingham, *Hannah Arendt and Human Rights. The Predicament of Common Responsibility*, Bloomington 2006.

Die Grenzen der liberalen Demokratie: Aussichten auf eine Demokratisierung der Demokratie

Viviana Asara

Stephan Lessenichs Beitrag ist ein zum Nachdenken anregender Essay, der die strukturellen Begrenzungen der Demokratie seit dem wohlfahrtsstaatlichen Kompromiss ebenso überzeugend erhellt wie die den Demokratisierungsprozessen inhärenten dialektischen Kräfte und Widerspruchsdynamiken. Ich stimme mit seiner Analyse weitgehend überein und werde mich daher auf einige meines Erachtens nicht ausreichend ausgearbeitete Aspekte konzentrieren, um deren Knotenpunkte theoretisch aufzudecken und zu klären sowie einige ihrer möglichen Implikationen weiterzuverfolgen. Diese Knotenpunkte, die ich im Folgenden darlegen werde, beziehen sich grob gesagt auf die formale Demokratie und die Schrumpfung des Politischen, den Nexus von Demokratie und Rechten sowie die Rolle der Reproduktionssphäre.

Lessenichs Beitrag verknüpft ein normatives mit einem kritischen Herangehen an die Demokratie. Die angeführte Definition von Demokratie soll als ein normativer Maßstab für die Bewertung der aktuell existierenden Demokratie in den westlichen Industrieländern und für die Beantwortung der Frage dienen, was zu tun ist. Der Autor beginnt mit der Kritik einer Strömung in der Literatur, die im Neoliberalismus den Ursprung eines regressiven Trends ausgemacht hat: Die Diagnosen in Richtung einer Postdemokratie oder Entdemokratisierung zehrten von ihrer Idealisierung der jüngsten wohlfahrtskapitalistischen Demokratie.[1] Wie diese Autoren behaupten, mache der Neoliberalismus – während die Form der Demokratie vollständig erhalten bleibt – »Grundelemente der Demokratie still und leise rückgängig«:[2] Die für den Neoliberalismus typische Ökonomisierung des Politischen, das Zurückgleiten

1 Heinrich Geiselberger (Hg.), *Die große Regression*, Berlin 2017; Colin Crouch, *Post-Democracy*, Cambridge 2004; Wendy Brown, *Undoing the Demos: Neoliberalism's Stealth Revolution*, New York, S. 215.

2 Ebd., S. 17.

von Politik und Regierung unter die Kontrolle privilegierter Eliten sowie die zunehmende Umformung des Politischen durch Governance-Verfahren setzen die Kategorien der Volkssouveränität und den Gleichheitsgrundsatz außer Kraft.

Diese kritischen Analysen sind äußerst nützlich. Allerdings ist deren »retrospektive Überhöhung« der wohlfahrtskapitalistischen Demokratie[3] meiner Überzeugung nach nicht nur nicht geeignet, die strukturellen Begrenzungen dieser Demokratie zu erfassen, wie Lessenich überzeugend argumentiert. Sie vermögen es zudem auch nicht, die strukturellen Grenzen zu begreifen, die der liberalen Demokratie inhärent sind, jenem Modell, auf dem die wohlfahrtskapitalistische Demokratie beruht hat.

Wenn »Demokratie« ein grundsätzlich umstrittener Begriff und ein »flottierender Signifikant«[4] oder, mit Agamben gesprochen, ein »mehrdeutiger Begriff« ist, dann deshalb, weil er zwei Grundbedeutungen vermittelt. Auf der einen Seite steht er für ein politisches Ideal, »eine bestimmte Art, den Staatskörper zu konstituieren«, der die Gleichheit im Herzen trägt, auf der anderen Seite für eine Regierungstechnik, die auf der Indienstnahme der Zustimmung des Volkes beruht, um die Forderungen nach Gleichheit und Gerechtigkeit zu zügeln, und auf der Manipulation der öffentlichen Meinung durch die Lenkung der Massenkommunikation.[5] Diese zweite Bedeutung ist, so mein Argument, das Ergebnis einer der neoliberalen Demokratie immanenten Degenerationsdynamik, die an ihren Ursprüngen untersucht werden muss. Diese Ursprünge sind älter als die wohlfahrtskapitalistische Demokratie: sie gehören zur liberalen Demokratie. Eine solche genaue Untersuchung würde zu einem gründlicheren Verständnis der beiden im vorliegenden Band behandelten Forschungsfragen beitragen: »Was stimmt nicht mit der Demokratie?« und »Was also tun?«.

Der endemische Konflikt zwischen Demokratie und Kapitalismus, der seit jeher im Zentrum der liberalen Demokratie steht,

3 Lessenich, in diesem Band, S. 122.

4 Lessenich, in diesem Band, S. 121.

5 Giorgio Agamben, »La democrazia è un concetto ambiguo. Intervista al Red Notebook e agli Ενθέματα της Αυγής [Gemme dell'Alba]«, in: *Doppiozero*, 04. 03. 2014, ⟨http://www.doppiozero.com/materiali/interviste/giorgio-agamben-la-democrazia-è-un-concetto-ambiguo⟩, letzter Zugriff 25. 07. 2018; Timothy Mitchell, *Carbon Democracy: Political Power in the Age of Oil.* London 2011.

konnte so lange ausbalanciert werden, wie das Wirtschaftswachstum hoch blieb.[6] Unter den heutigen Bedingungen eines »globalisierten Finanzmarktkapitalismus mit endemischer Finanzkrise«, um es mit Offes Worten auszudrücken,[7] bestimmen ökonomische Imperative wie das von staatlichen Sparmaßnahmen gedrosselte Wirtschaftswachstum die Agenda und schränken den Raum für demokratische Entscheidungsmöglichkeiten und Prozesse sichtbar ein. Diese zunehmende ›Machtverlagerung‹ vom Staat und von einer politischen Entscheidungsfindung zum Markt stellt das liberale Modell der Demokratie sowohl in seiner marktliberalen als auch in seiner sozialdemokratischen Variante in Frage.[8]

Dieser Prozess kann auf eine wichtige Grenze der liberalen Demokratie zurückgeführt werden, die mit der ersten der von Lessenich identifizierten strukturellen Begrenzungen der westlichen Nachkriegsdemokratie zusammenhängt, nämlich der Vorstellung, dass es bei der Demokratie eher um eine faire Verteilung der rasch anwachsenden Profite des Kapitalismus geht als um eine Demokratisierung der Wirtschaft. Für Lessenich bedeutet das, dass es bei der Demokratie schon immer mehr um die soziale als um die politische Teilhabe ging. Ich denke jedoch eher – und das ist der erste Knotenpunkt –, dass das Fehlen einer wirtschaftsdemokratischen Dimension auf der schrumpfenden Bedeutung des Politischen beruhte, die schon in der liberalen Demokratie angelegt war. Folgt man den scharfsinnigen Analysen einiger marxistischer Autor*innen, wie etwa Ellen Meiksins Wood, oder frühen Theo-

6 Wolfgang Streeck, »The crisis in context: Democratic capitalism and its contradictions«, in: Armin Schäfer, Wolfgang Streeck (Hg.), *Politics in the Age of Austerity*, Cambridge 2013, S. 262-286.

7 Claus Offe, »Democracy in crisis: Two and a half theories about the operation of democratic capitalism«, in: *openDemocracy*, 09.07.2012, ⟨http://www.opendemocracy.net/claus-offe/democracy-in-crisis-two-and-half-theories-about-operation-of-democratic-capitalism⟩, letzter Zugriff 25.07.2018.

8 Ebd.; Donatella Della Porta, *Can Democracy Be Saved?*, Cambridge 2013. Die marktliberale Theorie des demokratischen Kapitalismus schreibt Offe zufolge eine strikt symmetrische Trennung zwischen Märkten und Politik vor, wobei der Staat und die Politik nicht (bzw. nur marginal) in die marktgenerierte Verteilung von Ressourcen eingreifen dürften und umgekehrt die Marktmacht nicht in politische Entscheidungsprozesse umgemünzt werden sollte. Die sozialdemokratische Theorievariante postuliert stattdessen eine asymmetrische Verknüpfung zwischen ökonomischer und politischer Handlungssphäre, wobei Letztere einen Einfluss auf Erstere nehmen können soll, nicht aber umgekehrt.

retikern einer partizipatorischen Demokratie,[9] so wurde die Idee der liberalen Demokratie »erst mit dem Aufkommen kapitalistischer gesellschaftlicher Eigentumsverhältnisse denkbar«,[10] wobei die »Theoretiker – erst wenige, schließlich die meisten liberalen Theoretiker – Gründe für die Annahme fanden, dass [das Prinzip] ›ein Mann, eine Stimme‹ keine Gefahr für das Privateigentum oder den Fortbestand von Klassengesellschaften« darstellen würde.[11]

Die Voraussetzung, welche die liberale Demokratie erst möglich macht, ist nach Wood die Trennung der wirtschaftlichen und der politischen Sphäre, wobei die ökonomische von der politischen Sphäre abgekoppelt und der demokratischen Machtausübung gegenüber unverwundbar gemacht wird. Die politische Sphäre wird dadurch geschrumpft, was mit einer Beschränkung von Demokratie und Bürgerrechten einhergeht. Im Anschluss an Marx[12] zeigt Wood, dass im Kapitalismus der Akt der Aneignung von Mehrarbeit zum ersten Mal untrennbar mit dem Produktionsprozess selbst verknüpft ist. Dies ist auf die vollständige Trennung des Produzenten von den Arbeitsmitteln (durch die vollständige Expropriation) und das uneingeschränkte Privateigentum der Besitzer an den Produktionsmitteln zurückzuführen. Der Moment der Aneignung wird damit gleichzeitig vom Moment des Zwangs und der direkten politischen Machtausübung getrennt, die dem Staat übertragen werden. Aneignung und Produktion werden von der politischen Sphäre abgekoppelt und privatisiert und unterliegen den »autonomen Gesetzen« der Wirtschaft und des Kapitals, also der Marktkonkurrenz und Profitmaximierung.[13] Eine »symbolische Überdetermination« der politischen Demokratie[14] ermunterte die Menschen,

9 Ellen M. Wood, *Democracy Against Capitalism: Renewing Historical Materialism*, Cambridge 1995; Carole Pateman, *Participation and Democratic Theory*, Cambridge 1970; Crawford B. Macpherson, *The Life and Times of Liberal Democracy*, Oxford 1977.

10 Wood, *Democracy Against Capitalism*, S. 234.

11 Macpherson, *The Life and Times of Liberal Democracy*, S. 10.

12 Gemeint sind Marx' Überlegungen zur Besonderheit des Kapitalismus im Vergleich zu vorkapitalistischen Formationen in den *Grundrissen* und im dritten Band des *Kapitals*.

13 Wood, *Democracy Against Capitalism*, S. 41, 275.

14 Pietro Costa, »Diritti e democrazia«, in: Alessandro Pizzorno (Hg.), *La democrazia di fronte allo stato. Una discussione sulle dificoltà della politica moderna*, Milano 2010, S. 1-46, hier S. 11.

für die Ausweitung politischer Rechte zu kämpfen: Sie glaubten, dass das allgemeine Wahlrecht eine tiefgreifende Transformation der Eigentumsverhältnisse und Sozialstrukturen möglich gemacht hätte. Doch die Eigentumslosigkeit der Arbeiter*innen impliziert, dass die Hauptmechanismen der Aneignung von Mehrarbeit und der Ausbeutung der demokratischen Rechenschaftspflichtigkeit entzogen werden und stattdessen den Zwängen des Marktes und des Privateigentums unterworfen sind. In Verbindung mit den ›elitären‹ Dimensionen der Institution einer Repräsentation durch Wahlen[15] bedeutet dies, dass selbst die Demokratisierung bürgerlicher und politischer Rechte nichts an der sozioökonomischen Ungleichheit und den Strukturen ändert.

Aus diesem Grund ist die liberale Demokratie nur eine formale Demokratie: Obwohl sie sicherlich einen Fortschritt für die bürgerlichen und politischen Freiheiten darstellt, ist sie nur in einem engen politischen Sinne demokratisch, da sie wichtige Bereiche der Ausbeutung und des Zwanges unangetastet lässt. Für Norberto Bobbio, den großen liberalen sozialistischen Theoretiker der Demokratie, war dieser »begrenzte Raum« für die Demokratie ein Beispiel für all jene Verheißungen der Demokratie, die aufgrund der Transformationen der Marktwirtschaft eindeutig nicht erreicht werden konnten.[16] Der Neoliberalismus steht für eine zunehmende Ausweitung der ökonomischen Macht und Marktrationalität auf andere Bereiche des gesellschaftlichen Lebens, die nicht mit den Bereichen der Produktion und Aneignung verbunden sind, und schließt neue Praktiken der Subjektivierung durch die neoliberale Vernunft ein.[17]

Der zweite Knotenpunkt ist mit dem Nexus von Demokratie und Rechten verbunden, das heißt mit der seit dem 18. Jahrhundert bestehenden Vorstellung, dass sich Demokratie und politische Partizipation durch die Ausübung bürgerlicher und politischer Rechte entfalten. Diese ist eng mit der neuen individualistischen Anthropologie des modernen Demokratiemodells verknüpft, die eher

15 Bernard Manin, *Principles of Representative Government*, New York 1997, S. 210; Jacques Rancière, *La haine de la démocratie*, Paris 2005, S. 60 f.; Costa, »Diritti e democrazia«, S. 14.

16 Norberto Bobbio, *El futuro della democrazia*, Turin 2014 [1984], S. 20 f.

17 Pierre Dardot, Christian Laval, *The New Way of the World: On Neoliberal Society*, London 2013; Brown, *Undoing the Demos*.

Individuen in den Mittelpunkt rückt und nicht soziale Gruppen oder Kollektive. Im 20. Jahrhundert verstand man unter Demokratisierung die Ausweitung von Rechtsansprüchen auf sozioökonomische Bereiche (zweite Generation an Rechten). Die liberale Demokratie in ihrer sozialdemokratischen Variante ging davon aus, dass politische Rechte und politische Macht das Primat über die Dynamik der Märkte behaupten können, indem sie ökonomische Ressourcen durch die Etablierung und Ausweitung von sozialen Rechten umverteilen,[18] die als soziale Voraussetzungen für die Freiheiten der Moderne betrachtet wurden.[19] Diese Vorstellung beruhte auf dem Prinzip der Unteilbarkeit von Rechten und dem Projekt der fortschreitenden Demokratisierung, die in vielen demokratischen Verfassungen der Nachkriegsordnung in Westeuropa und der Allgemeinen Erklärung der Menschenrechte festgeschrieben sind. Diese projektive Dimension bedeutete, dass nach den neu geschaffenen demokratischen Verfassungen die demokratischen Kämpfe der Nachkriegszeit vermittels der verfassungsmäßig neu verankerten sozialen Rechte mit dem Ziel ihrer tatsächlichen Umsetzung geführt werden mussten.[20] Doch indem sie den Trend eines »Zeitalters der Rechte«[21] seit der Moderne umkehrte, hat die neoliberale Gezeitenwende die sozialen und sogar die Grundrechte bloßgestellt und gezeigt, dass sie in Wirklichkeit »schwache Rechte« waren, die nicht in der Lage waren, ihrem Ansturm zu widerstehen.[22] Das hätte tatsächlich nicht überraschen dürfen, da die Grundvoraussetzungen der Verwirklichung sozialer Rechte für liberale Demokraten in einem »ausreichenden Wohlstand zur Finanzierung von Sozialpolitik [liegen] und in klugen Strategien, um die egalitären politischen Ziele mit der größten Effizienz und der geringstmöglichen Belastung der ökonomischen Prosperität« zu erreichen.[23] Wood warf bereits in den 1990er Jahren eine Frage auf, die heute von besonderer Relevanz ist: Wird das Überleben des Kapitalismus

18 Offe, »Democracy in crisis«.

19 Michelangelo Bovero, »Diritti deboli, democrazie fragili. Sullo spirito del nostro tempo«, in: *Diritto e questioni pubbliche* 16 (2016), S. 11-21; Bobbio, *Il futuro della democrazia*.

20 Costa, »Diritti e democrazia«.

21 Norberto Bobbio, *L'età dei diritti*, Torino 2014 [1990].

22 Bovero, »Diritti deboli, democrazie fragili«, S. 20.

23 Larry Diamond, Leonardo Morlino (Hg.), *Assessing the Quality of Democracy*. Baltimore 2005, S. xxviii; Hervorh. A.V.

in Zeiten ohne Prosperität von der Beschneidung demokratischer Rechte abhängen?[24]

Daraus folgt, dass die Definition der Demokratie – wie Lessenich sie vornimmt – als ein Prinzip der Selbstorganisation, das um reziproke Rechte zentriert ist, einerseits den Vorzug hat, im Nexus von Demokratie und Rechten verankert zu sein, der die moderne Demokratisierung ebenso gekennzeichnet hat wie das zweite Projekt der Nachkriegszeit: die Ausweitung der Rechte auf andere Gebiete, zum Beispiel die Rechte der zweiten Generation (d. h. soziale und ökonomische Rechte) und der dritten Generation (d. h. Umwelt- und kollektive Entwicklungsrechte). Andererseits lässt diese Definition offen, um welche Art von Rechten es sich dabei handelt. Sollte zum Beispiel an der historisch entstandenen, aber auch hierarchischen Unterscheidung zwischen erster, zweiter und dritter Generation von Rechten festgehalten werden? Und können wir uns vorstellen, einigen dieser Rechte Grenzen zu setzen? Tatsächlich können ja, wie nachfolgend erläutert, einige der Rechte, die nach dem Hohfeld'schen System[25] unter die Kategorie »Rechte als Privileg« fallen, bei uneingeschränkter Inanspruchnahme zu einer undemokratischen Belastung Anderer oder der Erde mit sozialökologischen Kosten führen – zum Beispiel das Recht auf Mobilität per Flugzeug. Lessenichs Definition lässt auch die Frage unbeantwortet, ob und inwiefern die Sprache und das System der Rechte hinreichend sind, um diese Rechte zu gewährleisten – namentlich mit Blick auf die sozialen Rechte also etwa die Frage, ob sie eine Unverletzlichkeit dieser Rechte vor den Angriffen der kapitalistischen Ökonomie auf die politische Sphäre garantieren können.

Die oben angesprochene Grenze der liberalen Demokratie spiegelt sich nicht nur in dem schwachen Status der Rechte wider, sondern bis heute auch in den vorherrschenden Konzeptualisierungen dieser Form von Demokratie. Die hegemonialen Definitionen der liberalen Demokratie seit der Nachkriegszeit begründeten ein

24 Wood, *Democracy Against Capitalism*, S. 237.

25 Wesley N. Hohfeld identifizierte vier Grundkomponenten des Verständnisses von Rechten: Privileg, Anspruch, Macht und Immunität. Rechte als Privileg, d. h. Rechte, die keine Verpflichtung enthalten, etwas nicht zu tun, haben die andere berühmte Unterscheidung zwischen Rechten als Pflicht und Rechten als Freiheit inspiriert. Vgl. Hillel Steiner, *An Essay on Rights*, Oxford 1994, S. 59-61, 74f.

prozedurales Verständnis von Demokratie, das von Autoren wie Robert A. Dahl, Hans Kelsen und Norberto Bobbio befürwortet wurde und in vieler Hinsicht etliche Elemente beibehält, die der von Joseph Schumpeter entwickelten elitären Konzeption von Demokratie ähneln. Einige dieser Autoren,[26] Schumpeter *in primis*, trugen dazu bei, die Demokratie ihres ursprünglichen Wertes der Volkssouveränität beziehungsweise der Rousseau'schen Herrschaft durch den *demos* zu berauben. Schumpeter begriff das demokratische Leben als einen Kampf zwischen rivalisierenden politischen Führern und Parteien um die (herrschende) Macht. Er griff das, was er – ziemlich ungenau – die »klassische Doktrin der Demokratie« nannte,[27] wegen ihrer Idee eines »Gemeinwohls« an, die für ihn irreführend war, da die Menschen unterschiedliche Wünsche und Werte haben. Die Demokratie sollte als »kompetitiver Elitismus« verstanden werden, als ein Verfahren, bei dem Menschen als Wähler agieren, die eine Auswahl zwischen Gruppen von Führern treffen.[28] Dieses Verständnis von Demokratie als ein Verfahren beziehungsweise diese ›Minimaldefinition‹ wurde von Pluralisten wie Dahl aufgegriffen, der die »real existierenden Demokratien« beziehungsweise Polyarchien als ein politisches System definierte, das für alle ihre Bürger*innen vollständig responsiv ist.[29] In der Polyarchie wird die Responsivität daran gemessen, inwieweit die Präferenzen der Bürger*innen gleich gewichtet werden, was durch eine Reihe von Verfahren oder Vorgaben garantiert wird, darunter freie und kompetitive Wahlen, alternative Informationsquellen, Redefreiheit und das Recht, Organisationen zu gründen oder diesen beizutreten. Diese Definition basiert auf der Prämisse, dass ein Satz von Regeln die Achtung der bürgerlichen und politischen Rechte garantieren kann, und hängt von der formalen Dimension der Demokratie ab, die sich von den »Inhalten einer Sozialordnung« unterscheidet.[30]

26 Eine Besonderheit von Bobbios Konzeption der prozeduralen Demokratie ist die beständige Einbeziehung und der ständige Dialog mit einer substanziellen Konzeption von Demokratie. Vgl. Bobbio, *Il futuro della democrazia*; ders., *Eguaglianza e libertà*, Torino 2009 [1995].

27 Joseph A. Schumpeter, *Capitalism, Socialism and Democracy*, London 1976, S. 250-268.

28 David Held, *Models of Democracy*, Cambridge ³2006.

29 Robert A. Dahl, *Polyarchy. Participation and Opposition*, New Haven 1971, S. 2.

30 Hans Kelsen, »Foundations of democracy«, in: *Ethics* 66 (1955), S. 1-101.

Das hat Implikationen für meinen dritten Knotenpunkt, der die Umwelt- und, allgemeiner, die (Re-)Produktionsproblematik betrifft. Tatsächlich sind diese Inhalte des Systems für jeden, dem es, wie Lessenich, um die »verallgemeinerte Gegenseitigkeit der Anerkennung als Gleiche und Gleichberechtigte« geht und der ganz mit dem Gedanken der »Grenzenlosigkeit […] des verwertenden und zerstörenden Zugriffs auf [die] Natur« und den »sozialökologischen Grenzüberschreitungen«[31] beschäftigt ist, von Bedeutung. Das Spannungsverhältnis zwischen dem »Prozeduralismus« der liberalen Demokratie und dem »Konsequentialismus« grüner Anliegen[32] hat viele umweltpolitische Denker dazu gebracht, die liberale Demokratie für ihre Unfähigkeit zu kritisieren, auf die ökologische Herausforderung angemessen zu reagieren.[33] In anderen (weniger glücklichen) Zeiten bestand, wie Plumwood es ausdrückte, das »unvermeidliche Ergebnis des Versuches, der Aufrechterhaltung der herkömmlichen Gleichsetzung des Liberalismus mit Demokratie den Vorzug zu geben, [darin], das ökologische Versagen des Liberalismus als einen Konflikt zwischen Umwelt und Demokratie zu verunglimpfen«.[34]

Grüne Anliegen und Plädoyers, »wie die Gesellschaft und unser Leben in ihr aussehen sollten«, sind in das Feld der Lebensstilentscheidungen verbannt worden, als ob sie nicht zum Bereich der Gerechtigkeit gehörten. Aber dies impliziert »paradoxerweise einen bestimmten Anspruch auf ein substantielles Verständnis des guten Lebens innerhalb der Gesellschaft«.[35] Faktisch ist die liberale demokratische Politikgestaltung, ungeachtet ihres Prozeduralismus und Neutralitätsanspruches, alles andere als unparteiisch, da sie einen systematischen Bias zuungunsten des Schutzes öffentlicher

31 Lessenich, in diesem Band, S. 124, 129.

32 Andrew Dobson, *Green Political Thought*, London 2008 [1990], S. 108.

33 So etwa Robyn Eckersley, *The Green State. Rethinking Democracy and Sovereignty*. London 2004; Ian Barns, »Environment, democracy and community«, in: *Environmental Politics* 4 (1995), S. 101-133; Dobson, *Green Political Thought*, S. 155; Val Plumwood, »Has democracy failed ecology? An ecofeminist perspective«, in: *Environmental Politics* 4 (1995), S. 134-168.; oder Ingolfur Blühdorn, »The governance of unsustainability: Ecology and democracy after the post-democratic turn«, in: *Environmental Politics* 22G (2013), S. 16-36.

34 Plumwood, »Has democracy failed ecology?«, S. 143.

35 Barbara Muraca, »Towards a fair degrowth-society: Justice and the right to a ›good life‹ beyond growth«, in: *Futures* 44 (2012), S. 542 f.

Umweltinteressen und zugunsten von Privatinteressen einschließlich liberaler Freiheiten wie der Vertragsfreiheit aufweist.[36] Eines der beiden Grundprinzipien der liberalen Demokratie, die Freiheit, kann, wenn sie in ihrer individualistischen Bedeutung einer negativen Freiheit gemeint ist, d. h. als individuelle Freiheit von Hemmnissen oder Einschränkungen, leicht als das Recht auf Lebensstilentscheidungen ausgelegt oder umgedeutet werden, die durch »ständig wachsende Bedürfnisse [oder besser gesagt, Wünsche; V. A.] im Hinblick auf Mobilität, Technologie oder Shopping-Möglichkeiten« gekennzeichnet sind, »die unverhandelbar geworden sind«.[37] Folgt man ökofeministischen Überlegungen, hat sich diese Akzeptanz der negativen Freiheit als eine unverhandelbare »imperiale Lebensweise«[38] tatsächlich über den Bereich des Verkörpertseins und Eingebettetseins der Menschen in ihre natürlichen und reproduktiven Sphären hinaus weiter ausgebreitet.[39]

Für Lessenich kann die unbegrenzte Ausbeutung der Natur nicht einfach den von ihm identifizierten drei strukturellen Begrenzungen der wohlfahrtskapitalistischen Demokratie hinzugefügt werden, sondern sie konstituiert eine eigenständige dritte Widerspruchsdynamik dieser Demokratie. Man fragt sich allerdings, woher diese unbegrenzte Ausbeutung der Natur kommt. Ich glaube, dass seine Überlegungen zur »bezeichnenden Analogie«, die diese dritte Dialektik der Demokratie zur Externalisierung und Abwertung der reproduktiven Sphäre aufweist,[40] in einer erweiterten Konzeptualisierung der zweiten von ihm identifizierten strukturellen Begrenzung der westlichen Nachkriegsdemokratie fortgeführt werden können. Die Beschränkung der »Idee und Politik der Teilhabe« auf »das ›produktive Zentrum‹ der Industriegesellschaft«[41]

36 Eckersley, *The Green State.*

37 Blühdorn, »The governance of unsustainability«, S. 20.

38 Ulrich Brand, Markus Wissen, »Global Environmental Politics and the Imperial Mode of Living: Articulations of State-Capital Relations in the Multiple Crisis«, in: *Globalizations* 9 (2012), S. 547-560.

39 Mary Mellor, »Ecofeminist political economy«, in: *International Journal of Green Economics* 1 (2006), S. 139-150; Ariel Salleh, »From metabolic rift to ›metabolic value‹: Reflections on environmental sociology and the alternative globalization movement«, in: *Organization & Environment* 23 (2010), S. 205-219.

40 Lessenich, in diesem Band, S. 135.

41 Lessenich, in diesem Band, S. 126.

geht auf die Konstituierung (und relative Abschließung von demokratischen Prozessen) einer neuen eng definierten wirtschaftlichen Sphäre zurück, aus der diese überwiegend von Frauen und von der Natur erbrachten ›reproduktiven Leistungen‹ ausgeschlossen sind. Auf der einen Seite sind, wie es die Ökofeministin Plumwood ausdrückte, die Institutionen der Akkumulation, des Privateigentums, des Marktes und der Produktion entscheidende Bereiche der Umwelteinwirkung, die außerhalb der Reichweite demokratischer Gestaltung platziert wurden, während sie natürliche Grenzen missachten (dieser Punkt hängt mit der ersten strukturellen Begrenzung zusammen, die oben angesprochen wurde). Daraus folgt, dass das Recht auf eine gesunde Umwelt nicht gewährleistet werden kann, wann immer es offen mit der Logik der Profitmaximierung und der Marktkonkurrenz kollidiert. Auf der anderen Seite basiert die Konstruktion ›der Wirtschaft‹ auf der Trennung zwischen einer Produktions- und einer Reproduktionssphäre, wobei die erste Sphäre alle Aktivitäten umfasst, die monetär bewertet werden, und die zweite alle regenerativen und reproduktiven Aktivitäten. Die Letzteren schaffen, um es mit Sallehs Begrifflichkeit zu sagen, den metabolischen Wert, sind aber von der eigentlichen ›Wirtschaft‹ ausgeschlossen.[42] Der *Homo oeconomicus* ist dem menschlichen Lebenszyklus leiblich enthoben und seinem Ökosystem entbettet und stützt sich also auf »die Existenz eines ›Anderen‹, der den nachrangigen Aspekt seiner Existenz übernehmen kann«.[43] Das bedeutet, dass das, was produziert wird, von Marktkräften bestimmt wird, die keine Prioritäten zwischen Bedürfnissen und Wünschen setzen beziehungsweise, in der Terminologie Manfred Max-Neefs, die Bedürfnisse mit »satisfiers« verschmelzen, das heißt mit bestimmten Mitteln und Wegen zur Befriedigung dieser Bedürfnisse. Eine immer weiter expandierende Erzeugung von Wünschen und eine kompetitive Konsumtion kennzeichnen die modernen wachstumsbasierten und ungleichen Wirtschaften, während Bedürfnisse, wann immer sie nicht durch eine effektive Nachfrage auf dem

42 Salleh, »From metabolic rift to ›metabolic value‹«; Adelheid Biesecker, Sabine Hofmeister, »Focus: (Re)productivity: Sustainable relations both between society and nature and between the genders«, in: *Ecological Economics* 69 (2010), S. 1703-1711.

43 Mary Mellor, »Women, nature and the social construction of ›economic man‹«, in: *Ecological Economics* 20 (1997), S. 129-140.

Markt oder durch öffentliche Ausgaben gestützt werden, nicht befriedigt werden.[44]

Eine »Demokratisierung der Demokratie«,[45] die in der Lage ist, die sozialökologischen Begrenzungen in Rechnung zu stellen, müsste über die prozeduralistische, liberale Demokratie hinausgehen, die mit einer gemeinschaftlichen und substanziellen Vision des »guten Lebens« unvereinbar ist. Ein prozedurales Verständnis von Demokratie entstammt nach Castoriadis »der Krise imaginärer Bedeutungen hinsichtlich der Ziele des kollektiven Lebens« und ist paradigmatisch für den zeitgenössischen Individualismus.[46] Eine umfassendere Einbeziehung der substanziellen Dimension der Demokratie, die sich mit dem oben genannten ›Inhalten des Systems‹ befasst, würde es erfordern, sich tiefer mit den Grundwerten der Demokratie wie Gleichheit und Freiheit auseinanderzusetzen und ein neues Licht auf sie zu werfen. Das wäre ein ehrgeiziges Ziel, das eine viel gründlichere Untersuchung verdient, als es mir im Rahmen dieses begrenzten Raums möglich ist. Aber einige der »idées directrices«, wie Lessenich sie mit Verweis auf Hariou nennt, könnten mit einer Auffassung von Gleichheit beginnen, die nicht auf eine formale und eng politische Dimension beschränkt bleibt. Die Umkehrung der Vorrangstellung, die die liberale Demokratie der negativen Freiheit gegenüber der positiven gibt,[47] könnte wohl ein weiterer Schritt nach vorn sein. Dies hängt offensichtlich mit den Vorstellungen von Gerechtigkeit zusammen. Anstatt auf individuelle, gleichgültig nebeneinander existierende Lebensstilpräferenzen reduziert zu werden, sollten Ansprüche auf das gute Leben als konstitutiv für Gerechtigkeit gesehen werden und somit Gegenstand einer kollektiven Debatte und Aushandlung sein.[48] Eine solche kollektive Aushandlung kann nicht, wie Lessenich ebenfalls argumentiert, davon absehen, Fragen der strukturellen Ungerechtigkeit

44 Mellor, »Ecofeminist political economy«.

45 Lessenich, in diesem Band, S. 137.

46 Cornelius Castoriadis, *La montée de l'insignifiance. Les carrefours du labyrinthe* 4, Paris 1996, S. 267.

47 Positive Freiheit bedeutet, dass ein Individuum nur dann frei ist, wenn es dem Kollektivwillen gehorcht, zu dessen Bildung es selbst beiträgt; Bobbio, *Eguaglianza e libertà*, S. 67. Sie ist mit Werten wie Selbstbestimmung oder Autonomie verbunden.

48 Muraca, »Towards a fair degrowth-society«.

zu berücksichtigen und zu klären. Diese Ungerechtigkeit tritt auf, wenn »viele Individuen und Institutionen aktiv ihre partikulären Ziele und Interessen verfolgen« mit der Konsequenz, dass sich große Gruppen von Personen einer »systematischen Bedrohung durch Herrschaft oder des Entzuges der Mittel zur Entwicklung und Ausübung ihrer Fähigkeiten« ausgesetzt sehen.[49] Die »Demokratisierung der Demokratie« müsste die Demokratisierung der Wirtschaft und der (re-)produktiven Tätigkeiten[50] ebenso umfassen wie die Demokratisierung des Staates und die Schaffung von Institutionen, die – wie es frühe politische Ökologen wie Castoriadis und Gorz uns gelehrt haben – in der Lage sind, eine kollektive Selbstbegrenzung zu gewährleisten.[51] Eine Untersuchung der entscheidenden Mechanismen und Akteure einer solchen sozialökologischen Transformation sowie ihrer organisatorischen Merkmale, Institutionen, Bedingungen und Herausforderungen ist bislang nur in Ansätzen erfolgt, und es sollte ein zentrales wissenschaftliches Anliegen sein, sie sowohl theoretisch als auch empirisch zu erforschen.

Aus dem Englischen von Karl D. Bredthauer und Henri Band

49 Iris Marion Young, *Responsibility for Justice*, Oxford 2011, S. 52. Wie von Pellizzoni argumentiert wurde, würde dies die Bewältigung komplexer Kausalketten und sogar die Kontrolle des Unvorhersehbaren erfordern. In Youngs Fall wurde dieses Problem möglicherweise zu leicht gelöst durch den Anschluss an den Weber'schen Typ der Gesinnungsethik, die auf vertieften Verpflichtungen gegenüber Menschen und Nichtmenschen beruht. Vgl. Luigi Pellizzoni, »Responsibility and ultimate ends in the age of the unforeseeable: On the current relevance of Max Weber's political ethics«, in: *Journal of Classical Sociology* 18 (2018), S. 197-214.

50 Biesecker, Hofmeister, »Focus: (Re)productivity«.

51 Viviana Asara u. a., »Degrowth, Democracy and Autonomy«, in: *Environmental Values* 22 (2013), S. 217-239; Marina Lalatta Costerbosa, *La democrazia assediata. Saggio sui principi e sulla loro violazione*, Roma 2014.

Die Dialektik der Emanzipation
Kritische Soziologie in der Endlosschleife

Ingolfur Blühdorn

Die Transformation der Demokratie entfaltet vor unseren Augen eine atemberaubende Dynamik – in Staaten, die bisher als unerschütterliche Festungen der liberalen Demokratie galten, in solchen, die Beobachter*innen auf dem sicheren Weg zu diesem Ziel gesehen hatten, und auch in solchen, die von diesem Ziel abrücken, noch bevor sie diesen Weg überhaupt ernsthaft eingeschlagen haben. Den Demokratietheorien und der Kritischen Soziologie scheint es derweil die Sprache verschlagen zu haben; sie bewegen sich in einer Endlosschleife, einer Art sozialwissenschaftlichen Carrera-Bahn, auf der die Akteur*innen mit verbissenem Eifer die immer gleichen Runden fahren und sich dabei einreden, voranzukommen, progressiv zu sein: Demokratisierung der Demokratie! Das ist die Spur. Seit Jahrzehnten! Und auch bei Stephan Lessenich. Ja, *träumen muss erlaubt sein*; aber von einer kritischen Soziologie darf man erwarten, dass sie vor allem eine klare Analyse und Erklärung der real beobachtbaren Transformationsprozesse liefert.

Bei der Bearbeitung der Frage »Was stimmt nicht mit der Demokratie?«, also der Frage, wie es zu der Krise der liberalen repräsentativen Demokratie gekommen ist, die derzeit unter anderem in der Konjunktur rechtspopulistischer Bewegungen ihren Ausdruck findet, ist der Einstieg über den Begriff der Dialektik durchaus vielversprechend. Völlig richtig ist auch Lessenichs Entscheidung, sich vor allem auf das *analytische Sensorium für die Dynamik* zu konzentrieren, die die Entwicklung der Demokratie bestimmt, und demgegenüber das von allen Seiten an die Sozialwissenschaften herangetragene Verlangen deutlich zurückzustellen, Problemdiagnosen nur in direkter Verbindung mit konkreten Lösungsangeboten vorzutragen: »Was ist zu tun?« Bei der Analyse der Dynamik kann man aber durchaus noch nachschärfen. Und wenn wir im Ernst von einer *Dialektik der Demokratie* sprechen können, werden wir uns vom Dauerprojekt der *Demokratisierung der Demokratie* wohl verabschieden müssen. Denn beides zugleich – Problemdiagnose

Dialektik und Lösungsperspektive Demokratisierung – können wir nicht haben; das wäre wie Baden, ohne nass zu werden.

Erinnern wir uns, um das zu erklären, kurz daran, was der Begriff der Dialektik meint. Von Dialektik sprechen wir, wenn eine wesentliche Ermöglichungs- und Erfolgsbedingung von etwas unversehens zu dessen wesentlichem Hindernis und Untergangsbedingung (Totengräber*in) wird. Entscheidend ist dabei, dass bei diesem Untergang beide Seiten, sowohl das Ermöglichende als auch das Ermöglichte, verschwinden und in etwas neu Entstehendem im doppelten Sinne *aufgehoben* werden. Wenn wir von einer Dialektik der Demokratie sprechen wollen, werden wir also mit ihrem Ende rechnen müssen und damit, dass das demokratische Projekt – mitsamt allen Bemühungen um die Demokratisierung der Demokratie – mit und in einem neuen Projekt aufgehoben wird. Der Name Demokratie muss dabei nicht zwingend verschwinden. Das neue Projekt kann diesen Namen weiterhin tragen. Das, was dieser Name bezeichnet, der normative Kern dieses Projekts, ist dann aber etwas grundsätzlich anderes als zuvor. Genau so sollten wir auch die Rede vom *essentially contested concept* und vom *immer offenen* demokratischen Projekt verstehen. Jeder Versuch, dessen normativen Kern zu fixieren, hebelt beides – und auch die Rede von einer Dialektik – aus und legt die Untersuchung der Zukunft der Demokratie beziehungsweise der Demokratie der Zukunft auf die besagte Endlosschleife fest.

Wenn wir es mit der Dialektik ernst meinen, kann es also nicht mehr darum gehen, einen bestimmten normativen Kern von Demokratie – etwa *die verallgemeinerte Gegenseitigkeit der Anerkennung als Gleiche und gleichberechtigte* – festhalten und (für) die Zukunft der Demokratie retten zu wollen. Stattdessen steht dann die Aufgabe im Zentrum, die unerwartete Logik zu verstehen, die diese Demokratie in ein neues Projekt überführt, ohne dass diese Dynamik sich irgendwie aussetzen ließe. Es wird darum gehen, zu erkennen und zu erklären, dass und warum das demokratische Projekt im Zuge seiner Entfaltung seine eigenen Grundlagen auszehrt, und dass eine Demokratisierung der Demokratie diesen Prozess letztlich nur beschleunigen, aber wohl nicht stoppen oder gar umkehren kann. Wer ernsthaft mit dem Begriff der Dialektik experimentiert, wird also auf zweierlei gefasst sein müssen: Die Demokratie (im hergebrachten Sinne) hat möglicherweise keine Zukunft. Und die Demokratie der Zukunft ist möglicherweise aus hergebrachter Perspektive nicht normativ wünschbar. Beides würde die Kritische Soziologie in höchst verunsichernder Weise aus der Spur werfen. Doch gar so ernst meint Stephan Lessenich es nicht.

Überzeugend argumentiert er, dass die wohlfahrtskapitalistische Nachkriegsdemokratie zunächst in mehrfacher Hinsicht (sozioökonomisch, geschlechterpolitisch, nationalstaatlich) begrenzt war und heute entlang von drei Bruchlinien ihrerseits Konflikte und Ausgrenzungen erzeugt, die gegen das verstoßen, was er als normativen Kern der Demokratie versteht. Das sei, was mit der Demokratie falsch läuft. Damit ist der erste Teil der Frage für ihn beantwortet. Seine begriffliche Unterscheidung zwischen einer *reaktionären*, einer *exklusiven* und einer *destruktiven* Dialektik mag etwas behelfsmäßig erscheinen. Sehr viel wichtiger aber ist erstens, dass der Treiber, der Motor, dieser dreifachen Ausgrenzungsdynamik bestenfalls angedeutet wird, und zweitens, dass hier nicht wirklich eine Dialektik dargestellt wird. Denn bei keiner der drei Dimensionen wird ersichtlich, wie und warum die Demokratie diese Widersprüche selbst freisetzt, und wie und warum sie damit eine unausweichliche Dynamik anfacht, die letztlich zu ihrem eigenen Ende (im herkömmlichen Verständnis) führen muss. Die Frage nach den Problemen mit der Demokratie wird also nur insofern beantwortet, als eben gezeigt wird, dass deren derzeit institutionalisierte Form gegen die Norm verstößt, auf die Lessenich sich festlegt. Als Erklärung für die Krise und den faktischen Niedergang der liberalen Demokratie reicht das nicht aus. Den Begriff der Dialektik füllt es nicht aus. Und die faktische Transformation der Demokratie, den empirisch beobachtbaren Austausch ihres normativen Kerns, bekommen wir aus dieser Perspektive gar nicht erst in den Blick; die Fragen nach der Zukunft der Demokratie und der Demokratie der Zukunft bleiben also unbeantwortet.

Wer diese Fragen offen, also ohne normative Vorfestlegung, erkunden will, wird tiefer schürfen und die Dialektik, die hier zweifellos am Werk ist, anders fassen müssen. Ansetzen kann man da bei der Frage, wie Lessenichs normative Begriffssetzung eigentlich begründet ist: *Demokratie als verallgemeinerte Gegenseitigkeit der Anerkennung als Gleiche und gleichberechtigte*. Wie kommt es zu derartigen Begriffssetzungen, die in der normativen Demokratietheorie und einer Kritischen Soziologie ja gewissermaßen zur Grundausstattung gehören? Wie sind sie hergeleitet und gerechtfertigt? Diese Frage führt sehr schnell zur aufklärerischen Idee des *autonomen Subjekts*, die allerdings nicht etwa transzendentale Bedeutung und universelle Gültigkeit hat, sondern sich in einem ganz bestimmten historischen Kontext herausgebildet hat und seither den politischen Kampf um die realgesellschaftliche Einlösung jener Versprechen befeuert, die in diese Idee jeweils hinein- beziehungsweise aus ihr herausgelesen worden sind. Sichtbar wird dabei zweierlei: Erstens hat die Demokratie nicht etwa den Status eines Wertes an sich, sondern ist als politisches Mittel analytisch zu unterscheiden von und immer gebunden an eine übergeordnete Norm, einen übergeordneten Zweck. Das ist von wesentlicher Bedeutung, denn erst dadurch wird Demokratie zum *floating signifier* und *essentially contested concept*, das nach Maßgabe historisch veränderlicher und jeweils konkurrierender Interpretationen seiner Bezugsnorm immer neu mit Inhalt gefüllt werden muss. Zweitens werden wir, wenn wir die Krise und Transformation der Demokratie erörtern wollen, ohne uns dabei auf die Forderung zu beschränken, dass der normative Kern der Demokratie für immer fixiert bleiben möge, genau dieser Veränderlichkeit der Referenznorm nachgehen müssen und also fragen, wie und warum dieser normative Bezugspunkt, diese Voraussetzung der Demokratie, sich verschiebt.

Die jüngere Literatur – Stephan Lessenich weist darauf hin – hat sich verstärkt auf die *materiellen* Voraussetzungen der Demokratie konzentriert und gezeigt, dass die wohlfahrtskapitalistische Demokratie weder nachhaltig noch längerfristig haltbar ist, weil sie zu ihrer Selbstreproduktion notwendig auf die Verfügbarkeit von natürlichen Ressourcen angewiesen ist, die sie in immer schnellerem Tempo auszehrt. Noch wichtiger aber – weil diese nämlich den Umgang mit den materiellen Ressourcen bestimmen – sind ihre *ideellen* Voraussetzungen und Ressourcen, die sie ebenfalls auszehrt. Das ist, wie gesagt, vor allem das Subjektivitäts- und Freiheitsverständnis, wie es sich im Zuge der bürgerlichen Aufklärung entfaltet und in *modernen* Gesellschaften hegemonial ausgebreitet hat.[1] Ohne die Idee des *autonomen Subjekts* gäbe es weder ein

1 Vgl. Ingolfur Blühdorn, »The Third Transformation of Democracy: On the Efficient Management of Late-Modern Complexity«, in: ders., Uwe Jun (Hg.), Economic Efficiency – Democratic Empowerment, Lanham u.a. 2007, S. 299-

emanzipatorisches noch ein demokratisches Projekt. Und zu den fundamentalen Grundannahmen beider gehörte von Anfang an, dass Autonomie und Subjektivität, Freiheit und Selbstbestimmung als in mehrfacher Hinsicht begrenzt gedacht wurden. Denn der berühmte Ausgang aus der selbst verschuldeten Unmündigkeit, sollte bekanntlich nie in die völlige Entgrenzung führen, sondern in die *Mündigkeit*, in der von Kant bis zur politischen Ökologie der frühen 1980er Jahre Freiheit und Pflicht als gleichrangige konstitutive Elemente untrennbar miteinander verkoppelt sein sollten.

Lessenich erkennt die Bedeutung von sich verändernden Subjektivitätsverständnissen; und im Untertitel seines Beitrages macht er Grenzen – Grenzziehungen und Grenzüberschreitungen – ausdrücklich zum Thema. Aber seine Analyse der Entwicklungsdynamik der Demokratie betont vor allem die *sozio-politische* Begrenztheit der Nachkriegsdemokratie und die dreifache *Ausgrenzungs*dynamik ihrer Nachfolger in der Gegenwart. Die Dialektik der Demokratie erschließt sich jedoch nur, wenn wir erstens *Be*grenztheit nicht bloß als Defizit fassen, und zweitens statt der *Aus*grenzungen am Ende der liberalen Demokratie die kontinuierliche *Ent*grenzung in den Fokus rücken, die das demokratische Projekt immer schon verfolgt hat. Dann kommt nämlich in den Blick, dass Autonomie, Subjektivität und deren Verwirklichung von Kant bis zur politischen Ökologie gedacht wurden als a) vor allem innerlich-moralische, nicht äußerlich-materielle, und vor allem auf Glücks*würdigkeit*[2] zielend, nicht auf empirisch-materielle Erfüllung; b) als Vernunftbestimmtheit, also begrenzt durch die Pflicht zur Konsequenz, Konsistenz, Einheit und Wahrheit; c) als kollektiv-egalitär, also begrenzt durch das Inklusions- und Gleichheitsprinzip; und d) zuletzt auch als ökologisch-inklusiv, also begrenzt durch das Gebot, der Natur die gleiche Freiheit, Würde und Integrität zuzuerkennen, die die Moderne menschlichen Subjekten zuspricht. Genau in diesen Grenzen, also genau solchermaßen definiert, wurden Freiheit und Selbstbestimmung zur normativen Grundlage der Demokratie. Oder umgekehrt, die liberale Demokratie bildete sich als po-

331; vgl. ders., Simulative Demokratie: Neue Politik nach der postdemokratischen Wende, Berlin 2013; vgl. ders., »The Legitimation Crisis of Democracy«, in: Environmental Politics (2019) [im Erscheinen].

2 Immanuel Kant, *Kritik der reinen Vernunft*, Werkausgabe Band II (hrsg. W. Weischedel), Darmstadt 1983 [1781], S. 813.

litisches Instrument genau dieses Verständnisses von Freiheit und Selbstbestimmung heraus. Zumindest war das – gerade für das aufstrebende Bürgertum und die bürgerlich emanzipatorischen Bewegungen – immer die normative Rechtfertigung des demokratischen Projekts und Anspruchs. Und die liberale, repräsentative – oder auch eine partizipatorische oder deliberative – Demokratie kann auch nur funktionieren, wenn die Freiheit und Selbstbestimmung, die sie verwirklichen soll, so definiert und begrenzt sind. Jenseits der Defizite, die Lessenich zu Recht aufzeigt, gehört die mehrfache Begrenztheit der zu verwirklichenden Freiheit und Selbstbestimmung also zu den unverzichtbaren Grundlagen und Voraussetzungen der Demokratie.

Nun ist aber evident, dass sich das emanzipatorische Projekt mit diesen Begrenzungen nicht bescheiden kann, sondern sich, *qua* emanzipatorisches Projekt, in seinem eigenen Vollzug sukzessive auch reflexiv gegen seine vormaligen Selbstbegrenzungen wendet. Und genau hier zeigt sich dann, inwiefern der Begriff der Dialektik anwendbar und sehr hilfreich ist. Es geht hier aber nicht um eine Dialektik der Demokratie, sondern vielmehr um eine *Dialektik der Emanzipation*. Tatsächlich haben progressiv-emanzipatorische Bewegungen stets darum gekämpft, alle Begrenzungen der Freiheit zu verschieben und letztlich zu überwinden. Immer haben sie ein Projekt der Entgrenzung betrieben: Flexibilisierung der Werte, der Wahrheit, der Moral, der Identität, der Selbstverwirklichung, der Natur, der Vernunft et cetera. Und so verlängerte sich der projektierte Ausgang aus der selbst verschuldeten Unmündigkeit übergangslos in den Ausgang aus der Verpflichtung zur Mündigkeit, das heißt aus der Verpflichtung auf die vierfache Begrenzung der Freiheit. Ich habe das immer wieder als die *Emanzipation zweiter Ordnung* beschrieben,[3] als die Befreiung aus den Begrenzungen, die von Kant bis zur politischen Ökologie in der Freiheits- und Selbstbestimmungsidee implizit waren. Und ohne es zu wollen und zu bemerken, haben emanzipatorische Bewegungen dabei schrittweise die unverzichtbaren Voraussetzungen und Grundlagen der Demo-

3 Vgl. Blühdorn, *Simulative Demokratie*; vgl. ders., »Das postdemokratische Diskursquartett. Kommunikative Praxis in der Simulativen Demokratie«, in: *psychosozial* 1 (2016), S. 51-68; vgl. ders., »Nicht-Nachhaltigkeit auf der Suche nach einer politischen Form. Konturen der demokratischen Postwachstumsgesellschaft«, in: *Berliner Journal für Soziologie* 28 (2018), S. 151-180.

kratie ausgezehrt; freilich stets in der Ansicht und Absicht, damit das Eigentliche, das Authentische, das Wahre, das bisher Vorenthaltene, Entfremdete freizusetzen.

Die Entwicklungsperspektive und das Schicksal der Demokratie werden also ganz wesentlich – keineswegs ausschließlich natürlich – von der Entgrenzungsdynamik der Emanzipation bestimmt. Diese Dynamik zehrt schrittweise die ideellen und materiellen Ressourcen aus, auf denen die Demokratie im hergebrachten Sinne unverzichtbar beruht. Entsprechend ist die Krise, die Nicht-Nachhaltigkeit, die Nicht-Haltbarkeit der Demokratie (im etablierten Sinne) nicht zuletzt auf eine Dialektik der Emanzipation zurückzuführen. Das emanzipatorische Projekt, das zunächst der Geburtshelfer des demokratischen Projekts war, wird in seinem eigenen Vollzug zu dessen Totengräber. Denn die Emanzipation zweiter Ordnung – auch Lessenich zeigt das klar – etabliert ein neues, vierfach entgrenztes Freiheits-, Selbstverwirklichungs- und Subjektivitätsverständnis, das die liberale repräsentative Demokratie in mehrfacher Hinsicht dysfunktional – kontraproduktiv und funktionsuntüchtig – macht.[4] Die Demokratie umgekehrt, die einmal politisches Mittel der Emanzipation war, wird in ihrer inklusiv-egalitär-repräsentativen Bedeutung zur Behinderung der Emanzipation, sie legt die Emanzipation in Ketten. Das ist, was an der Demokratie nicht stimmt!

Die Anschlussfrage »Was tun?« legt die Untersuchung bereits im Ansatz aufs Träumen fest. Sie impliziert – mit dem Verweis auf den Maßstab des Richtigen –, dass die Demokratie auch in Zukunft auf jeden Fall jenen Normen zu entsprechen habe, die die Emanzipation zweiter Ordnung nun gerade zu überwinden sucht. In der soziologischen Endlosschleife ist dieser Ansatz freilich gängige Praxis. Aber von einer Kritischen Soziologie muss man mehr erwarten. Entweder es gibt eine Dialektik oder es gibt sie nicht! Und wenn es eine gibt, dann wäre die normativ verengte Frage zu ersetzen durch – zumindest aber zu ergänzen um – die offene Erkundung der Demokratie der Zukunft. Denn nach Maßgabe der neuen, ent-

4 Vgl. Blühdorn, »Nicht-Nachhaltigkeit auf der Suche nach einer politischen Form«; vgl. ders., »The Legitimation Crisis of Democracy«; vgl. ders., Felix Butzlaff, »Rethinking Populism: Peak Democracy, Liquid Identity and the Performance of Sovereignty«, in: *European Journal of Social Theory* (2018), DOI: 10.1177/1368431017754057.

grenzten Freiheits- und Subjektivitätsverständnisse wird das demokratische Projekt faktisch längst aktualisiert. AfD, Brexit, Trump oder der Doppelpopulismus in Italien zeigen unmissverständlich an, dass die Transformation der Demokratie, der Austausch ihres (vermeintlich fixierten) normativen Kerns, die Neuformulierung des demokratischen Projekts, bereits in vollem Gange ist. Statt der bloßen Erneuerung der altbekannten Forderung nach einer Demokratisierung der Demokratie wird man da zumindest erwarten dürfen, dass eine Kritische Soziologie darlegt, wie sie ihre Hoffnung begründet, dass ein politisches Programm, das bereits seit Jahrzehnten betrieben wird und genau die beschriebene Dialektik beflügelt hat, heute plötzlich greifen und diese Dialektik aussetzen könnte. Wo sie diese Erklärung schuldig bleibt, setzt eine Kritische Soziologie sich dem Vorwurf aus, mit unbegründeten Transformationsnarrativen selbst zur Stabilisierung des kritisierten Status quo beizutragen. Zudem drückt sie sich dann vor ihrer Aufgabe und Verantwortung, zumindest eine klare Analyse des Dilemmas zu liefern, dass das Leitbild der *Demokratisierung der Demokratie* normativ heute kaum noch vertretbar ist.

Abseits der Endlosschleife ist das Terrain freilich tückisch vermint. Lassen sich die Dialektik der Emanzipation und die Transformation der Demokratie überhaupt noch denken, ohne dabei reaktionär und autoritär zu werden? Der Zweifel an der Demokratie hat schon einmal in Faschismus und Krieg geführt und einiges spricht dafür, dass sich Vergleichbares wiederholen könnte! Aber die Tatsache, dass wir uns keine Alternative vorstellen können oder uns keine Alternative normativ ansprechend erscheint, ändert nichts daran, dass die liberale Demokratie weder nachhaltig noch haltbar ist. Der Kampf gegen alles, was unseren Wohlstand bedroht, ist bereits voll entbrannt. Behutsam tanzt Lessenich ums dialektische Feuer herum; er kommt ihm nur so nahe, dass die Flammen das kritisch-progressive Herz wärmen, es aber nie politisch brenzlig wird.

Demokratie und Gemeinwohl: Versuch einer resonanztheoretischen Neubestimmung

Hartmut Rosa

1. Gemeinwohl als Form der Weltbeziehung

Aus meiner Sicht hat die Idee der Demokratie deshalb eine so große Strahlkraft von nahezu universaler Reichweite entfalten können, weil sie ein Versprechen auf eine ganz bestimmte Art und Weise des *In-der-Welt-Seins* gibt. Dieses Versprechen beruht auf der Vorstellung, dass jede*r eine Stimme haben soll, die er oder sie hörbar machen und einbringen kann. Indessen genügt es aber nicht, diese Stimme nur hörbar zu machen; die Attraktivität der Demokratie ergibt sich erst aus der damit verknüpften Überzeugung, dass diese Stimme *Wirksamkeit* entfaltet: Sie beruht auf dem Versprechen, dass es möglich wird und sein soll, die Welt, in der wir leben, *gemeinsam* zu gestalten, sodass wir uns in ihr erkennen und widerspiegeln können, dass sie uns antwortet und zugleich als unser Ausdruck erscheinen kann. Auch in einem säkularen oder postsäkularen Zeitalter, das nicht länger davon ausgeht, dass die Institutionen des öffentlichen Lebens und der politischen Welt *gottgegeben* oder in einer höheren Naturordnung angelegt und aufgehoben sind, können auf diese Weise die Strukturen, in denen wir handeln, als ›antwortend‹ und entgegenkommend erfahren werden, wenn und weil sich die Bürger*innen als kollektiv selbstwirksam, als *zusammen handelnd* erleben.

Eine solche republikanische Vorstellung der Demokratie ist etwas anderes als die liberal-individualistische Konzeption, nach der es in der Politik um das Artikulieren und Durchsetzen von Interessen, um das Einfordern von Rechten und das Austragen und Regulieren von Konflikten geht. Die Differenz besteht in der Art und Weise, wie die Bürger*innen erstens aufeinander und zweitens auf das im politischen Handeln geformte Gemeinwesen bezogen sind. Im Blick auf die erste Beziehung beruht die republikanische Auffassung auf der Überzeugung, dass die Mitglieder eines Gemeinwesens nicht nur bestimmte Werte teilen und darüber hinaus

Konflikte so austragen können, dass sie Kompromisse zu schmieden in der Lage sind, sondern mehr als das: dass sie einander – mit Argumenten, mit ihrer Stimme – *erreichen* können und dass sich im politischen Zusammenhandeln ihre Positionen, ihre Stimmen oder sogar ihre Identitäten so transformieren, dass ein geteiltes Gemeinwesen möglich wird, das mehr ist als ein Kompromiss oder ein Mehrheitswille. Selbstwirksamkeit bedeutet hier nicht, sich durchzusetzen, sondern *einander zu erreichen*. Dies setzt aber, mit Blick auf die zweite Beziehungsdimension, die operative Wirksamkeit der Idee eines Gemeinwohls als regulative Idee politischen Handelns voraus. Ohne diese Idee, so möchte ich zeigen, lässt sich eine demokratische Kultur und Gestaltung der geteilten Welt nicht konsistent denken und nicht auf Dauer realisieren. Dies gilt unbeschadet der dreifachen Unschärfe, *was* dieses Wohl sei, *wessen* Wohl es sei und wie das *Gemeine* zu verstehen sei, die konstitutiv zu diesem Begriff gehört. Denn es scheint geradewegs so zu sein, dass das Gemeinwohl nur deshalb als regulative Idee des Politischen dienen kann, *weil* es notorisch unscharf, vielleicht kann man auch sagen »essentially contested« bleibt.[1] Der Streit darum ist dann gerade das, was den Kern des Politischen ausmacht, und er ist es auch dort noch, wo für andere Konzepte des Politischen – die etwa den Interessenbegriff, das Machtkonzept oder das Wettbewerbsprinzip in den Mittelpunkt stellen – in Anspruch genommen wird, das Funktionieren des (demokratischen) politischen Betriebes am besten zu garantieren. Dies ist eine Erkenntnis, die sich etwa aus dem Werk Peter Graf Kielmanseggs gewinnen lässt.[2] Seine Schriften lassen auf beinahe jeder Seite deutlich werden, dass die begriffliche Unterscheidung zwischen Politik und Interessenverfolgung ohne die regulative Idee des Gemeinwohls nicht aufrechtzuerhalten ist, dass mithin der Begriff der Politik als solcher mit jener Idee konstitutiv

1 Zum Begriff der »essentially contested concepts« vgl. Walter B. Gallie, »Essentially Contested Concepts«, in: *Proceedings of the Aristotelian Society* 56 (1956), S. 167-198.

2 Vgl. etwa Peter Graf Kielmansegg, *Volkssouveränität. Eine Untersuchung der Bedingungen demokratischer Legitimität*, Stuttgart 1977; ders., *Die Grammatik der Freiheit. Acht Versuche über den demokratischen Verfassungsstaat*, Baden-Baden 2013, sowie jüngst: ders., *Repräsentation und Partizipation. Überlegungen zur Zukunft der repräsentativen Demokratie*, Sitzungsbericht der Wissenschaftlichen Gesellschaft an der Johann Wolfgang Goethe-Universität Frankfurt am Main, Band LIII Nr. 3, Stuttgart 2016.

verknüpft ist. Wer Politik betreibt, muss in seinem Handeln einen Gemeinwohlbezug zumindest implizit behaupten; wer (nur) seine Interessen verfolgt, muss ebendas nicht. Legitimität und Gemeinwohl verweisen nach Kielmanseggs Überzeugung dabei notwendig und konstitutiv aufeinander: Eine Herrschaftsform kann dann und nur dann Legitimität beanspruchen, wenn sie überzeugende Gründe dafür angeben kann, dem Gemeinwohl zu dienen – auch wenn die Antwort auf die Frage, was dafür *gute Gründe sind*, historisch variabel bleiben mag.

Für moderne Gesellschaften ist das Demokratieprinzip an dieser Stelle schlechterdings unhintergehbar: Ohne demokratische Legitimierung scheint der Anspruch auf Gemeinwohldienlichkeit uneinlösbar, was impliziert, dass jenes Wohl immer nur prozesshaft, eben: *politisch* zu ermitteln ist.

Versteht man Demokratie allerdings als Methode zur Ermittlung des politischen Mehrheitswillens, dann ist sie alleine *nicht hinreichend* für den Schutz oder die Realisierung des Gemeinwohls – Kielmansegg schlägt deshalb vor, das Demokratieprinzip konstitutiv um das Verfassungsprinzip und um das Amtsprinzip[3] zu ergänzen. Denn, erstens, impliziert das Gemeinwohl auch und notwendig das Wohl der Minderheiten und der im demokratischen Wettbewerb Unterlegenen. Während in der demokratischen Auseinandersetzung partikulare Interessen eine unverzichtbare Rolle spielen, darf das Gemeinwohl niemals ausschließlich durch partikulare Gruppen bestimmt werden – dem Schutz vor dem uneingeschränkten Zugriff von Mehrheiten dient daher eine rechtliche und verfassungsförmige Absicherung und Begrenzung dieses Zugriffs. Die Idee des Gemeinwohls umfasst dabei aber, zweitens, stets auch einen historischen Horizont, der über die punktuelle Gegenwart einer politischen Entscheidung ›im Handgemenge‹ hinausgeht: Sie impliziert nicht nur die Berücksichtigung der Interessen nachfolgender, zukünftiger Generationen, sondern auch die der Verpflichtungen und darüber hinaus auch der Erfahrungen, die sich aus der Geschichte, aus der Vergangenheit eines Gemeinwesens ergeben.[4]

3 Vgl. dazu auch Peter Graf Kielmansegg, »Die ›Quadratur des Zirkels‹. Überlegungen zum Charakter der repräsentativen Demokratie«, in: Ulrich Matz (Hg.), *Aktuelle Herausforderungen der repräsentativen Demokratie*, Köln 1985, S. 9-41.

4 Siehe auch Hubertus Buchstein, »Auf dem Weg zur Postwachstumsgesellschaft –

Über die zeitliche Dimension hinaus wohnt dem Gemeinwohlgedanken sodann aber auch eine räumliche Dimension inne: Von der griechischen Polis bis zum modernen Staat geht es dabei eben nicht nur um das Wohl einer abstrakten politischen Gemeinschaft, sondern auch um die Gestaltung eines gemeinsamen Territoriums, um die Anverwandlung einer materiell und institutionell geteilten Welt. Gemeinwohl meint immer auch eine bestimmte gelingende Beziehung zu einem politisch gestalteten und historisch entwickelten Raum – was nicht ausschließt, dass sich diese zu gestaltende Welt auch bis zur globalen Sphäre ausdehnen lässt. Diese letztere Idee begegnet uns etwa dort, wo der Schutz der Eisbären oder der Tiefseefauna als Gemeinwohlaufgaben verstanden werden.

Versucht man trotz der genannten Schwierigkeiten, das ›Phantom‹ Gemeinwohl begrifflich zu bestimmen – das heißt gleichsam, *den Pudding an die Wand zu nageln* –, so liegt es im Lichte der genannten Überlegungen nahe, es als eine bestimmte *Form der Beziehung* zu verstehen. Die Idee des Gemeinwohls, so lautet meine These, wird dann am greifbarsten, sie gewinnt dort substanziellen Gehalt, wo man sie über eine bestimmte Form der Beziehung zur *Vergangenheit und Zukunft* der politischen Gemeinschaft, zu einer institutionell und materiell geteilten (und daher immer auch räumlich verfassten) *Lebenswelt* und zu den anderen *Mitgliedern* dieses Gemeinwesens zu fassen versucht. Diese Form der Beziehung will ich im Folgenden im ersten Teil des Beitrages auf der Basis und mit den Mitteln des von mir andernorts entwickelten Resonanzkonzeptes[5] genauer bestimmen und darüber dann auch den *normativen* Charakter dieser regulativen Idee herausarbeiten: *Das Gemeinwohl wird dann verfolgt und dort verwirklicht, wo es einem politischen Gemeinwesen gelingt, Resonanzbeziehungen, oder genauer: Resonanzachsen, erstens, zwischen seinen Mitgliedern, zweitens, zu den geteilten Institutionen und Praktiken der kollektiven Lebenswelt und, drittens, zur Vergangenheit und Zukunft zu etablieren.* Dort (und nur dort) wird das Versprechen der Demokratie – im Vollzug, prozesshaft – eingelöst. Im zweiten Teil dieses Beitrages werde ich mich dann der Frage zuwenden, wieso dieses Versprechen unter den gegenwärtigen spätmodernen Bedingungen eben nicht eingelöst wird – was

Von der Resonanztheorie zur aleatorischen Demokratie«, in: *Berliner Journal für Soziologie* 28 (2018), S. 209-236.

5 Hartmut Rosa, *Resonanz. Eine Soziologie der Weltbeziehung*, Berlin 2016.

sich möglicherweise dagegen tun lässt, bildet dann den Gegenstand des abschließenden dritten Teils. Der Vorschlag lautet also, *dass das Gemeinwohl*, verstanden als gelingender demokratischer Prozess, *als ein Resonanzverhältnis zu verstehen sei*. Was kann das bedeuten?

In der Geschichte des politischen Denkens wurde seit jeher immer wieder gefragt, was das ›soziale Band‹ zwischen den Bürger*innen eines Gemeinwesens ist beziehungsweise was ein solches Band zu stiften vermag. Diese Frage wird in jüngster Zeit nicht nur von kommunitaristisch, republikanisch oder neo-durkheimianisch gesinnten Denker*innen gestellt,[6] sondern auch und gerade von ›poststrukturalistisch‹ inspirierten Autor*innen.[7] Die resonanztheoretische Antwort lautet, dass dieses Band nicht aus einer vorgegebenen Substanz – etwa geteilten Werten, Bräuchen oder Geschichten – besteht, sondern durch ein bestimmtes Verhältnis der Menschen zueinander gebildet wird, und dieses Verhältnis lässt sich als eine Beziehung des *Hörens* und *Antwortens* beschreiben. Hören und Antworten bilden die konstituierenden Pole eines Resonanzverhältnisses. Dieses umfasst vier charakterisierende Merkmale: Erstens die Bereitschaft und Fähigkeit, sich von den Stimmen der Anderen (oder von anderen Stimmen) affizieren und *berühren* zu lassen. Dies bedeutet: Eine erste Bedingung des Gemeinwohls besteht darin, dass die Bürger*innen sich in der Grundannahme und mit der Grundhaltung begegnen, einander *etwas zu sagen zu haben.* Diese Bedingung wird etwa dort unterlaufen, wo sich die politischen Akteur*innen wechselseitig als Rassist*innen und Faschist*innen beziehungsweise als Volksverräter*innen wahrnehmen, von denen sie sich *gar nichts sagen lassen* wollen, und sie sich stattdessen niederzubrüllen oder zum Verstummen zu bringen versuchen. Zweitens also erschöpft sich das so verstandene Band nicht in reiner Rezeptivität, sondern wird ebenso konstitutiv in der und durch die Erfahrung gebildet, dass jede*r die eigene Stimme ebenfalls hörbar zu machen vermag: Hierin liegt das Grundversprechen der Demokratie, dass jede*r eine Stimme erhält, die er oder sie nicht einfach *abgibt*, sondern auf antwortende, agierende und

6 Etwa Frank Adloff, Claus Leggewie (Hg.), *Das konvivialistische Manifest. Für eine neue Kunst des Zusammenlebens*, Bielefeld 2014.

7 Vgl. dazu etwa Thomas Bedorf, Steffen Herrmann (Hg.), *Das soziale Band: Geschichte und Gegenwart eines sozialtheoretischen Grundbegriffs*, Frankfurt/M., New York 2016.

reagierende Weise *einbringt*. Es erscheint mir als hanebüchener Unsinn, dieses Einbringen als *Kosten* zu verbuchen, die dem Einzelnen beim Versuch entstehen, seine Interessen zu verfolgen, wie das jene Rational- oder Public-Choice-Theorien tun, die sich dann darüber wundern, dass Menschen überhaupt wählen gehen.[8] Das Einbringen ermöglicht den Bürger*innen die durch nichts zu ersetzende Erfahrung politischer *Selbstwirksamkeit*: Durch ihre Stimme sind sie mit den anderen und mit dem Gemeinwesen verbunden und haben Anteil an der kollektiven Gestaltung der Welt. Die Stimme ist nicht einfach ein (sehr beschränktes) Mittel, über das wir *etwas erreichen können* im Sinne des Durchsetzens eigener Interessen, sondern ein Instrument (im durchaus musikalischen Sinne[9]), mit dessen Hilfe wir *Andere* erreichen und zu ihnen in Beziehung treten. Die zweite Bedingung des Gemeinwohls ist also, dass der politische Prozess so organisiert ist, dass er diese qualifizierte Erfahrung von *Selbstwirksamkeit* erlaubt und ermöglicht.

Drittens aber, und dies scheint mir von entscheidender Bedeutung, ist die Konsequenz eines solchen resonanten *In-Beziehung-Tretens* die unausweichliche *Transformation* der beteiligten Stimmen: Resonanz bedeutet, sich von einem oder mehreren Anderen so ›anrufen‹ und berühren zu lassen, dass man sich im Antworten und Reagieren selbst verwandelt.[10] Resonanz ist ein dialogischer Prozess wechselseitiger Anverwandlung, in dem die Beteiligten nicht bleiben, wer sie waren. Das ist eine Kerneinsicht republikanischen Denkens seit jeher:[11] Das Gemeinwohl setzt nicht Bürger*innen voraus, die bestimme Werte oder Ziele ›immer schon‹ teilen, sondern basiert darauf, dass sie sich so weit aufeinander einlassen, bis sie sich auf ein Gemeinsames (beziehungsweise ein gemeinsames Projekt) hin zu transformieren in der Lage sind. Dass dieses Gemeinsame auch Streit und Konflikt beinhaltet, ja gerade darauf

8 Vgl. etwa Bryan Caplan, *The Myth of the Rational Voter: Why Democracies Choose Bad Policies*, Princeton 2008, und Donald A. Wittman, *The Myth of Democratic Failure: Why Political Institutions Are Efficient*, Chicago 1997.

9 Vgl. Nancy Sue Love, *Musical Democracy*, Albany 2006.

10 Vgl. dazu auch Bruno Latour, *Existenzweisen. Eine Anthropologie der Modernen*, Berlin 2014, vor allem S. 614-616, und dazu wiederum ausführlich Hartmut Rosa, »Einem Ruf antworten. Bruno Latours andere Soziologie der Weltbeziehung«, in: *Soziologische Revue* 39 (2016), S. 552-560.

11 Vgl. Buchstein, »Auf dem Weg zur Postwachstumsgesellschaft«.

basiert und daraus entsteht, ist unabweisbar und unvermeidlich. Deshalb ist es ein Missverständnis, Resonanz einfach als *Konsonanz* oder *Harmonie* aufzufassen: Sie setzt Differenz und damit auch Dissonanz konzeptuell immer schon voraus, weil nur dadurch die Begegnung mit einem genuin Anderen und die Transformation des Eigenen möglich wird.

Resonanz bewegt sich also konstitutiv *zwischen* Identität und Differenz, zwischen Konsonanz und Dissonanz; sie überwindet die Gräben dazwischen über das Prinzip der Transformation.[12] Die dritte Voraussetzung des Gemeinwohls in diesem Sinne ist also die substanzielle Verwandlungsfähigkeit und -bereitschaft des Gemeinwesens und seiner Mitglieder. Sie wird unterlaufen, wo die Strukturen dieses Gemeinwesens durch apriorische, dem politischen Prozess entzogene substanzielle Festlegungen oder durch sozial erzeugte und naturalisierte ›Sachzwänge‹ erstarren oder versteinert werden.[13]

Das vierte Kernmerkmal eines Resonanzverhältnisses aber ist seine prinzipielle Unverfügbarkeit. Dies besagt, dass sich Resonanzbeziehungen institutionell oder instrumentell weder erzwingen noch garantieren lassen und mehr noch, dass sich das Ergebnis von Resonanzprozessen niemals vorhersagen, kontrollieren oder vorausberechnen lässt. Resonanz ist ergebnisoffen. Für den gegebenen Zusammenhang bedeutet dies, dass es keine Möglichkeit gibt, demokratische Resonanz institutionell sicherzustellen, dass es mithin unmöglich ist, verfassungsrechtliche oder sonstige Garantien dafür zu schaffen, dass der politische Prozess sich im Resonanzmodus vollzieht. Erstarrung, Entfremdung, Instrumentalisierung und Verdinglichung als alternative Modi politischer Beziehungen bleiben immer eine Möglichkeit und eine Gefahr. Allerdings bedeutet es zum Leidwesen autoritärer und totalitärer Herrscher*innen umgekehrt immerhin auch, dass es keine Möglichkeit gibt, das Auftreten politischer Resonanzen in dem dargelegten demokratischen und

12 Hartmut Rosa, »Für eine affirmative Revolution. Eine Antwort auf meine Kritiker_innen«, in: Christian Helge Peters, Peter Schulz (Hg.), *Resonanzen und Dissonanzen. Hartmut Rosas kritische Theorie in der Diskussion*, Bielefeld 2017, S. 311-330.

13 Dazu erhellend Paul Sörensen, *Entfremdung als Schlüsselbegriff einer kritischen Theorie der Politik. Eine Systematisierung im Ausgang von Karl Marx, Hannah Arendt und Cornelius Castoriadis*, Baden-Baden 2016.

transformativen Sinne vollständig und sicher zu unterdrücken oder zu verhindern.

Indessen meint Unverfügbarkeit nicht, dass es unmöglich wäre, auf soziale, rechtliche und organisatorische Weise die dispositionalen und institutionellen *Voraussetzungen* für die Möglichkeit von Resonanzbeziehungen zu schaffen. Die Aufgabe verfassungsrechtlicher und verfassungspolitischer Institutionen und der Prinzipien demokratischer Partizipation und Repräsentation besteht dann darin, gleichsam die Beziehungskanäle oder eben die *Resonanzachsen* zu stiften und zu schützen, entlang deren sich lebendige Resonanzbeziehungen ausbilden können. Unverfügbarkeit als Kernmerkmal von Resonanz impliziert damit auch, dass sich die Demokratie- ebenso wie die Gemeinwohlqualität niemals über vorab definierte *Output*kriterien messen lässt. Das Ergebnis von Resonanzprozessen ist mit Notwendigkeit substanziell offen.

Wenn es plausibel ist, das Gemeinwohlkonzept auf diese Weise als eine *Form der Beziehung der Bürger*innen untereinander* zu fassen, gewinnt dieser Versuch an Attraktivität dadurch, dass sich alle vier Merkmale dieser Beziehungsformen nun auch auf das Verhältnis zur Vergangenheit und Zukunft des Gemeinwesens übertragen lassen. In zeitlicher Hinsicht wird das Gemeinwohl demnach dann und dort verwirklicht, wo ein *Resonanzverhältnis* zur Geschichte ebenso wie zur Zukunft entsteht. Im Blick auf Erstere bedeutet dies: Das Gemeinwohl impliziert – und das Gelingen des demokratischen Prozesses, in dem es verwirklicht wird, setzt voraus –, dass uns als Bürger*innen die Geschichte des Gemeinwesens ›etwas angeht‹ und ›etwas zu sagen hat‹, dass wir zu ihr in einem *Antwortverhältnis* stehen. Darin sind alle vier Merkmale einer Resonanzbeziehung involviert: Das historische Geschehen berührt oder affiziert uns. Das muss keineswegs eine angenehme oder positive Affizierung sein. Wenn Menschen etwa in einer KZ-Gedenkstätte oder an einem Holocaustmahnmal eine aus der lebendig werdenden Erinnerung an die Vergangenheit hervorgehende existenzielle Verpflichtung erfahren, so reagieren sie darauf mit einer transformativen Antworthaltung, die auch ihr gegenwärtiges Sein und zukünftiges Handeln berührt, selbst wenn sie nicht genau werden angeben können, *welche* Verpflichtung ihnen daraus erwächst (Unverfügbarkeit). Solche Resonanz aber stiftet eine Verbindung oder eben: eine *Resonanzachse* zwischen Vergangenheit und Zukunft.

Wer sich auf lebendige, responsive Weise nicht nur mit vergangenen, sondern auch mit zukünftigen Generationen verbunden fühlt, nimmt die Relevanz seines Handelns für die nach ihm Kommenden gewissermaßen unmittelbar, das heißt affektiv und leiblich wahr. Einmal mehr verliert dann die Berücksichtigung zukünftiger Bedürfnisse und Interessen den Charakter lästiger Pflicht oder nutzenreduzierender Kosten und stiftet stattdessen die Erfahrung *erreichender* und transformierender *Selbstwirksamkeit*. Deshalb, so meine ich, lässt sich die Qualität einer Demokratie durchaus an der Beschaffenheit der transhistorischen Verbundenheit ›messen‹: Das Gemeinwohl ist tendenziell dort realisiert, wo sich eine pulsierende Resonanzachse zwischen Vergangenheit und Zukunft aufspannt, welche das je gegenwärtige Handeln nicht determiniert, sondern inspiriert und motiviert.

Was daraus aber entsteht, ist eine aus dem politischen Zusammenhandeln im Sinne Hannah Arendts hervorgehende geteilte Welt:[14] Weil die Menschen in der westlich geprägten Moderne sich in aller Regel nicht mehr als eingefügt in eine geistdurchwirkte oder gottgewollte kosmische Ordnung erfahren, sondern als hineingestellt in eine mehr oder weniger willkürlich gewordene Welt, die ihnen als das kontingente Ergebnis zahlloser historischer (Interessen-)Konflikte begegnet, stehen ihnen die Regeln und Institutionen der Lebenswelt und mit ihnen auch der sozio-territoriale Raum zunächst als etwas Äußerliches, Fremdbestimmtes gegenüber, das sie begrenzt und allerhand Zwängen unterwirft. Und doch gibt ihnen diese Moderne in der demokratischen Repräsentation und Partizipation ein mächtiges Instrument zur Anverwandlung dieser Lebenswelt an die Hand. Darin liegt die Grundidee des neuzeitlichen politischen Republikanismus und das Grundversprechen der Demokratie: Gemeinsame politische Gestaltung ist das Instrument, mittels dessen die soziale Welt und der öffentliche Raum für die Bürger*innen zu einer Resonanzsphäre werden kann, die auf ihre Wünsche, Wertvorstellungen und Bedürfnisse ›antwortet‹ und in der sie sich wiedererkennen können, sodass die soziopolitische Ordnung zu *ihrer eigenen* Ordnung wird. Einmal mehr bedeutet hier *ihre eigene Ordnung* nicht, dass sie sich in Übereinstimmung

14 Hannah Arendt, *Zwischen Vergangenheit und Zukunft. Übungen im politischen Denken*, München 1994, sowie dies., *Vita activa oder Vom tätigen Leben*, München 1994 [1960]; dazu auch ausführlich: Sörensen, *Entfremdung*.

oder Harmonie mit allen ihren Wünschen und Interessen befindet, sondern dass die Institutionen und Praktiken, die Plätze und Gebäude, die Regeln und Bräuche in einem konstitutiven *Antwortverhältnis* zu ihnen stehen. (Wider-)Streiten ist dabei eine unverzichtbare Form solchen Antwortens – ohne Widerspruch, so gilt auch hier, sind Transformation und Begegnung nicht möglich, ohne den Widerstand eines *Anderen* gibt es keine Resonanzerfahrungen.

Rekonstruiert man das Konzeptpaar von Gemeinwohl und Demokratie auf solche Weise als ein mehrdimensionales Resonanzverhältnis, bleibt ein Grundproblem zunächst allerdings erhalten: Wo verlaufen *die Grenzen* des Gemeinwesens, um dessen Wohl es geht, wie verhält es sich zu seinem sozialen oder materialen Außen? Meine These und meine Hoffnung lauten, dass ein Gemeinwesen *nach außen* nicht ungerecht, gewalttätig, repressiv oder destruktiv sein kann, wenn es *nach innen* resonanzfähig bleiben will. Bestimmt man das Gemeinwohl über den Resonanzbegriff, so bezeichnet Resonanz ein Weltverhältnis im Ganzen, eine Form des *In-der-Welt-Seins*. Repression, Gewalt und Unterdrückung aber zwingen nicht nur die Opfer, sondern auch und gerade die Täter*innen in einen verdinglichenden, repulsiven Modus der Weltbeziehung, in dem es gilt, Resonanzbeziehungen in sich und anderen dispositional zu unterdrücken und die entsprechenden Regungen ›mitleidlos‹ auszumerzen; sie oktroyieren ein Weltverhältnis, in dem das transformative Hören auf das (genuin) Andere und den (genuin) Anderen systematisch erschwert oder verunmöglicht, die echoförmige Verstärkung des immergleichen Eigenen aber systematisch befördert oder erzwungen wird.[15]

Interessanterweise gilt ebendies auch für das Naturverhältnis: Wer die stoffliche (und erst recht die belebte) Umwelt nur als zu extrahierende und zu bearbeitende, instrumentell zu nutzende und zu gestaltende Ressource behandelt, kann sie nicht als Resonanzsphäre erfahren, als ein lebendiges *Anderes*, das mit uns Menschen in einer fortwährenden, responsiven Wechselbeziehung steht. Umgekehrt gilt: Wer mit der Natur (wie immer man sie genau fassen mag) in einem stabilen Resonanzverhältnis lebt, muss sich nicht zwingen, sie zu schonen oder nachhaltig zu bewirtschaften, er wird

15 Dazu ausführlich: Hartmut Rosa, »Politik ohne Resonanz. Wie wir die Demokratie wieder zum Klingen bringen«, in: *Blätter für deutsche und internationale Politik* 61 (2016), S. 97-108.

dies gleichsam von selbst tun, um die Stimme jenes Anderen nicht unhörbar zu machen und gerade dadurch seine eigene Stimme zu verlieren.[16]

Begreift man das demokratische Gemeinwohl auf diese Weise als die Etablierung von Resonanzachsen in sozialer Hinsicht (als Form der Beziehung zwischen den Menschen), in materialer Hinsicht (als Form der Beziehung zur geteilten stoffliche Umwelt) und in vertikaler Hinsicht (als Form der Beziehung zur Welt, zur Geschichte und zur Natur als umgreifende Totalitäten), dann erweisen sich Gemeinwohl und Gemeinsinn in der Tat als komplementäre wechselseitige Voraussetzungen und als die Kernmomente gelingender Demokratie:[17] *Gemeinsinn* bezeichnet dann die Resonanzfähigkeit und -willigkeit der Bürger*innen, *Gemeinwohl* aber verwirklicht sich dort, wo die sozialen und materialen, zeitlichen und räumlichen Verhältnisse die Etablierung und Erhaltung sozialer, materialer und vertikaler Resonanzachsen erlauben.

2. Demokratiekrise als Resonanzkrise

Dass die Vorstellung eines Gemeinwohls als referenzstiftender Orientierungspunkt demokratischer Politik heute in der Mottenkiste der Geschichte verschwunden zu sein scheint und darüber hinaus den Verdacht eines hegemonial-paternalistischen Struktur- und Kulturkonservatismus weckt, lässt sich vor dem Hintergrund der dargelegten Überlegungen vielleicht geradewegs als Kennzeichen einer ausgeprägten *Demokratiekrise* verstehen. Diese besteht dann im Kern darin, dass die Resonanzachsen in allen drei Dimensionen – der sozialen, materialen und vertikalen – zu verstummen drohen oder bereits verstummt sind, sodass ein Modus des *Hörens und Antwortens* als demokratische Grundfigur weder in der Beziehung zu den Mitbürger*innen noch im Blick auf Vergangenheit und Zukunft oder auf die institutionelle und materielle Umwelt

16 Hartmut Rosa, »Die Natur als Resonanzraum und als Quelle starker Wertungen«, in: Gerald Hartung, Thomas Kirchhoff (Hg.), *Welche Natur brauchen wir? Analyse einer anthropologischen Grundproblematik des 21. Jahrhunderts*, Freiburg, München 2014, S. 123-141.

17 Vgl. dazu die von Herfried Münkler mit Harald Bluhm und Karsten Fischer herausgegebenen vier Bände: *Gemeinwohl und Gemeinsinn*, Berlin 2002.

als gangbar und realistisch erscheint. Wie ließe sich eine solche Annahme begründen?

Aus meiner Sicht lässt sich eine solche Entfremdungskrise empirisch tatsächlich beobachten: Der Niedergang der etablierten Parteien und der Legitimationsverlust des politischen Establishments, die sich überall in den Ländern des sogenannten demokratischen Westens und darüber hinaus auch in den neuen Demokratien beobachten lassen, gehen einher mit der lautstark geäußerten Klage, Politik und Politiker seien ›irresponsiv‹ geworden: Viele Menschen haben den Eindruck, die Politik bewege nichts mehr (es seien in Wahrheit die Wirtschaft, die Wall Street, die Medien oder die Bürokrat*innen in Brüssel, Washington oder anderswo, die das Sagen hätten) beziehungsweise die Politiker*innen hörten ihnen nicht mehr zu, sähen sie nicht, nähmen sie nicht wahr und seien für sie unerreichbar. Diese Wahrnehmung ist Ausdruck eines ausgeprägten Mangels an Selbstwirksamkeitserfahrung; sie beruht auf der Überzeugung, die geteilte Welt und die Strukturen des Gemeinwesens ließen sich demokratisch nicht mehr *erreichen*. Darauf antworten dann Rechtspopulist*innen aller Art: Von Trump in den USA über die AfD in Deutschland bis zur FPÖ in Österreich leben diese politischen Bewegungen von dem Protest gegen jene Entfremdungserfahrung und von der Sehnsucht nach Resonanz im Sinne des Anspruches, *Gehör zu finden*: Nicht zufällig ließ Trump seine Wahlkampfreden in dem Versprechen gipfeln »I am your voice!«,[18] und auch die Brexit-Kampagne lebte von der Verheißung, »To take back control«: Das britische Volk sollte gegenüber der abstrakten, unerreichbaren Brüsseler Bürokratie wieder Subjekt des politischen Handelns und Gestaltens werden. *Wir hören euch, wir sehen euch, wir geben euch eine Stimme und damit Selbstwirksamkeit zurück*, so lautet im Kern die rechtspopulistische Botschaft, die auf diese Weise durchaus das Grundversprechen der Demokratie berührt.

Allerdings untergräbt dann die von den Rechtspopulist*innen vorgeschlagene Antwortstrategie jenes (Resonanz-)Versprechen auf gleich dreifache Weise:[19] Erstens geht es insbesondere identitär-

18 So etwa in seiner berühmten »Acceptance Speech« auf der »Republican National Convention« 2016, ⟨https://www.youtube.com/watch?v=pWcez2OwT9s⟩, letzter Zugriff 19. 06. 2018.

19 Hartmut Rosa, »Der Versuch einer sklerotischen Gesellschaft, sich die Welt vom Leibe zu halten – und ein Vorschlag zum Neuanfang«, in: Karl-Siegbert Rehberg

nationalistisch inspirierten Parteien und Bewegungen gerade darum, alle anderen Stimmen zum Schweigen zu bringen: Wer nicht so ist, wie es sich das imaginierte Volksempfinden vorstellt, gehört nicht dazu und soll schweigen oder verschwinden: *Juden, Schwarze, Moslems, Transsexuelle, Linke und so weiter:* Sie alle gehören ›nicht hierher‹ beziehungsweise ›nicht zu uns‹ und sollen daher gerade *kein Gehör finden.*

Die oftmals mehr gefühlte als artikulierte Grundüberzeugung, aus der heraus sich Menschen zu PEGIDA, AfD und Co. hingezogen fühlen, lässt sich in etwa wie folgt umschreiben: ›*Wir wollen so sein und so bleiben, wie wir sind; wir verstehen Heimat als Inbegriff der Vorstellung, dass sich nichts ändern darf und soll. Wir wollen hier keine Ideen, die nicht die unseren sind, keine Bräuche, die wir nicht kennen, keine Menschen, die anders aussehen oder anders leben. Alles, was anders ist – sei es der Glaube, die sexuelle Orientierung, die politische Überzeugung, das Aussehen oder die Art zu beten, sprechen und feiern –, lehnen wir ab, oder genauer: wir wollen es vertreiben.*‹

Was in dieser Haltung zum Ausdruck kommt, ist ein versteinertes Weltverhältnis. Wo Menschen die sie umgebende Welt als Kampfzone wahrnehmen, die ihnen allenfalls gleichgültig, eher noch aber feindlich gegenübertritt und in der sie ohnehin eine immer schon prekäre Position innehaben, erscheint ihnen das Lebendige, das Fremde, das Unbekannte, das ihnen entgegentreten kann, als Gefahr und Bedrohung. Tatsächlich haben sie oft genug die sehr reale Erfahrung gemacht, dass Veränderung mit Niedergang und Abstieg verknüpft ist.[20] Ein so charakterisiertes Weltverhältnis lässt sich tatsächlich mit dem Begriff der *Entfremdung* auf den Punkt bringen: Entfremdete Menschen scheuen die Begegnung mit dem Anderen, weil sie darin nur die Gefahr einer Verletzung wahrnehmen; es fehlt ihnen an Selbstwirksamkeitserfahrungen, die es ihnen erlauben würden, sich mit einem Fremden (sei es ein Mensch, eine Idee, eine Praxis oder auch eine architektonische Manifestation in Form eines Minaretts) auf eine offene und aktive Auseinandersetzung einzulassen, oder die es gar ermöglichen würde, sich dieses selbst-transformierend anzuverwandeln. Ihre Weltbeziehung ist prekär und repulsiv, sie fühlen sich ungehört, ungesehen, vereinzelt

u. a. (Hg.), *PEGIDA – Rechtspopulismus zwischen Fremdenangst und »Wende«-Enttäuschung? Analysen im Überblick*, Bielefeld 2016, S. 289-296.

20 Vgl. Oliver Nachtwey, *Die Abstiegsgesellschaft*, Berlin 2016.

und stimmlos in eine gleichgültige oder gar bedrohliche Umwelt gestellt, in der es darauf ankommt, sich ebendiese Welt so gut es geht und buchstäblich *vom Leibe zu halten*.[21] Das Andere, das Lebendige, das Junge, das Unverfügbare soll sie weder leiblich noch seelisch berühren und schon gar nicht transformieren. Je enttäuschter und depressiver, je entfremdeter die Menschen sind, so lässt sich beobachten, umso radikaler wird das Bedürfnis nach einer Strategie des Einmauerns. Die als bedrohlich erscheinende Welt soll auf Distanz gebracht und die Beziehungen zu ihr gekappt werden.

Ebendieses Weltverhältnis findet in der Flüchtlingskrise seine ideale Projektionsfläche, die Figur des Flüchtlings erscheint als Grund der eigenen Weltentfremdung. Infolgedessen ist der jüngste Erfolg rechtspopulistischer und rechtsradikaler Parteien und Bewegungen überall auf dem Kontinent, ja beinahe überall auf der Welt, wenig erstaunlich. Worin Parteien wie die AfD in Deutschland, die PiS in Polen, die SPO in der Tschechischen Republik, der Front National in Frankreich, die Partij voor de Vrijheid in den Niederlanden oder die FPÖ in Österreich konvergieren, ist zweifellos ihre repressive und mitunter rassistische Flüchtlingspolitik, die auf eine radikale Abschottung gegenüber Fremden ausgerichtet ist – sie ist gleichsam ihr Markenkern und nicht zufällig auch Donald Trumps Erfolgsrezept. Mit Mauern und Zäunen und notfalls mit Minen und Gewehren sollen die Fremden und ihre Eigenheiten ferngehalten werden. Die Rechtspopulist*innen aller Länder, so scheint es, haben genau die passende Strategie, um von der grassierenden Entfremdung zu profitieren. Die staatliche Politik greift auch dort, wo Rechtspopulist*innen (noch) nicht in der Regierungsverantwortung sind, dieses vermeintliche Patentrezept bereitwillig auf – und so sind die derzeit dominierenden politischen Bilder die der stacheldrahtbewehrten Grenzmauern und Zaunanlagen.[22] In ihnen tritt das Bedürfnis zu Tage, die andrängende Welt, das lebendige, unverfügbare Andere auszuschließen, sich vom Leibe zu halten, und sei es mit Waffengewalt.

Wer alles Nichtidentische aber zum Schweigen bringen will, hört keine andere Stimme, der er antworten und von der er sich

21 Vgl. dazu Elisabeth von Thadden, *Die berührungslose Gesellschaft*, München 2018.

22 Vgl. Wendy Brown, *Mauern. Die neue Abschottung und der Niedergang der Souveränität*, Berlin 2018.

affizieren lassen könnte. Er macht sich selbst resonanzunfähig. Dies aber hat, zweitens, zur logischen Konsequenz, dass paradoxerweise auch *die eigene Stimme* nicht mehr wahrgenommen und artikuliert werden kann. Denn wir können diese eigene Stimme nur hören, entwickeln und entfalten, wenn sie in einen Dialog mit Anderen und Anderem tritt. Der Rechtspopulismus verspricht (oder erstrebt) jedoch das Aufgehen des Einzelnen in einem homogenen ›Volksganzen‹, in dem die Stimme des Volkes als eine identitäre, differenzlose, in der Stimme der Bewegung zum Ausdruck kommende Stimme, als *eine* Stimme auftritt.[23] An die Stelle einer Resonanzbeziehung zwischen zwei oder vielen individuellen Stimmen mit je eigener Tönung tritt eine hohle Echobeziehung: Von überall her soll es gleich klingen, soll dasselbe, vielfach verstärkt, zurücktönen. Es ist bezeichnend, dass Trump eben nicht sagt: ›Ich verschaffe eurer Stimme Gehör‹, sondern ›Ich bin eure Stimme‹ – im Singular. Der Preis für diese Vision einer lautstarken Verschmelzung im Einklang, die an die Stelle schweigender Versteinerung treten soll, ist hoch: Er besteht nicht nur darin, alles Andere und Abweichende stumm zu machen (erstes Unterlaufen des Resonanzmodus) und gerade deshalb auch keine eigene Selbstwirksamkeit zu erfahren (zweites Unterlaufen des Resonanzmodus), sondern, drittens, auch darin, jede Veränderung und Entwicklung, jede Dynamik und am Ende jede lebendige Begegnung und damit das Leben selbst auszuschließen. Die rechtspopulistische Antwort auf das Entfremdungsproblem der kapitalistischen Spätmoderne ist daher Ausdruck nicht eines resonanten, sondern eines zutiefst repulsiven Weltverhältnisses. Sie ist nicht dazu geeignet, das demokratische Gemeinwohl in irgendeiner Hinsicht zu befördern.

Was ich bisher versucht habe zu zeigen, ist, dass die Spätmoderne von einem massiven politischen Resonanzdefizit geprägt ist und der rechtspopulistische Weg zu seiner Überwindung vollständig untauglich ist. Wie aber könnte eine bessere Lösung aussehen? Um hierauf eine Antwort zu finden, ist es unerlässlich, noch einmal die Ursache jener Resonanzkrise genauer unter die Lupe zu nehmen. Woher kommt es, dass Bürger*innen in wachsendem Maße das hoffnungslose Gefühl haben, ihre Welt sei politisch nicht gestaltbar, sie hätten keine wirksame Stimme, die Zukunft

23 Vgl. Jan-Werner Müller, *Was ist Populismus? Ein Essay*, Berlin 2016.

sei ihnen verschlossen, die Strukturen der Lebenswelt stünden ihnen geradezu feindlich gegenüber? Um es kurz zu machen: Dieser Eindruck rührt daher, *dass er richtig ist.* Unter den herrschenden Bedingungen *sind* Welt und Zukunft kaum politisch gestaltbar; sie sind versteinert und irresponsiv, weil die im Großen wie im Kleinen, das heißt institutionell wie individuell die Lebenswelt verändernden Imperative struktureller und systemischer Natur sind. *Eine moderne Gesellschaft ist dadurch gekennzeichnet, dass sie sich nur dynamisch zu stabilisieren vermag, dass sie also systematisch auf (ökonomisches) Wachstum, (kulturelle) Innovationsverdichtung und (technische) Beschleunigung angewiesen ist, um ihre Struktur zu erhalten.* So lautet die Kurzfassung meiner in *Beschleunigung* und *Resonanz* entwickelten Modernediagnose, und wenngleich das Prinzip dynamischer Stabilisierung von den Protagonist*innen und Fellows des Postwachstumskollegs in Jena in einigen Facetten unterschiedlich gedeutet wird, liegt es dem Unternehmen, aus dem der vorliegende Band hervorgegangen ist, doch insgesamt zugrunde.[24] Es ist der Zwang zur stetigen Steigerung und Optimierung, der sich in der ökonomischen *Landnahme* von Rohstoffen und Körperfunktionen, von Bevölkerungsgruppen und Lebensbereichen ebenso wie in der politischen Aktivierung von Rentner*innen und Kindern, Arbeitslosen und bürgerschaftlich Engagierten sowie in der unablässigen Beschleunigung von Technologien, sozialem Wandel und des Lebenstempos gleichermaßen niederschlägt. Die politische und kulturelle Wirklichkeit der Spätmoderne ist durch eskalatorische Steigerungszwänge einerseits und durch institutionellen und strukturellen Stillstand andererseits geprägt, da alle Anstrengungen nicht einer *Veränderung*, sondern nur der Erhaltung des institutionellen Status quo (das heißt der Arbeitsplätze und des Sozialsystems, des Rentenniveaus und des Gesundheitswesens und so weiter) dienen. Weil die Logik dieses Steigerungsimperatives letztlich alle Gesellschaftsbereiche und Bevölkerungsgruppen dominiert (wenn auch in unterschiedlicher Weise: kulturelle und ökonomische Eliten haben sie in der Regel *internalisiert* und *habitualisiert*, während sie abhängig Beschäftigten und Prekarisierten oft in Form von *äußeren, institutionellen Optimierungszwängen* entgegentritt) und weil weder

24 Vgl. Hartmut Rosa u. a., »Appropriation, Activation and Acceleration. The Escalatory Logics of Capitalist Modernity and the Crisis of Dynamic Stabilization«, in: *Theory, Culture & Society* 34 (2017), S. 53-73.

linksdemokratische noch rechtspopulistische oder ökologisch orientierte Parteien einen plausiblen Vorschlag dafür haben, sie außer Kraft zu setzen, erweist sich die geteilte Lebenswelt des politischen Gemeinwesens in der Tat als irresponsiv und das politische Handeln als selbstunwirksam. Die Akte scheinbarer Selbstermächtigung, die sich etwa in kriegerischen Aktionen, Kopftuchverboten, Steuererhöhungen oder Strafzöllen niederschlagen, tangieren jene Logik allenfalls peripher, selbst wenn sie für die Betroffenen Konsequenzen auf Leben und Tod haben können.

Weil auf diese Weise das Resonanzverhältnis zwischen den Menschen und dem Gemeinwesen fundamental gestört ist, weil die strukturelle Logik jenes Gemeinwesens gleichsam ›taub‹ ist für alle politische Anrufung, erweist sich auch die Resonanzachse zur Zukunft und zur Vergangenheit als blockiert: Die Zukunft erscheint wie die trostlose Wiederkehr des Immergleichen unter stetig sich verdüsternden Vorzeichen. Es geht immer so weiter, doch müssen immer mehr materielle, kulturelle, politische und psychische Energien in die Aufrechterhaltung des Steigerungsspiels beziehungsweise der Wettbewerbsfähigkeit investiert werden, sodass die Spielräume der freien Gestaltung auf allen diesen Ebenen immer enger werden. Das dadurch erzeugte Existenzgefühl ist so apokalyptisch-klaustrophobisch geworden, dass die Menschen bereit sind, sich auf vollkommen verrückt erscheinende politische Experimente und irrationale Abwege à la Trump oder Brexit einzulassen, um dieser Form des rasenden Stillstandes zu entgehen.

Das Engerwerden dieser Spielräume bestimmt schließlich auch die dominante Form des Naturverhältnisses: Natur erscheint als (auch für die psychophysische Erholung und kulturelle Produktion) landzunehmende Ressource und als Gestaltungsobjekt, nicht aber als eigenständige Resonanzsphäre.

Es scheint mir nun aber von entscheidender Bedeutung, dass sich diese Erfahrung kardinaler Entfremdung gegenüber der ›Welt‹ oder dem Gemeinwesen als Ganzem, das heißt in der vertikalen Dimension, nun auch auf die dispositionale Haltung in der horizontalen Dimension überträgt: Die jeweils *anderen Stimmen* in der Gesellschaft – gleichgültig, ob es sich um Klassengegner*innen, politische Parteien, religiöse oder ethnische Gruppen handelt – erscheinen als die Gegner*innen, denen gegenüber es gilt, seine Interessen, Rechte und normativen Ansprüche durchzusetzen und zu verteidigen. Das demokratische Geschehen wird als agonistisch verstanden, aber eben nicht so, dass es darum geht, *den Anderen zu erreichen* und in einer wechselseitigen Transformation zu einem Gemeinsamen zu finden, sondern eher im Sinne einer antagonistischen Freund-Feind-Unterscheidung, dass man sich von den ›Anderen‹ ›überhaupt nichts‹ sagen lassen will und es darum geht, *sich durchzusetzen* und *Hegemonie zu gewinnen*. Politischer Kampf bedeutet dann, die jeweils eigene Stimme als die einzig legitime erscheinen zu lassen, indem die Ansprüche der Anderen delegitimiert oder unhörbar gemacht werden. Selbstwirksamkeit wird hier im Modus des (maximalen) Verfügens, nicht aber des (wechselseitigen) Erreichens angestrebt, und Politik wird nicht als Resonanzgeschehen, sondern als antagonistischer Interessenkonflikt und Machtkampf verstanden. Demokratietheorien, die in einem solchen Antagonismus das Wesen der Politik überhaupt erblicken,[25] tun ein Übriges dazu, eben gerade nicht das *Hören und Antworten*, sondern das (repulsive) *Kämpfen und Durchsetzen* als Grundmodus des Politischen zu identifizieren und zu etablieren. Er wird in Talkshows und leider auch in Parlamentsdebatten eingeübt und vorgeführt, in denen es darum geht, sich von den Argumenten, Anliegen und Überzeugungen der Anderen gerade *nicht* berühren und erreichen zu lassen und sich *auf keinen Fall* (oder allenfalls *strategisch*) zu ›bewegen‹, sondern die Gegenseite möglichst bloßzustellen und zu delegitimieren. Diese Logik der Auseinandersetzung setzt sich dann auf der Straße fort, wenn beispielsweise Wutbürger*innen auf Antifaschist*innen treffen.

Aus dieser Perspektive erscheint es dann mit einem Mal irritierend, dass es in den Publikationen und auf Tagungen der Scientific Community des liberalen Westens als ausgemacht gilt, dass man die Argumente eines Trump oder eines Putin, die Auffassungen eines Xi Jinping oder eines Modi, die Positionen Erdoğans, der iranischen Regierung oder eines Duterte nicht ernst zu nehmen braucht, dass man sie gar nicht erst hören muss, weil a priori feststeht, dass es sich um autoritäre, diktatorische, totalitäre oder verbrecherische Stimmen handelt, und dass man umgekehrt diese Anderen nicht erreichen kann, weil sie sich einer Verständigungsorientierung a

25 Etwa Chantal Mouffe, *Über das Politische. Wider die kosmopolitische Illusion*, Frankfurt/M. 2007; Oliver Marchart, *Die politische Differenz. Zum Denken des Politischen bei Nancy, Lefort, Badiou, Laclau und Agamben*, Berlin 2010.

priori widersetzen – wenngleich diese politischen Akteur*innen durchaus Gehör und Unterstützung bei einer Mehrheit ihrer jeweiligen Bevölkerungen (und damit der Weltbevölkerung) finden. Ich bin mir deshalb durchaus nicht sicher, inwiefern der akademische Diskurs selbst dort, wo er postkoloniale Argumente ernst nimmt, als resonant gegenüber seinem eigenen Anderen beschrieben werden kann. Vielleicht ist es kein Zufall, dass sich auch das Verhältnis zwischen den akademischen Eliten und einer breiten Gruppe der Bevölkerung als entfremdet oder nichtresonant beschreiben lässt; zumindest ist der Resonanzdraht stark angespannt: Die Stimmen jener Eliten finden bei breiten Schichten ebenso wenig Gehör, wie umgekehrt viele Auffassungen Letzterer bei Ersteren keinerlei Resonanz erzeugen, was populistischen Machthaber*innen ein gefährliches Tor zur Stummschaltung des sozialwissenschaftlichen und sozialphilosophischen Diskurses eröffnet.

3. Die Etablierung der Demokratie als Resonanzsphäre

Fragt man danach, wie sich eine (Re-)Demokratisierung der Gesellschaft im Sinne eines robusten, gemeinwohlorientierten Resonanzgeschehens entlang der skizzierten drei Achsen erreichen lässt, so macht es also durchaus Sinn, bei der eigenen sozialwissenschaftlichen Theorie und Praxis anzufangen. Resonanz bedeutet für die Letztere, es nicht immer schon besser zu wissen als die ›verblendeten Massen‹, die korrupten ökonomischen Eliten oder die machtbesessene Politik; es bedeutet aber nicht, nur die Stimmen und Positionen jener ›Anderen‹ zu erfassen und zu kategorisieren, sondern es bedeutet, in einem mehrfach dialogischen Prozess *zu hören* und transformationsfähig zu bleiben, aber eben auch, *mit klarer eigener Stimme zu antworten*. Was die Theorie angeht, so scheinen mir eine Revision des hegemonialen antagonistischen Verständnisses der Demokratie und eine Revitalisierung des Gemeinwohlgedankens dringend geboten. Insofern eine resonante Sozialwissenschaft möglich und wünschenswert ist, hat sie durchaus die Chance, ja die Aufgabe, auf die diagnostizierte Präponderanz politischer Entfremdung zu antworten und an der Gestaltung des Gemeinwesens durch das Einbringen theoretisch kohärenter, empirisch gesättigter und normativ gehaltvoller Überlegungen produktiv mitzuwirken.

Die Re-Konzeptualisierung der Demokratie als Resonanzsphäre wäre dann ein nicht unwesentlicher Schritt zur (Wieder-)Gewinnung politischer Gestaltungsfähigkeit. Denn die Konzepte der Sozialwissenschaften ›antworten‹ implizit immer schon der wahrgenommenen politischen Realität und stehen mit ihr in einer doppelseitigen Wechselbeziehung, insofern sie ihrerseits jene Realität über die Selbstverständnisse und Handlungsweisen politischer Akteure stark prägen.

Allerdings ist es mit einer sozialtheoretischen und begrifflichen Neuorientierung gewiss nicht getan; sie reicht nicht aus, den politischen Meinungsbildungs- und Entscheidungsfindungsprozess selbst resonant zu machen, sondern kann dafür allenfalls ein Baustein sein. Die darüber hinausgehende Frage aber lautet: Wie können die institutionellen Praktiken des politischen Handelns so gestaltet werden, dass sie den Bürger*innen die Erfahrung resonanzsensibler Selbstwirksamkeit auch unter den Bedingungen globaler Vernetzung ermöglichen? Ich verfüge hier weder über den Raum noch über die konzeptuellen Mittel, um ein kohärentes resonanzdemokratisches Institutionendesign vorzuschlagen. Ich will nur kurz und skizzenhaft unter den Stichworten Partizipation, Repräsentation und Synchronisation andeuten, worauf es bei der Entwicklung eines solchen ankäme.

A) *Partizipation*: Hubertus Buchstein hat jüngst im Anschluss auch an die Arbeiten des Teams um James S. Fishkin[26] inspirierende Überlegungen dazu formuliert, auf welche Weise Institutionen einer aleatorischen Demokratie und sogar eines aleatorischen Parlamentarismus (das heißt Beratungs- und möglicherweise auch Entscheidungsgremien, deren Vertreter*innen per Los aus der gesamten Bürger*innenschaft bestimmt werden) resonanzdemokratisches Handeln und Erfahren begünstigen können. Er führt empirische Belege dafür an, dass solche Gremien, erstens, eine breitere Stimmenvielfalt hörbar machen als herkömmliche Repräsentativorgane, und, zweitens, bei den Beteiligten nicht nur hohe Selbstwirksamkeitserfahrungen wecken, sondern sie auch dazu bringen, ein besseres Verständnis für die *anderen* Positionen zu

26 James S. Fishkin, *Democracy and Deliberation. New Directions for Democratic Reform*, New Haven, Conn. 1991; ders., Robert C. Luskin, »Experimenting with a Democratic Ideal: Deliberative Polling and Public Opinion«, in: *Acta Politica* 40 (2005), S. 284-298.

entwickeln – mithin: *zu hören und zu antworten.*[27] So wie es die Resonanztheorie erwarten lässt, hat dies, drittens, die Konsequenz, dass sich die Meinungen und Positionen der Beteiligten im Prozess deutlich transformieren: »Ein [...] robuster Befund aus der empirischen Begleitforschung lautete, dass sich im Beratungsverlauf auch deutliche Veränderungen der Meinungen bei den Beteiligten auf der Aggregatdatenebene ergeben haben.«[28] Viertens aber, und diese Erkenntnis ist im Blick auf die Fähigkeit der resonanten Anverwandlung von Zukunft von besonderem Interesse, hat sich gezeigt, dass aleatorische Institutionen einen gegenüber der Fixierung auf Wahltermine und Legislaturperioden deutlich längeren Zeithorizont und einen ausgeprägteren Zukunftsbezug entwickeln.

B) *Repräsentation*: So interessant solche partizipativen Institutionen auch sind, sie sollen und können nicht die Institutionen herkömmlicher politischer Repräsentation überflüssig machen. Die Konzeption einer um die regulative Idee des Gemeinwohls zentrierten Resonanzdemokratie legt jedoch eine deutliche Veränderung des *praktischen Modus* von Repräsentationsbeziehungen nahe. In mehr oder minder allen etablierten Demokratien haben im Laufe des 21. Jahrhunderts Meinungsumfragen eine geradezu überragende Bedeutung für die Formulierung von politischen Programmen und von Policy-Vorschlägen der Parteien und Kandidat*innen gewonnen.[29] Die Beziehung zwischen Politiker*innen und Bevölkerung sieht dabei so aus, dass Parteien und Politiker*innen fragen, erspüren und erforschen, ›was das Volk will‹, und dies dann zu liefern versuchen. Die politischen Repräsentant*innen werden dabei gleichsam zu ›Delegierten‹, wobei sie allerdings über ›Spin Doctors‹ ihrerseits versuchen, die öffentliche Meinung zu ihren Gunsten zu beeinflussen. Auf den ersten Blick erweckt es den Anschein, dass dies ein sehr genaues ›Hören und Antworten‹ ist, doch bei genauem Hinsehen erweist sich, dass die Beziehung zwischen Wähler*innen und Repräsentant*innen hier ganz gewiss keine

27 Buchstein, »Auf dem Weg zur Postwachstumsgesellschaft«, S. 21.

28 Ebd.

29 Vgl. etwa Michael A. Genovese, Matthew J. Streb (Hg.), *Polls and Politics. The Dilemmas of Democracy*, Albany 2004; für eine frühe, aber überaus treffende Kritik an diesem Umstand siehe Wilhelm Hennis, »Meinungsforschung und repräsentative Demokratie«, in: ders., *Regieren im modernen Staat*, Tübingen 1999, S. 37-88.

Resonanzbeziehung ist: Es geht nicht um ein wechselseitig erreichendes Hören und Antworten, weil die ›eigene Stimme‹ der Letzteren nicht formuliert und nicht hörbar wird; stattdessen bilden die so entstandenen politischen Programme eine Art ›Echo‹ auf das *Aggregat von vielen Privatmeinungen*, die nicht das Ergebnis eines politischen Resonanzgeschehens sind, sondern dem politischen Streit gleichsam vorausliegen. Wähler*innen und Abgeordnete ›erreichen‹ sich hier nicht gegenseitig in einem transformativen Wechselprozess, sondern sie stehen in einer halb delegativen, halb manipulativen Beziehung. Die ›Stimme‹, die in diesem Prozess zum Ausdruck kommt, ist letztlich *niemandes Stimme*, sie hat keine Kraft, Resonanzen unter den Bürger*innen, zum Gemeinwesen und zur Zukunft zu stiften.

Kritiker*innen einer solchen Art der Repräsentation haben deshalb seit Max Weber und vielleicht schon seit Edmund Burke dagegen immer wieder politische ›Führerschaft‹ eingefordert: Politiker*innen sollten die öffentliche Meinung *prägen*, sich nicht ihrerseits von ihr treiben lassen.[30] Diese Auffassung beruht auf der Idee, dass das Volk der Stimme des politischen ›Führers‹ schon folgen werde, wenn sie denn charismatisch und authentisch genug ist. Die Beziehung zwischen Wähler*innen und Abgeordneten ist dann eine (einseitige) ›Vertrauensbeziehung‹. Sie ähnelt in ihrer Grundstruktur dem, was ich oben als rechtspopulistische Fusionsvorstellung gebrandmarkt habe – »I am your voice!« –, die den Resonanzprozess strukturell beidseitig stillstellt.

Dagegen beruht die resonanzdemokratische Konzeption von Repräsentation auf der Vorstellung, dass diese Beziehung selbst dem Modell sich wechselseitig erreichender Stimmen folgt: Politiker*innen und Parteien machen sich ›hörbar‹, indem sie eine bestimmte *eigene und substanzielle* Vorstellung des Gemeinwohls beziehungsweise der gemeinwohldienlichen Politik artikulieren und dafür eintreten, sich aber für die Argumente, Einwände und Gegenvorschläge der Bürger*innen beziehungsweise der ›öffentlichen Meinung‹ empfänglich zeigen, allerdings nicht so, dass sie ihre Positionen der Letzteren einfach anpassen, sondern so, dass sie jene durch Argumente zu erreichen und zu ko-transformieren suchen.[31] Eine solche Beziehung ist aber nur möglich in einem *entge-*

30 So etwa Hennis in ebd.

31 Hanna F. Pitkins einflussreiche Konzeption von Repräsentation und insbeson-

genkommenden Resonanzraum, der auch im Blick auf die zeitlichen Rahmenbedingungen ein politisches Entscheiden und Gestalten im Resonanzmodus möglich macht.

C) *Synchronisation*: Demokratische Resonanzen und die durch sie geleistete Anverwandlung des Gemeinwesens sind zeitaufwendige, ja *langsame* Prozesse. Ihre Grundlage sind nicht aggregierte Meinungen oder Interessen, sondern dynamische und deliberative Wechselbeziehungen des Hörens und Antwortens, welche Positionen (und Personen) verändern und darüber hinaus stets (per definitionem) von Momenten der *Unverfügbarkeit* geprägt sind: Wann sie eintreten (und wann nicht), wie lange sie dauern und zu welchen Ergebnissen sie führen, lässt sich nicht vorhersagen. Die Steigerungs- und Beschleunigungslogik der Moderne erfordert jedoch Geschwindigkeit, Berechenbarkeit und Verfügbarkeit auch und gerade für politische Entscheidungen. Insbesondere Märkte und Medien verlangen nach raschen Entscheidungen und sofortigen Positionierungen zu aktuellen Ereignissen. Dies birgt die Gefahr einer wachsenden ›Desynchronisation‹ an den Schnittstellen zwischen Politik und Wirtschaft, Wissenschaft, Medien, Ökologie etc. In einer an der Universität Jena in Zusammenarbeit mit der Universität Bremen durchgeführten empirischen Untersuchung dazu hat sich gezeigt, dass von Expert*innen bestückte Hybridorganisationen wie der Deutsche Ethikrat (an der Schnittstelle zwischen Politik und Wissenschaft) oder die BaFin (Bundesanstalt für Finanzdienstleistungsaufsicht an der Schnittstelle zwischen Politik und Finanzmärkten) zwar eine Resynchronisation zwischen politischen Entscheidungsprozessen und den durch sie regulierten oder gestalteten Gesellschaftsbereichen leisten können – aber nur um den Preis einer wachsenden Desynchronisation zwischen politischer Entscheidung und demokratischer Willensbildung, mithin also um den Preis politischer Entfremdung.[32]

dere ihr Begriff der Responsivität (zwischen Abgeordneten und Repräsentierten) kommt dieser resonanzdemokratischen Vorstellung bereits sehr nahe; Hanna Fenichel Pitkin, *The Concept of Representation*, Berkeley, Los Angeles 1972.

32 Vgl. dazu Ulf Bohmann u. a., »Desynchronisation und Populismus. Ein zeitsoziologischer Versuch über die Demokratiekrise am Beispiel der Finanzmarktregulierung«, in: Jürgen Beyer, Christine Trampusch (Hg.), *Finanzialisierung, Demokratie und Gesellschaft. Kölner Zeitschrift für Soziologie und Sozialpsychologie*, Band 58, Sonderheft 1, Wiesbaden 2018, S. 195-226.

Damit sind wir beim Kernproblem für jeden Versuch, das Grundversprechen der Demokratie unter den Bedingungen der globalisierten Spätmoderne einzulösen: Eine Etablierung der Demokratie als Resonanzsphäre im eingangs skizzierten Sinne ist nur möglich, wenn und sofern es gelingt, die mit dem Modus dynamischer Stabilisierung verknüpften Steigerungsimperative und Beschleunigungszwänge stillzustellen und dadurch die Grundstrukturen des Gemeinwesens, die Zukunft und die materielle und institutionelle Umwelt gestaltbar und anverwandelbar zu machen, mithin die Resonanzachsen zu aktivieren. Solange sie in Kraft sind, so habe ich zu zeigen versucht, erweist sich die Welt als nicht gestaltbar und demokratische Politik daher als selbstunwirksam. Die die Grundtendenzen unseres Lebens bestimmenden Wirkmächte und Imperative erweisen sich als ›unerreichbar‹ und naturalisiert. Wenn dynamische Stabilisierung aber das Kernmerkmal der Moderne bildet, dann bedeutet dies: Eine genuin demokratische Resonanzsphäre im eingangs skizzierten Sinne lässt sich substanziell und dauerhaft nur *jenseits der Moderne, in einer anderen Gesellschaft* etablieren. Hier stehen wir jedoch vor der Quadratur des Kreises: Denn wie eine solche andere Gesellschaft aussehen sollte oder könnte, das lässt sich nicht am sozialwissenschaftlichen Reißbrett entscheiden. Legitimität, so habe ich mit Graf Kielmansegg zu zeigen versucht, lässt sich für eine Gemeinwohlkonzeption nur noch auf demokratischem Wege gewinnen, sie lässt sich nur im resonanten Zusammenhandeln herstellen. Demokratische Resonanz, so die Konsequenz daraus, *ist* die Alternative zum dominanten Modus dynamischer Stabilisierung: Nicht die blinden und stummen Steigerungsimperative der Letzteren, sondern die selbstwirksame und ergebnisoffene Gestaltungsfähigkeit der Ersteren soll Form, Struktur und Richtung des Gemeinwesens bestimmen. Das aber heißt: Eine intakte demokratische Resonanzsphäre ist die Voraussetzung für die Überwindung der Steigerungsimperative und die Wiedergewinnung der Gestaltbarkeit der Zukunft, aber sie ist unter den Bedingungen dynamischer Stabilisierung zugleich *strukturell unmöglich*.

Aber ist sie das wirklich? *Unter den herrschenden Bedingungen sind Welt und Zukunft kaum politisch gestaltbar; sie sind versteinert und irresponsiv, weil die im Großen wie im Kleinen, das heißt institutionell wie individuell die Lebenswelt verändernden Imperative struktureller und systemischer Natur sind.* So lautet meine oben entwickelte These. Das aber bedeutet, dass die vertikalen und materialen Resonanzachsen blockiert sind. *Die Strukturen des Gemeinwesens, die Natur als Umwelt, die Zukunft*: sie alle erweisen sich unter den Imperativen der dynamischen Stabilisierung als nichtresonant. Es bedeutet aber *nicht*, dass die horizontalen Resonanzachsen zwischen Bürger*innen ebenfalls unaufhebbar ›resonanztaub‹ sein müssen. Demokratische Beziehungen funktionieren nur als horizontale Resonanzbeziehungen adäquat, so lautet die Kerneinsicht dieses Aufsatzes. Zwischenmenschliche Resonanzen aber sind niemals vollständig stillstellbar. Unverfügbarkeit bedeutet nicht nur, dass man Resonanz nicht erzwingen kann, sondern stets auch, dass man sie nicht ein für alle Mal institutionell stillstellen kann. Die beobachtete Übertragung der dispositionalen Entfremdung von der vertikalen und materialen Struktur der Lebenswelt auf die horizontale Dimension *ist nicht zwingend.* Auch dort, wo sie in das Joch und auf das Rad der Steigerungszwänge gespannt sind, können Bürger*innen miteinander in einen Austausch darüber treten, wie die Strukturen des Gemeinwesens und die geteilte Lebenswelt aussehen *könnten* und wie das Gemeinwohl beschaffen sein *sollte.* Deshalb kann eine demokratische Resonanzsphäre jederzeit neu erstehen und gleichsam aus sich heraus *Welt neu erzeugen.* Vielleicht am eindringlichsten formuliert findet sich dieser Gedanke bei Hannah Arendt, etwa in ihrem Vortrag »Kultur und Politik« von 1958, in dem sie schreibt, im politischen Handeln gehe es darum, »wie die Welt qua Welt [...] aussehen und ertönen, wie sie sich ansehen und anhören soll«.[33] Im Prozess der wechselseitigen Verständigung eben darüber entsteht selbstwirksames und resonantes politisches Handeln, und diese Art der kollektiven politischen Resonanzerzeugung birgt für Arendt nicht nur eine welt*transformierende*, sondern sogar eine welt*erzeugende* Qualität. Sie allein verbürge die Hoffnung, »daß wir, die wir nicht der Wüste entstammen, aber in ihr leben, in der Lage sind, die Wüste in eine menschliche Welt zu verwandeln«.[34]

Die Voraussetzung für eine solche Verwandlung der politischen

33 Hannah Arendt, »Kultur und Politik«, in: dies., *Zwischen Vergangenheit und Zukunft. Übungen im politischen Denken*, München 1994, S. 277-302, hier S. 300.

34 Hannah Arendt, *Was ist Politik? Fragmente aus dem Nachlass*, München 2003, S. 181.

Wüste in eine demokratische Resonanzsphäre setzt indessen vor allem eines (und vielleicht nur eines) voraus: Eine intakte Sphäre der Öffentlichkeit als Begegnungsraum und damit als Resonanzsphäre, in der sich die unterschiedlichen Stimmen artikulieren, sich wechselseitig hören und antworten und dadurch transformieren können. Das aus soziologischer und politiktheoretischer Perspektive auffälligste und zugleich beunruhigendste Faktum der sozialstrukturellen Entwicklung spätmoderner Gegenwartsgesellschaften ist daher womöglich der sich abzeichnende dramatische *Strukturwandel der Öffentlichkeit*, die immer rigorosere Trennung der Lebenswelten unterschiedlicher Bevölkerungsgruppen und das progressive Auseinanderdriften ihrer kulturellen Praktiken sowie ihrer Meinungs- und Wissensbestände.[35] Diese Drift ist nicht unbedingt, oder nicht in erster Linie, durch die prinzipielle *Unvereinbarkeit* von Praktiken und Wissensbeständen oder Meinungen gekennzeichnet, sondern vielmehr dadurch, dass die Bewegungs-, Praxis- und Informationsräume kaum mehr in Berührung und noch weniger in Austausch miteinander kommen. Dies betrifft bei weitem nicht nur die tendenziell zunehmende soziale Segregation im Hinblick auf die Wohnlagen – Menschen aus unterschiedlichen Milieus bewohnen unterschiedliche Wohngegenden –, sondern verschärft sich als Problem gerade auch dann und dort, wo Angehörige unterschiedlicher sozialer, kultureller oder ethnischer Gruppen in nachbarschaftlicher Nähe wohnen: Aufgrund der insgesamt zunehmenden räumlichen Mobilität und der Lockerung der nachbarschaftlichen sozialräumlichen ›Verankerung‹ besuchen sie dennoch unterschiedliche Kindergärten, unterschiedliche Schulen, Arbeiten in heterogenen Kontexten etc.[36] Die Ausdifferenzierung radikalisiert sich dabei jenseits von Arbeit, Bildung und Wohnen auch im Blick auf die

35 Die empirische Datenlage zu diesem Befund ist nach wie vor nicht befriedigend; erforscht wurde das Auseinanderdriften der Lebenswelten insbesondere in stadtsoziologischen Untersuchungen, vgl. etwa Martin Kronauer, Walter Siebel (Hg.), *Polarisierte Städte. Soziale Ungleichheit als Herausforderung für die Stadtpolitik*, Frankfurt/M., New York 2013. Interessant hierzu ist auch die Studie von Sebastian Beck, Thomas Perry, »Studie Soziale Segregation. Nebeneinander und Miteinander in der Stadtgesellschaft«, in: *vhw FW* 3 (2008), S. 115-122.

36 Dazu auch Kai Maaz u. a. (Hg.), *Herkunft und Bildungserfolg von der frühen Kindheit bis ins Erwachsenenalter. Forschungsstand und Interventionsmöglichkeiten aus interdisziplinärer Perspektive. Zeitschrift für Erziehungswissenschaft*, Sonderheft 24, Wiesbaden 2014.

übrigen Lebensstilindikatoren: Menschen aus unterschiedlichen Milieus besuchen unterschiedliche Kleider- und Lebensmittelgeschäfte, unterschiedliche gastronomische Einrichtungen, nutzen unterschiedliche kulturelle Angebote, haben verschiedene Freizeitpraktiken, sehen andere Filme, hören unterschiedliche Radioprogramme, verfolgen unterschiedliche Fernsehsender und -formate, lesen unterschiedliche Printmedien, surfen auf sehr verschiedenen Internetseiten etc. Das Ergebnis dieser Fragmentierung ist, dass ihre Lebenswelten fast überschneidungsfrei werden; Menschen aus unterschiedlichen sozialen (und ethnischen) Milieus sind in sehr unterschiedlichen Wissens-, Praxis- und Diskursuniversen beheimatet, wobei einige dieser Segregationseffekte auch auf Altersgruppen zutreffen: Auch die Lebenswelten von jungen und alten Menschen differenzieren sich aus. Gewiss lässt sich (etwa mit Verweis auf Pierre Bourdieus Studien und die Untersuchungen in seiner Traditionslinie) sagen, dass solche Lebensstildifferenzen kein neues Phänomen sind, im Gegenteil: Soziale Gruppen strebten stets nach entsprechenden Distinktionen von- und gegeneinander. Aber solche Distinktionen hatten und haben ihre Funktion in *geteilten* Lebenswelten, also dort, wo die Angehörigen unterschiedlicher Gruppen einander begegnen und miteinander interagieren. Dass genau solche Räume – auch und insbesondere mediale Räume – erkennbar erodieren, stellt eine zentrale Herausforderung oder vielleicht *die* zentrale Herausforderung der Gegenwart dar – dies haben nicht erst die populistischen Erschütterungen der letzten Jahre und die Diskussionen um postdemokratische Verhältnisse[37] deutlich werden lassen. Denn ohne jene Räume ist eine demokratische Resonanzsphäre als Begegnungsraum nicht denkbar.

Die gegenwärtigen politischen Auseinandersetzungen um ›Fake News‹, die ›Lügenpresse‹ oder das ›postfaktische Zeitalter‹ – und die mit ihnen verknüpften gesellschaftlichen Probleme – haben eben hier ihre strukturelle Ursache: Wenn sich die Diskursuniversen, die Praxissphären und Lebenswelten kaum mehr berühren, wenn Öffentlichkeit fragmentiert und nur noch im Plural zu denken ist, ist es nicht verwunderlich, wenn jede Welt ihre eigenen Realitäten und ihr eigenes Wissen produziert. Dass diese Ausdifferenzierung in Parallelwelten eine zentrale *medienweltliche* Seite hat, steht außer

37 Vgl. Colin Crouch, *Postdemokratie*, Frankfurt/M. 2008; siehe auch Müller, *Was ist Populismus?*

Zweifel: Die mediale Konstruktion einer geteilten, gemeinsamen Welt aus Fakten, Deutungen, Geschichten und Personen durch die Hauptnachrichten in Radio und Fernsehen und einige als Leitmedien fungierende Printmedien ist einer unübersichtlichen Vielfalt an durchaus nicht immer miteinander konkurrierenden, sondern oft einfach gegeneinander ignoranten medialen Teiluniversen gewichen, die in sich durchaus Verweisungszusammenhänge zwischen Print-, Funk- und Internetmedien hervorbringen, welche jedoch ihre je eigenen Welten aus Fakten, Deutungen, Geschichten und Gesichtern erzeugen. Dies verstärkt die auf allen Ebenen zu beobachtende Ausbildung von ›Echokammern‹: Man sucht in der (digitalen, zum Teil aber auch noch analogen) Medienwelt nach Foren, in denen man Gleichgesinnte vermutet und trifft. Die eigene Stimme verstärkt sich dann vielfach, Zwischentöne verschwinden oder werden zum Verstummen gebracht und die ›Anderen‹ in den anderen Kammern erscheinen als Irrelevante oder als Feind*innen, zu denen man nur indifferente oder repulsive Beziehungen unterhält. Die Herausbildung von solchen politischen Echokammern und von gegeneinander isolierten Milieus verstärkt sich wechselseitig – und untergräbt die Möglichkeit einer resonanzorientierten Demokratie (und damit von Demokratie überhaupt).

Es liegt auf der Hand, worin in dieser Lage die zentrale Herausforderung für die Etablierung eines demokratischen Resonanzraumes liegt: Sie ist ohne starke, politisch institutionalisierte und garantierte öffentlich-rechtliche Medien und darüber hinaus ohne die Sicherung von physischen bürgerschaftlichen Begegnungsräumen nicht zu meistern. Ihr Auftrag besteht in der Verknüpfung und im Zusammenhalten der sozialen Multiversen, einerseits durch die Bildung und Sicherung eines geteilten Wissensraumes und andererseits durch die Etablierung eines demokratischen Partizipations- und Austauschforums, das als Begegnungsraum für *alle* Gruppen, Milieus und Schichten dienen kann.

Begreift man demokratische Politik als vitale Resonanzsphäre der Moderne, so zielt sie gewiss nicht auf die Aufhebung ihrer Vielfalt in einem identitären Einklang. Wie ich gezeigt habe, bedeutet Resonanz (schon etymologisch) gerade nicht Harmonie, nicht Einklang und nicht Konsonanz, sondern prozesshaftes Antworten, Bewegung und Berührung. Dazu gehört insbesondere in der Politik auch das tönende Widersprechen, wobei es der

Resonanztheorie gerade auf die Differenz zwischen diesem und einem stummen Sich-Widersetzen der versteinerten Verhältnisse ankommt, wie es in der Spätmoderne dominant geworden scheint. Eine Resonanztheorie der Demokratie bewegt sich damit zwischen den etwa von Oliver Marchart im Anschluss an Arendt einerseits und Carl Schmitt andererseits unterschiedenen assoziativen und dissoziativen Auffassungen des Politischen. In der Betonung des Widerspruchs, der Viszeralität und der Vielfalt der Stimmen neigt sie der dissoziativen Auffassung zu; in der Vorstellung des Zusammenklangs und der berührenden Antwortbeziehung inkludiert sie jedoch die assoziative, republikanische Vision des gemeinsamen Handelns und der produktiven, transformativen Anverwandlung der öffentlichen Sphären und Institutionen. Gelingt es, auf diese Weise eine horizontale politische Resonanzsphäre zu etablieren, wird sie die Mittel und Wege finden, den blindlaufenden Steigerungszwang dynamischer Stabilisierung und endloser Akkumulation durch die Schaffung neuer Institutionen zu überwinden, welche eine Anverwandlung von Welt und von Zukunft in allen Dimensionen ermöglichen werden.

Kampf um Demokratisierung oder Resonanzgeschehen? Kritische Anmerkungen zu Hartmut Rosas resonanztheoretischer Demokratiekonzeption

Robin Celikates

Dass die Demokratie in einer Krise sei, ist eine Diagnose, die die Demokratie seit ihren Anfängen begleitet hat. Unabhängig von der auch politisch signifikanten Frage, wer mit welcher Autorität, von welchem Standpunkt und mit welchen Effekten die Krise diagnostiziert, stehen Demokratien damit immer vor der – praktischen ebenso wie theoretischen – Frage, was Demokratie bedeutet und unter veränderten Bedingungen bedeuten kann. Hartmut Rosas Aufsatz »Demokratie und Gemeinwohl: Versuch einer resonanztheoretischen Neubestimmung« leistet in dieser Hinsicht einen doppelten Beitrag: Zum einen präsentiert er, aufbauend auf einer einflussreichen soziologischen Analyse,[1] eine beschleunigungstheoretisch verschärfte Krisendiagnose der Demokratie, der zufolge wir eine zunehmende strukturelle Entkopplung der räumlichen Reichweite und temporalen Struktur der Partizipation von den sozialen Dynamiken, denen wir individuell und kollektiv unterworfen sind, erleben, die sich in politischer Entfremdung und Apathie manifestiert; zum anderen gibt Rosa eine zweiteilige Antwort auf die Frage, wie sich die Demokratie denn retten ließe, indem er für eine interne Verkopplung von Demokratie und Gemeinwohl plädiert und beide Begriffe dann resonanztheoretisch ausbuchstabiert.

Selbst wenn man Rosas mit Verve vorgetragene Krisendiagnose für plausibel hält, drängen sich eine Reihe von Rückfragen an seine demokratietheoretische Antwort auf, und zwar sowohl zur Engführung von Demokratie und Gemeinwohl als auch zu ihrer resonanztheoretischen Deutung. Diese Rückfragen lassen sich – heuris-

1 Vgl. in diesem Kontext nur Hartmut Rosa, »Politische Weltbeziehungen unter den Bedingungen sozialer Beschleunigung«, in: ders., *Weltbeziehungen im Zeitalter der Beschleunigung. Umrisse einer neuen Gesellschaftskritik*, Berlin 2012, S. 357-373.

tisch – in analytische, im engeren Sinn demokratietheoretische und methodologische Fragen unterscheiden, die ich im Folgenden, mit unvermeidbaren Verkürzungen, skizzieren möchte.

Analytisch gesehen scheint die – von Rosa etwas vage dem in der gegenwärtigen Diskussion nicht besonders präsenten Werk Peter Graf Kielmannseggs entlehnte – These von der notwendigen Bezogenheit politischen Handelns auf das Gemeinwohl auf eher schwachen Füßen zu stehen. Zum einen muss Rosa behaupten, der Gemeinwohlbezug finde sich »zumindest implizit« in allem (genuin) politischen Handeln, da augenscheinlich doch das meiste (genuine?) politische Handeln ohne (expliziten oder von den Akteuren intendierten) Gemeinwohlbezug auskommt. Damit wird der politischen Theoretiker*in eine enorme hermeneutische Aufgabe zugemutet, für die sie in Zeiten epistemischer Selbstbeschränkung schlecht gerüstet scheint. Zum anderen muss Rosa, um die entsprechenden Einwände zu antizipieren, dem Begriff gleich eine »dreifache Unschärfe« attestieren, denn »*was* dieses Wohl sei, *wessen* Wohl es sei und wie das *Gemeine* dabei zu verstehen sei«, sei eben politisch umstritten und könne nur politisch ermittelt werden.[2] Abgesehen davon, dass – wie man von Marx und Althusser lernen kann[3] – in von strukturellen sozialen Konflikten und Ungleichheiten durchzogenen Gesellschaften die Kategorie des Gemeinwohls notwendigerweise ein Ideologem ist, scheint es weniger theoretisch (und politisch) belastet, über politisches Handeln in anderen Kategorien – etwa politischer Autonomie und Selbstbestimmung oder konstituierender Macht – nachzudenken, die der auch von Rosa betonten Offenheit und Unabschließbarkeit des demokratischen Prozesses eher gerecht werden, auch wenn sie aus republikanisch-kommunitaristischer Perspektive vielleicht als etwas substanzlos erscheinen.

Zweifel am Formalismus liberaler Demokratiekonzeptionen kann man aber haben, ohne sich der Idee des Gemeinwohls zu verschreiben. So kann – und sollte – man Rosa darin zustimmen, dass Demokratie mehr ist als ein Set von Institutionen und Prozeduren der Repräsentation, nämlich »eine ganz bestimmte Art und Weise des *In-der-Welt-Seins*« oder, wie man auch sagen könnte, eine

2 Rosa, in diesem Band, S. 161.

3 Vgl. etwa Althussers Kritik an Rousseaus Gesellschaftsvertrag in Louis Althusser, *Cours sur Rousseau (1972)*, Paris 2012.

Lebensform, und auch darin, dass die normative Anziehungskraft der Demokratie (zumindest zum Teil) mit dem Versprechen einhergeht, eine Stimme zu haben, die auch gehört wird und wirksam werden kann.[4] Ob man sich damit schon der Idee des Gemeinwohls verpflichtet und ob das Versprechen der Demokratie »dort (und nur dort)« eingelöst werden kann, wo in einem Gemeinwesen »Resonanzachsen, erstens, zwischen seinen Mitgliedern, zweitens, zu den geteilten Institutionen und Praktiken der kollektiven Lebenswelt und, drittens, zur Vergangenheit und Zukunft« existieren,[5] ist eine ganz andere Frage, die man meines Erachtens mit guten – unter anderem demokratietheoretischen – Gründen negativ beantworten kann.[6]

Demokratietheoretisch ist es in einem ersten Schritt tatsächlich überzeugend, die Erfahrung des Zusammenhandelns und der kollektiven Selbstwirksamkeit mit Rosa als zentral für demokratische Formen von Bürgerschaft zu erachten.[7] Allerdings liegt eine radikaldemokratische Ausbuchstabierung dieser Intuition unter gegenwärtigen gesellschaftlich-politischen Bedingungen vielleicht doch näher als eine republikanisch-kommunitaristische. Im Gegensatz zu der für letztere charakteristischen, übermäßig starken Betonung der Geteiltheit insbesondere von Werten und Orientierungen, die es ermöglichen sollen, dass die Mitglieder des Gemeinwesens »einander erreichen«, ist ein substanzieller Wertekonsens nämlich weder nötig noch zu erwarten, zumal nicht in einer durch einen »tiefen Pluralismus« gekennzeichneten Gesellschaft.[8] Die von Rosa relational umgedeutete republikanische Invokation eines Wertekonsenses läuft eher Gefahr, antipluralistische populistische Phantasien zu bedienen oder ihnen doch wenig entgegenzusetzen zu haben – auch wenn es zweifellos zu den Stärken von Rosas Position gehört, sich von wesentlich exkludierenden, repressiven und repulsiven rechtspopulistischen Resonanzversprechen deutlich abzugrenzen.[9]

4 Rosa in diesem Band, S. 160.

5 Rosa in diesem Band, S. 163.

6 Vgl. z. B. zu einer radikaldemokratischen Theorie der Stimme im Anschluss an Cavell: Albert Ogien, Sandra Laugier, *Le principe démocratie. Enquête sur les nouvelles formes du politique*, Paris 2014.

7 Vgl. bereits Carole Pateman, *Participation and Democratic Theory*, Cambridge 1970.

8 William E. Connolly, *Pluralism*, Durham 2005.

9 Rosa in diesem Band, S. 166 f.

Die Sorge, politisches Handeln falle in eine »antagonistische Freund-Feind-Unterscheidung« zurück, wenn man nicht davon ausgehe, dass es immer schon darauf angelegt ist, »in einer wechselseitigen Transformation zu einem Gemeinsamen zu finden« und ein Gemeinwohl zu realisieren,[10] verkennt in jedem Fall, dass es aus der Feder von Etienne Balibar, James Tully und anderen auch im radikaldemokratischen Lager Theorieangebote gibt, die Politik als konflikthaft verfasste und unter Bedingungen der Herrschaft notwendig kontestatorische Praxis der Demokratisierung begreifen – und damit gleich im doppelten Sinn *nicht* als »Resonanzgeschehen« –, ohne sie damit auf die Durchsetzung von Macht in hegemonialen Kämpfen zu reduzieren.[11] Vor diesem Hintergrund erscheint Rosas Entgegensetzung von »Hören und Antworten« beziehungsweise dem Dialog auf der einen und »Kämpfen und Durchsetzen« beziehungsweise dem Konflikt auf der anderen Seite als irreführend und an der komplexen historischen Realität von Kämpfen um Demokratisierung – und gegen Entdemokratisierung – vorbeigehend.[12] In Rosas Betonung »des Widerspruchs, der Viszeralität und der Vielfalt der Stimmen« finden sich zwar durchaus Anknüpfungspunkte zur Überwindung dieser Entgegensetzung, aber wir erfahren wenig darüber, wie diese dissoziative Pluralität und Widerständigkeit angesichts der resonanztheoretischen Privilegierung und der harmonistischen Dynamik des »Zusammenklangs und der berührenden Antwortbeziehung«[13] gefördert, bewahrt und

10 Rosa in diesem Band, S. 177.

11 Vgl. etwa James Tully, *Politische Philosophie als kritische Praxis*, Frankfurt/M. 2009; Étienne Balibar, *Gleichfreiheit*, Berlin 2012.

12 Vermutlich ist es auch diese artifizielle Entgegensetzung, die Rosa (in diesem Band) zu der erstaunlichen Bemerkung verleitet, auch Trump, Putin, Erdoğan et al. hätten einen Anspruch, ernst genommen zu werden, denn einen autoritären oder diktatorischen Charakter dürfe man ihnen nicht a priori zuschreiben. Meines Wissens beansprucht weder die allerorten zunehmenden Repressalien ausgesetzte und in vielen Fällen ins Exil getriebene oder im Gefängnis sitzende demokratische Opposition noch die »sozialwissenschaftliche Scientific Community des liberalen Westens« ein Wissen a priori; angesichts der Fülle aposteriorischer Evidenz wäre das auch völlig unnötig. Weil Rosa diese Evidenz wiederum im Namen des Hörens ignoriert, bekommt auch seine Rede von der »tendenziellen Mehrheit« (sogar der Weltbevölkerung), die ihm zufolge hinter diesen Herrschern steht, einen, nun ja, tendenziösen Beigeschmack. Zuhören muss man zwar schon, aber die Frage ist auch ›wem?‹.

13 Rosa in diesem Band, S. 188.

politisch fruchtbar gemacht werden können. Aus radikaldemokratischer Perspektive jedenfalls überwiegt die Sorge, dass das »Resonanzgeschehen« jene Umstrittenheit, Unterbestimmtheit und Kontingenz der sozialen und politischen Ordnung zu verdecken droht, denen sich die Möglichkeit von Politik überhaupt verdankt und die durch kontestatorische politische Praktiken – Arendt zufolge paradigmatische Revolutionen[14] – zugleich, und häufig zum ersten Mal auf massenwirksame und damit politisch folgenreiche Weise, vor Augen geführt wird.

Für die radikaldemokratische Position – und gegen das republikanische Vertrauen auf die Selbstheilungskräfte politischer Gemeinschaften und ihrer Institutionen – spricht zudem, dass sich die Demokratisierung der Demokratie in weiten Teilen außerinstitutionellem Protesthandeln oft marginalisierter oder exkludierter Gruppen verdankt, die sich häufig auf eine Weise Gehör verschafft haben, die disruptiv, dissonant, unzivil und manchmal auch gewaltsam war, auch wenn wir sie heute der Tradition zivilen Ungehorsams zurechnen mögen.[15] Die Transformation von demokratischen Institutionen ebenso wie der von Rosa als »horizontale Resonanzbeziehungen«[16] interpretierten Relationen zwischen Bürger*innen hängt ganz wesentlich von außerinstitutionellen Bewegungen und Protestformen ab, und zwar in gleich drei Dimensionen. In ihrer Genese beziehungsweise Konstitution, in ihrem Funktionieren in der Gegenwart und in ihrer Weiterentwicklung in die Zukunft hinein sind demokratische Gemeinschaften und ihre Institutionen wesentlich auf die dynamisierenden Interventionen politischer Kämpfe und Protestbewegungen verwiesen – gerade weil Prozesse des Lernens und der Selbstkorrektur im Normalfall dazu tendieren, überkommene Ausschlüsse und Marginalisierungen allenfalls symbolisch zu berichtigen.[17] Aus dieser Sicht muss die

14 Hannah Arendt, *Über die Revolution*, München 1994; vgl. Robin Celikates, »Die Negativität der Revolution. Selbstreflexivität und Selbstbegrenzung jenseits des Liberalismus«, in: Thomas Khurana u. a. (Hg.), *Negativität. Kunst, Recht, Politik*, Berlin 2018, S. 329-240.

15 Vgl. Robin Celikates, »Democratizing Civil Disobedience«, in: *Philosophy & Social Criticism*, 42 (2016), S. 982-994.

16 Rosa in diesem Band, S. 184.

17 In jüngerer Zeit könnte man hier an die Politisierung der Grenzen politischer Gemeinschaften durch die Proteste von Flüchtenden und Migrant*innen denken; vgl. Robin Celikates, »Constituent Power Beyond Exceptionalism: Irregular

Skepsis gegenüber der politischen Semantik des Gemeinwohls und seiner resonanztheoretischen Deutung also gerade kein Symptom einer Krise der Demokratie sein, sondern kann selbst als Ergebnis der demokratischen Infragestellung vorausgesetzter Kategorien gelten.

Schließlich könnte man *methodologisch* die grundlegende Frage aufwerfen, inwiefern die düstere Diagnose einer totalisierenden und selbst totalitären Logik der Beschleunigung, angesichts deren jegliche Kritik und jeglicher Widerstand ohnmächtig erscheinen,[18] mit der von einer auf Emanzipation ausgerichteten kritischen Gesellschaftstheorie vorausgesetzten Überzeugung vereinbar ist, dass es Ressourcen und Vorformen der Kritik und des Widerstands in der gesellschaftlichen Realität gibt, an die die Theorie anknüpfen und an denen sie sich orientieren kann.[19] Marcuses Dilemma kehrt hier in neuer Gestalt zurück.

Noch in einer weiteren Hinsicht ist der Vergleich mit der Kritischen Theorie, der sich ja auch Rosa verpflichtet sieht, instruktiv: Wie Rosa an anderer Stelle betont,[20] ergibt die Vorstellung eines Kampfes um Resonanz keinen Sinn – damit fehlt der Theorie aber ein Äquivalent für die Rolle, die Kämpfe um Umverteilung, Anerkennung oder Partizipation in anderen Modellen der sozialen und politischen Transformation spielen. Das sich aus dieser Differenz ergebende Problem ist zum einen politisch – wie wir oben gesehen haben, lässt sich das Projekt einer Demokratisierung der Demokratie nur schwer resonanztheoretisch fassen –, zum anderen methodologisch. Insofern es nämlich zur methodologischen Spezifik kritischer Gesellschaftstheorie – im Unterschied sowohl zum Normativismus der liberalen Politischen Philosophie als auch zum Empirismus der traditionellen Sozialwissenschaften – gehört, nicht nur

Migration, Disobedience, and (Re-)Constitution«, in: *Journal of International Political Theory*, 15 (2019), S. 67-81.

18 Vgl. Hartmut Rosa, *Beschleunigung und Entfremdung. Entwurf einer kritischen Theorie spätmoderner Zeitlichkeit*, Berlin 2013, Kap. 9: »Beschleunigung als neue Form des Totalitarismus«, S. 89-92.

19 Vgl. zur Zentralität dieser Verknüpfung von Theorie und Praxis im Rahmen der Kritischen Theorie Robin Celikates, »Critical Theory and the Unfinished Project of Mediating Theory and Practice«, in: Axel Honneth u. a. (Hg.), *The Routledge Companion to the Frankfurt School*, London 2018, S. 206-220.

20 Vgl. Hartmut Rosa, *Resonanz. Eine Soziologie der Weltbeziehung*, Berlin 2016, S. 332 ff.

auf die Praxis (Emanzipation) ausgerichtet zu sein, sondern auch in der Praxis (in sozialen und politischen Kämpfen und Bewegungen, oppositionellen Erfahrungen und Bewusstseinsformen) verankert zu sein, stellt sich die Frage der methodologischen Selbstverortung der Resonanztheorie als kritischer Theorie. Diese Frage wird von Rosas Rekurs auf Konzeptionen des guten Lebens, anthropologische Annahmen und wissenschaftliche Einsichten als Komplement zur primär negativen Ausrichtung kritischer Theorien am Abbau von Hindernissen der gesellschaftlichen Selbsttransformation nicht beantwortet, sondern von neuem herausgefordert.

Die damit angesprochenen Zweifel an der resonanztheoretischen Demokratiekonzeption lassen die Überzeugungskraft von Rosas Diagnose und ihrer sozialtheoretischen Fundierung unangetastet. Sie weisen aber darauf hin, dass auch im Zeitalter der Beschleunigung das Versprechen der Demokratie, wenn überhaupt, dann primär im Kampf um Demokratisierung einzulösen ist, der sich nicht auf ein Resonanzgeschehen reduzieren lässt.

Konkrete Demokratie wagen

Lisa Herzog

Hartmut Rosas Diagnose der derzeitigen Malaise der Demokratie ist in vieler Hinsicht zuzustimmen. Die Demokratie, so Rosa, habe ihr Versprechen nicht eingelöst, »dass jede*r eine Stimme haben soll, die er oder sie hörbar machen und einbringen kann« und dass diese Stimme auch »Wirksamkeit« entfalten könne.[1] Hinzu kommt unter anderem das Problem der mangelnden »Synchronisation«: demokratische Prozesse scheinen zu langsam, um mit den rasanten technologischen und gesellschaftlichen Entwicklungen mithalten zu können.[2] Das ist keineswegs eine willkommene Entschleunigung, sondern birgt die Gefahr der Delegation an Expert*innengremien, was wiederum die Einflussmöglichkeiten der Bürger*innen verringert. Die Mühlen der Demokratie mahlen langsam und es scheint manchmal nicht absehbar, ob sie überhaupt noch mahlen, ob also gesellschaftliche Anliegen – sogar solche, über die ein weitgehender Konsens vorliegt – durch den politischen Prozess aufgegriffen und in parlamentarischer Debatte, Gesetzgebungsprozess und exekutiver Umsetzung verarbeitet werden.[3]

Als Therapievorschlag setzt Rosa auf die »Revitalisierung des Gemeinwohlgedankens«.[4] Er gibt sich nicht mit prozeduralistischen oder agonalen Konzeptionen der Demokratie zufrieden, sondern möchte das Rousseau'sche Maximum, Demokratie in ihrem anspruchsvollsten Sinne, erreichen. Wie das konkret gelingen könnte, bleibt etwas unklar. Ebenso unklar bleibt auch, was genau sich heute ändern muss, weil wir heute unter Bedingungen leben, die die gegenwärtige Form der Probleme hervorbringen. Zugespitzt gesagt: Hätten nicht viele von Rosas Aussagen auch auf die westlichen Demokratien der 1960er, 1970er oder 1980er zugetroffen? Gab es damals nicht ähnliche Stimmen, die die mangelnde Authentizität sozialer Beziehungen, das Untergehen des Individuums in der

1 Rosa, in diesem Band, S. 160.

2 Rosa, in diesem Band, S. 182.

3 Vgl. z. B. Colin Crouch, *Post-democracy*, Cambridge 2004.

4 Rosa, in diesem Band, S. 178.

Masse und die bloß formalen Mechanismen demokratischer Politik beklagten?[5]

Am Ende der zweiten Dekade des 21. Jahrhundert ist mindestens eine Sache anders: Das Internet machte anfänglich denjenigen Hoffnung, die auf breite Partizipation und einen neuen Schub der Demokratisierung in allen Lebensbereichen gehofft hatten. Allzu oft aber verklingt die eigene Stimme in Chatrooms, Kommentarschlachten oder sozialen Medien; man glaubt, ein Gegenüber erreichen zu können, und scheint doch ins Leere zu sprechen; »fake news« und »social bots« beherrschen die digitale Öffentlichkeit. Und auch die Probleme der Kommunikation zwischen Politiker*innen und Bürger*innen, die Rosa anspricht, scheinen durch die Dynamiken des Internets verschärft zu werden: das »Framen« von Botschaften, der Einfluss von Spin-Doktoren oder die Antizipation möglicher Reaktionen, beispielsweise von »shitstorms«.[6] Anstatt eines offenen und ehrlichen Austauschs findet allzu oft eine hochgradig orchestrierte, durch komplexe Filter laufende Kommunikation statt.

Allerdings ist fraglich, in welchem Maß die digitale Kommunikation wirklich für die derzeit empfundene Empörung vieler Bürger*innen und den Zulauf, den populistische Rattenfänger*innen finden, verantwortlich gemacht werden kann. Unter der langen Reihe möglicher anderer Faktoren – vom Versagen traditioneller Partei-Eliten über veränderte Arbeitsverhältnisse bis hin zu der sich wandelnden Anerkennungsökonomie zwischen den Geschlechtern – dürften insbesondere wirtschaftliche Tiefenursachen eine wichtige Rolle spielen. Es ist kaum vorstellbar, dass die langanhaltende Lohnflaute der Mittelschichten, die in vielen Ländern steigende Überschuldung von Privathaushalten,[7] die tiefe Verunsicherung durch die Finanz- und Eurokrise sowie das Gefühl, »die da oben« kämen sowieso ungeschoren davon, keinen Einfluss auf die Selbst-, Fremd- und Weltwahrnehmung der Bevölkerung hatten.

Vor dem Hintergrund dieser Punkte, die ich Rosas Diagnose

5 Einige derartiger Kritikpunkte finden sich z. B. in Herbert Marcuse, *One-Dimensional Man*, Boston 1964.

6 Zu politischer Kommunikation im Internet siehe z. B. Manuel Castells, *Communication Power*, Oxford 2013.

7 Siehe dazu auch Wolfgang Streeck, *Gekaufte Zeit. Die vertagte Krise des demokratischen Kapitalismus*, Berlin 2015.

hinzufügen möchte, skizziere ich im Folgenden drei Vorschläge zur Wiederbelebung der Demokratie, die, je nach Lesart, Rosas Vorschlag einer »Revitalisierung des Gemeinwohlgedankens« konkreter ausbuchstabieren oder aber eine Alternative zu ihm darstellen.

1. Revitalisierung der Interessenpolitik

Rosa lehnt ein Verständnis von Demokratie, das ausschließlich auf Interessen setzt, ab – aber könnte es nicht trotzdem sein, dass eine Wiederbelebung der Interessenpolitik dringend vonnöten ist, vielleicht sogar als Voraussetzung für eine darüber hinausgehende Gemeinwohlorientierung? Gerade mit der Vertretung der Interessen der angeblich ungehörten Bürger*innen, in der (gefühlten?) Peripherie der westlichen Nationalstaaten, locken viele populistische Parteien, allerdings oft mit leeren Versprechungen. Das »Gemeinwohl« muss nicht in einem grundsätzlichen Gegensatz zu den Interessen der Einzelnen verstanden werden. Für viele Fragen der konkreten Politik ist dies eine falsche Dichotomie, die außerdem die Gefahr birgt, dass unter dem Deckmantel des Gemeinwohls die Interessen bestimmter Gruppen befördert werden – ein alter Vorwurf vieler Marktliberaler, den man nicht absolut setzen sollte, dem man aber doch eine gewisse Berechtigung nicht absprechen kann.

Eine der Veränderungen, die das Internet brachte, war größere Transparenz darüber, wie Politikvorschläge entstehen, wie Lobbyarbeit funktioniert und wie Geld an den Orten politischer Macht wirkt. Die Empörung über viele dieser Mechanismen und Vorgänge ist durchaus berechtigt, allerdings kann es ein Zurück zu einer angeblichen guten alten Zeit nicht geben – in dieser Zeit dürfte die Politik kaum ›sauberer‹ gewesen sein, es gelang lediglich besser, schmutzige Vorgänge verdeckt zu halten. Eine Revitalisierung der Interessenpolitik müsste deshalb nach strengeren Kriterien prozeduraler Gerechtigkeit und mit gleichen Wettbewerbsbedingungen für alle Parteien stattfinden. Lottokratische Elemente, wie sie Rosa, auf Buchsteins Vorschlag hin, aufnimmt,[8] können dabei eine wichtige Rolle spielen, weil sie neue Stimmen in den Diskurs holen, die auch Interessen artikulieren könnten, die derzeit unbeachtet

8 Rosa, in diesem Band, S. 179 f.

bleiben. Eine knifflige Frage in diesem Bereich ist allerdings, was die Interessen der Wähler*innenschichten, die sich von populistischen Parteien angezogen fühlen, eigentlich sind – es scheint zu kurz gegriffen, nur an ökonomische Interessen zu denken, vielmehr scheinen auch Fragen des symbolischen Kapitals und der Anerkennung eine Rolle zu spielen. Hier ist empirische Forschung gefragt, die diese Phänomene zu verstehen hilft und als Grundlage für die Entwicklung von Strategien für eine wohlverstandene, faire Interessenpolitik dienen kann.

2. Kampf gegen ökonomische Ungleichheit

Rosa betont zu Recht, dass Demokratie von den horizontalen Verhältnissen zwischen Bürger*innen lebt, die sich als Gleiche unter Gleichen begegnen. Aber wie können soziale Beziehungen von einem Ethos demokratischer Gleichheit geprägt sein, wenn die materielle Ungleichheit immer weiter zunimmt? Es wäre verkürzt, diese Ungleichheit nur als Frage von Ressourcen zu verstehen – schließlich sind mit ihr in der Regel auch ungleiche Macht, ungleicher Zugang zu anderen gesellschaftlichen Sphären und nicht zuletzt ungleiche Lebenschancen für die eigenen Kinder verbunden. Das Bewusstsein dieser Ungleichheiten macht es schwer, sich auf Augenhöhe zu begegnen.

Eine Frage, die im gegenwärtig zu beobachtenden Ressentiment gegen ›die da oben‹ oft mitzuschwingen scheint, ist die nach dem ›Verdienen‹ des jeweiligen Einkommens.[9] Diese Frage wurde von vielen liberalen Denker*innen vernachlässigt, teilweise aus dem Grund, dass sie ihre theoretischen Grundlagen – die generelle Fragen nach der Zuschreibbarkeit eigener ›Leistung‹ – für fragwürdig hielten. Im allgemeinen Bewusstsein jedoch scheint die Vorstellung einer gewissen Proportionalität zwischen Leistung und Einkommen weit verbreitet. Die exorbitanten Einkommen gerade in Bereichen wie Finanzwesen, Management oder Rechtsvertretung, deren Beitrag zum Gemeinwohl nicht immer offensichtlich ist, verbunden mit der finanziellen Abwertung vieler Formen von Arbeit,

9 Vgl. für eine Diskussion auch: Lisa Herzog, »Can incomes in financial markets be deserved? A justice-based critique«, in: Lisa Herzog (Hg.), *Just Financial Markets? Finance in a Just Society*, Oxford 2017, S. 103-121.

die für das Gemeinwesen unverzichtbar sind, wie in der Straßenreinigung oder in der Pflege, schaffen eine toxische Gemengelage, in der das Ressentiment über die empfundene Ungerechtigkeit dem offenen, gleichberechtigten Dialog im Wege steht. Derartige Ungerechtigkeiten zu bekämpfen, darf nicht rechten Populist*innen überlassen werden.

Auch hier jedoch stellen sich einige harte Fragen, die mit den oben genannten verbunden sind. Denn es sind ja keineswegs nur die ökonomisch Abgehängten, die den Trumps, Orbáns und Le Pens dieser Welt ihre Stimme geben. Was ist, wenn die *Wahrnehmung* der eigenen ökonomischen Lage mit der tatsächlichen Lage auseinanderfällt? Geht es, wie oft angenommen wird, in erster Linie um die Höhe von Einkommen, oder spielen auch andere Faktoren, wie die tatsächliche oder gefühlte Sicherheit des Einkommens, eine Rolle? Und wie soll man damit umgehen, wenn gerade diejenigen, bei denen man das aufgrund ihrer wirtschaftlichen Lage am ehesten erwarten würde, sich vehement gegen Umverteilungspolitik durch den Staat wehren, weil sie ihren Vorstellungen von Eigenständigkeit und Anstand widerspricht? Hier scheint viel Aufklärungsarbeit gefragt zu sein, wobei man allerdings auf ein weiteres, von Rosa ebenfalls diagnostiziertes Problem stößt: die Herrschaft über den öffentlichen Diskurs, über sowohl traditionelle als auch neue Medien. Wenn diese in den Händen derjenigen sind, denen an einer Aufrechterhaltung des Status quo liegt, und sie das Selbst- und Weltbild breiter Schichten zu ihren Gunsten beeinflussen können, ist kaum mit breiten Mehrheiten im politischen Kampf gegen ökonomische Ungleichheit zu rechnen.

3. Demokratische Praktiken in allen Lebensbereichen

Eine Wiederbelebung der Demokratie, sei es in Form einer neu erstarkten, faireren Interessenvertretung oder im Sinne einer »Revitalisierung des Gemeinwohlgedankens« braucht soziale Räume. Erfahrungen des »Zusammenhandelns«, der gemeinsamen Suche nach Kompromissen oder des Herausschälens von Gemeinsamkeiten. All dies kann in Nachbarschaften oder in der Freiwilligenarbeit passieren, aber die beste Strategie, um solche Erfahrungen in die Lebenswelten der breiten Masse der Bevölkerung einzubringen, wäre eine stärkere Durchdringung der Arbeitswelt mit einer partizipativen, demokratischen Logik. Für Rosa ist die Wirtschaftswelt mit ihren angeblichen Sachzwängen und ihrem Drang zur Beschleunigung das Weber'sche Korsett der Moderne – aber kann sie wirklich nur dies sein? Oder könnte man auch dort die Verhältnisse demokratisch zum Tanzen bringen?[10] Vielleicht sogar mit Hilfe neuer Technologien zur Erleichterung der Kommunikation, die Praktiken der kollektiven Willensbildung viel leichter umsetzbar machen, als dies in der Vergangenheit der Fall war?

Rosa zitiert den Slogan der Brexit-Kampagne »To take back control« – und ist es nicht in der Tat notwendig, die entfesselten Kräfte des globalen Kapitalismus wieder unter Kontrolle zu bringen? Allerdings nicht durch nationalistischen Populismus, sondern durch die demokratische Wiederaneignung der Herrschaft über die Wirtschaftswelt. Dies könnte ein neues Projekt für die politische Linke sein, das gerade in Zeiten, in denen durch den digitalen Wandel sowieso massive Umbrüche zu erwarten sind, großes Potenzial hat.

Rosa hingehen bleibt über weite Strecken in einem Diskurs der Machtlosigkeit verhaftet, der es als gegeben ansieht, dass die Verhältnisse »versteinert und irresponsiv« seien.[11] Alle Versuche, demokratische Praktiken in neue Lebensbereiche zu tragen, müssten demnach vergeblich sein, weil nur »jenseits der Moderne, in einer anderen Gesellschaft« genuine Demokratie möglich sei.[12] Wie aber könnte man dorthin gelangen? Rosa beruft sich auf Arendt und fordert mit ihr eine Politik, die »welttransformierend« und »welterzeugend« ist.[13] Warum nicht auch im Kleinen anfangen, warum demokratische Praktiken nicht vor Ort austesten, warum nicht partizipative Lernprozesse anstoßen – in der Politik im klassischen Sinne, aber auch in anderen Lebensbereichen, und insbesondere auch in der Wirtschaft?[14]

Rosa ist sicherlich zuzustimmen, dass institutionelle Änderungen nie garantieren können, dass lebendige demokratische Prakti-

10 Vgl. dazu z. B. neulich Isabelle Ferreras, *Firms as Political Entities: Saving Democracy Through Economic Bicameralism*, Cambridge 2017.

11 Rosa, in diesem Band, S. 175, 183.

12 Rosa, in diesem Band, S. 183.

13 Rosa, in diesem Band, S. 184.

14 Siehe dazu auch Lisa Herzog, *Reclaiming the System. Moral Responsibility, Divided Labour, and the Role of Organizations in Society*, Oxford 2018.

ken entstehen. Aber sie können die Räume dafür schaffen, dass jede Stimme gehört wird, dass echte Partizipation möglich wird. Der Rest ist das Vertrauen darauf, dass die Menschen diese Räume auch für sich nutzen werden!

II. Kontroverse

Ein Gespräch zwischen Klaus Dörre, Nancy Fraser, Stephan Lessenich, Hartmut Rosa und Karina Becker und Hanna Ketterer

Worin wurzelt die Krise: in der Demokratie oder im Kapitalismus oder in beidem?

Herausgeberinnen: Zu Beginn zur Krisendiagnose: Bei Stephan Lessenich und Nancy Fraser klingt es ja an, bei Klaus Dörre wird es auch explizit formuliert, dass nicht die Demokratie in der Krise ist, sondern der Kapitalismus. Deswegen an Hartmut Rosa die erste Frage: Haben wir die Frage »Was stimmt nicht mit der Demokratie?« überhaupt richtig gestellt?

Hartmut Rosa: Ja, aus meiner Sicht ist die Frage richtig gestellt, weil ich finde, dass Politik auf einer konzeptionellen Ebene tatsächlich grundlegender ist als Kapitalismus. Und zwar deshalb: Für mich heißt Politik die Gestaltung des Gemeinwesens im Sinne der Strukturen der Welt, in der wir leben. Diese werden immer irgendwie gestaltet, entweder als planvolle Selbsteinwirkung der Gesellschaft oder als unintendierte Nebenfolge aggregierten Handelns, und das würde ich als das Wesen der Politik verstehen. Demokratie ist dann die Idee, dass diese Strukturen des Gemeinwesens gemeinsam gestaltet werden, also nicht naturalisiert und auch nicht nur von einer bestimmten Gruppe gestaltet werden, sondern von den Bürgerinnen und Bürgern gemeinsam. Deshalb bin ich der Auffassung, dass man sagen kann: ja, es gibt ein Problem in der Demokratie. Die Strukturen dieses Gemeinwesens werden nicht im Modus demokratischer Selbstbestimmung von den Bürgerinnen und Bürgern gestaltet, und man kann und sollte genau hinsehen und fragen: wieso eigentlich nicht? Wenn man sich zum Beispiel die Verfassung ansieht und die Idee der Volkssouveränität, dann scheint es offensichtlich, dass die Bürgerinnen und Bürger, in den westlichen Demokratien jedenfalls, ihr Gemeinwesen gestalten und dass es so etwas wie einen Primat der Politik gibt. Von da abgeleitet stellt man fest, irgendwie scheint es nicht zu klappen. Ich glaube, was wir jetzt als akute Krise der Demokratie diagnostizieren, ist Ausdruck davon, dass die Menschen in den westlichen Gesellschaften – und in den anderen auch – den durchaus berechtigten Eindruck haben, dass sie nicht die Subjekte der Gestaltung des Gemeinwesens sind. Rechtspopulistische Strömungen nehmen das so wahr und sagen, dass die Politiker abgehoben sind. Ich interpretiere das als eine Form der Entfremdung. Schaut man genauer hin, stellt man fest, dass es strukturelle Zwänge gibt, und dann kommt man nicht um eine Betrachtung des Kapitalismus herum. Der Zwang zur Kapitalakkumulation – oder das, was ich als dynamische Stabilisierung bezeichne, der Zwang zu permanentem Wachstum, Beschleunigung und Innovation im Dienste der Kapitalakkumulation – muss stetig bedient werden, und dieser Zwang verunmöglicht die gemeinsame Gestaltung des Gemeinwesens. Wenn man darüber nachdenkt, wie man da eine Lösung findet, kommt man zu dem Gegenstand, mit dem wir uns im Wesentlichen beschäftigen in diesem Buch – zu einer Kapitalismusanalyse. Dass man die Krise *nur* innerhalb der parlamentarischen Demokratie verortet, diese Auffassung würde, glaube ich, keiner von uns teilen. Die interessantere Frage ist dann schon: Wie kommt man zu einer Überwindung dieser Blockade, die ich als Versteinerung oder Erstarrung des politischen Systems bezeichnen würde, damit dieser Prozess des gemeinsamen Gestaltens des Gemeinwesens wieder in Gang kommt? Da kann man durchaus auch noch mal fragen: Was würde es denn heißen, Welt gemeinsam zu gestalten? Mein Vorschlag lautet: Wir brauchen so etwas wie eine Gemeinwohlkonzeption, weil Politik nicht einfach Interessendurchsetzung ist. Der Unterschied zwischen reiner Interessenvertretung und Politik besteht darin, dass es den Zwang gibt, politische Vorschläge zur Gestaltung des Gemeinwesens unter Berufung darauf zu legitimieren, wie das Gemeinwesen insgesamt aussehen soll. Ich halte es für ein Problem der Demokratietheorie, wenn sie das nur strategisch sieht, in der Weise, dass man, um hegemoniefähig zu sein, so tut, als seien die eigenen Interessen die des Gemeinwohls. Ich denke, dass man Gemeinwohl nicht substanziell vorausdefinieren kann. Gemeinwohl ist eine prozessuale Kategorie, die mindestens drei Dimensionen hat: eine zwischen den Menschen, wie diese miteinander umgehen, eine zur Natur, die wir bearbeiten und der wir gegenüberstehen, und eine zur Zeit, weil Gemeinwesen immer in einer Geschichte angesiedelt sind, und Menschen müssen sich auf resonante Weise – das ist mein

Vorschlag – auf Vergangenes beziehen und Zukünftiges zu gestalten versuchen. Dabei kommen wir natürlich am Ende auch nicht umhin zu sagen: Solange kapitalistische Zwänge diese Gesellschaft im Wesentlichen dominieren und ihr ihre Reformen aufzwingen, kann dieser Prozess nicht richtig in Gang kommen. Aber ich finde die Frage genau richtig gestellt.

Herausgeberinnen: Nancy Fraser, hat die Demokratie überhaupt eine Chance im Kapitalismus, und was bedeutet für Sie überhaupt Demokratie?

Nancy Fraser: Lassen Sie mich antworten, indem ich meinen Ansatz mit dem von Hartmut Rosa kontrastiere. Er sagt, dass die Demokratie grundlegender ist als der Kapitalismus, er definiert Demokratie normativ im Hinblick auf das Gemeinwohl und kritisiert dann den Kapitalismus dafür, es zu missachten. Ich halte dies daher für eine Idealkonzeption, die sich auf ein ethisches »Sollen« beruft, um zu verurteilen, was »ist«. Ich verfolge einen anderen Ansatz – einen linkshegelianischen Ansatz. Ich beginne mit einer Diagnose jener Zeit, die den Kapitalismus und die Demokratie, das »Ist« und das »Sollen« in einer spezifischen historischen Konstellation zusammengebracht hat, einer Konstellation, die von den Beteiligten als problematisch und potenziell transformierbar erlebt wird. In meiner Analyse dieser Konstellation im Lichte einer Theorie der Widersprüche des Kapitalismus behaupte ich, dass die Demokratie heute in einer Krise *ist*, und zwar nicht isoliert für sich, sondern als Teil einer größeren, *allgemeinen Krise* der gegenwärtigen Gesellschaft. Anders gesagt, in einer Krise ist die gesamte institutionelle Struktur des neoliberalen finanzialisierten Kapitalismus, dessen historisch spezifische Weise, das »Ökonomische« vom »Politischen« zu trennen, die Warenproduktion von der sozialen Reproduktion, die »Menschheit« von der »Natur«, offenkundig dysfunktional geworden ist und zunehmend in Frage gestellt wird. Die politische Dimension der Krise ist gleichzeitig eine Governance-Krise (die Staaten können nicht mehr erfolgreich die Märkte regulieren, die Lebensräume schützen, die soziale Reproduktion stabilisieren oder die Grenzen kontrollieren) und eine Hegemonie-Krise (die etablierten Parteien können keine Wähler mehr gewinnen, keine glaubwürdigen Versprechungen mehr machen oder plausiblen Lösungen mehr anbieten). Aber ihre Wurzeln liegen nicht innerhalb des »politischen« Bereichs der kapitalistischen Gesellschaft – wenn man es auf diese Weise sieht, fällt man dem »politizistischen« Irrtum zum Opfer, den ich in meinem Beitrag kritisiert habe. Vielmehr ist die Krise der Demokratie Ausdruck (eigentlich eine von mehreren Ausdrucksformen) der Krise des finanzialisierten Kapitalismus als einer gesellschaftlichen Totalität.

Diese Diagnose weist gewissermaßen eine »Resonanz« mit Rosas Definition von Demokratie auf – oder zumindest mit einem Aspekt seiner Definition. Ich würde ihn den *metademokratischen Aspekt* nennen, im Gegensatz zum ethischen (Gemeinwohl-)Aspekt. Was ich meine, ist, dass wir an diesem Punkt der Geschichte, an dem wir uns mit einer schweren allgemeinen Krise der gesamten Gesellschaftsordnung konfrontiert sehen, nicht mehr länger die ererbte Verfassung »des Politischen« als selbstverständlich voraussetzen können. Diese Verfassung wurde hinter unserem Rücken mit der Entstehung und Entwicklung der kapitalistischen Gesellschaft vorgegeben. Es wurde ohne unsere Zustimmung oder Beteiligung festgelegt, dass »das Ökonomische« scharf vom »Politischen« abgesondert werden sollte; dass das Letztere, aber nicht das Erstere »demokratisch« sein sollte; dass nicht nur »die Wirtschaft«, sondern auch die Organisation der sozialen Reproduktion und unsere Beziehung zur nichtmenschlichen Natur von der politischen Agenda gestrichen werden sollten, sie nicht von uns, sondern vom Durst des Kapitals nach billigen Inputs bestimmt sein sollten; dass wir kein gemeinsames Mitspracherecht bei Entscheidungen darüber haben sollten, wie der gesellschaftliche Überschuss zu verwenden ist, den wir gemeinsam produziert haben. All dies wurde und wird von der demokratischen Entscheidung in der kapitalistischen Gesellschaft ausgeschlossen – auch wenn die »Demokratie« selbst als ein Wert institutionalisiert ist, der den politischen Bereich regieren soll, und auch wenn sie von den gesellschaftlichen Akteuren als ein anstrebenswertes Ziel verinnerlicht ist. Und das bedeutet, dass der Kapitalismus ein metademokratisches Defizit von großen Ausmaßen begründet. Dies ist der Fall, ganz gleich, wie im Innern sein demokratisch (oder nicht) vordefinierter politischer Bereich zu irgendeinem Zeitpunkt ist. Dieses metademokratische Defizit ist der kapitalistischen Gesellschaft inhärent, auch wenn es nicht immer als solches anerkannt wird. Um Ihre Frage zu beantworten:

Die Demokratie im starken, metatheoretischen Sinne hat im Kapitalismus überhaupt keine Chance.

Diese Schlussfolgerung hat, wie ich bereits sagte, einige Ähnlichkeiten mit dem Aspekt der kollektiven Selbstbestimmung in Rosas Argument. Aber ich bin zu ihr auf einer anderen Route gelangt, was ihr eine andere Wendung gibt. Indem ich mit einer Diagnose der gegenwärtigen Krise beginne, verbunden mit einer strukturellen Beschreibung des dem Kapitalismus inhärenten politischen Widerspruchs, betrachte ich die metademokratische Selbstbestimmung nicht als ein ahistorisches Sollen, sondern als eine historisch emergente Möglichkeit. Sie entsteht, wenn und weil die kapitalistische Gesellschaft zur gleichen Zeit demokratische Bestrebungen hervorruft und vereitelt. Ihr politischer Widerspruch wird in Zeiten der Krise intensiv und potenziell produktiv, wenn die Regierung »nicht funktioniert« und (einige) Menschen beginnen, demokratische Normen »fälschlicherweise« in Bereichen anzuwenden, aus denen sie ausgeschlossen werden sollten. In solchen Zeiten bekommen wir einen metademokratischen Streit und die Möglichkeit zur gesellschaftlichen Transformation.

Dieser linkshegelianische Ansatz gründet die demokratischen Ideale und Potenziale in Geschichte. Er enthüllt auch, was die Idealtheorie verdeckt: die dunkle Seite »des Politischen« in der kapitalistischen Gesellschaft. Die kapitalistische Politik hat schließlich weitaus mehr mit *hegemonialer Herrschaft* zu tun als mit der gemeinschaftlichen Gestaltung des gemeinsamen Lebens durch Deliberation in öffentlichen Räumen. Die kritische Theorie muss beide Seiten der Geschichte verstehen: wie die demokratischen Werte mit den brutalen Realitäten der allgegenwärtigen militärischen Gewalt, der polizeilichen Repression und des ideologischen Zwanges koexistieren und zeitweise auch mit ihnen kollidieren.

Herausgeberinnen: Stephan Lessenich, was ist in der Krise: Demokratie oder Kapitalismus oder beide? Und würden Sie mit Nancy Fraser mitgehen, die in ihrem Beitrag sagt, die Demokratie muss schwach sein, damit der Kapitalismus funktioniert?

Stephan Lessenich: Nancy Frasers Konzeption der »Widersprüche zwischen den Sphären«, zwischen Ökonomie und Politik beziehungsweise zwischen Kapitalismus und Demokratie, entspricht ziemlich genau der für meinen eigenen Zugang prägenden Spätkapitalismustheorie. Diese ging schon an der Wende der 1960er zu den 1970er Jahren davon aus, dass es im demokratischen Kapitalismus einen strukturellen Widerspruch gibt, und zwar zwischen gegenläufigen Funktionserfordernissen beziehungsweise Systemimperativen – allen voran zwischen den Erfordernissen der ökonomischen Akkumulation auf der einen Seite und jenen der politischen Legitimation auf der anderen. Für die Spätkapitalismustheorie war es der demokratisch-kapitalistische Wohlfahrtsstaat, der an der Schnittstelle dieser beiden Erfordernisse operiert, indem er einerseits (vereinfacht gesagt) Kapitalinteressen bedienen muss, andererseits aber auch die Sozialinteressen der Zivilgesellschaft beziehungsweise der Wahlbürger*innen. Der demokratisch-kapitalistische Staat wird damit zur politischen Arena, in der entsprechende gesellschaftliche Interessenkonflikte ausgetragen werden. Die Spätkapitalismustheorie diagnostizierte in diesem Zusammenhang die tendenzielle Verschiebung der strukturellen Krisenhaftigkeit des Kapitalismus vom ökonomischen ins politische System: Sie manifestiert sich nicht oder nicht mehr vorrangig als Kritik der Massen an der kapitalistischen Verfasstheit der Ökonomie, sondern als krisenhaftes Verhältnis zwischen Staat und Bürger*innen, zwischen politischen Eliten und Wahlbevölkerung – als Krise der Demokratie also. Das ist der strukturelle Hintergrund dessen, was in Deutschland lange mit der politikwissenschaftlichen Oberflächendiagnose der »Politikverdrossenheit« zu fassen versucht wurde – und was seit Colin Crouch in den Sozialwissenschaften »Postdemokratie« genannt wird. »Postdemokratie« meint ja wesentlich die Ökonomisierung der Politik – eine Strukturtendenz, die historisch mit der zunehmenden Gegenwehr des Kapitals gegen die spätkapitalistische Politisierung der Ökonomie zusammenfällt, also mit dem Widerstand der von Wolfgang Streeck sinnigerweise so genannten »Profitabhängigen« gegen die Unterwerfung wenigstens einiger Bereiche des Wirtschaftshandelns unter den Primat politischer Entscheidungen. Insofern gilt für den neoliberalen Kapitalismus in der Tat, dass er eine schwache Demokratie braucht, oder sagen wir: eine ökonomisierte Politik, Merkels »marktkonforme« Demokratie. Ich teile daher Frasers Position zum »politischen Widerspruch des Kapitalismus«, der – wie gesagt – ganz auf der Linie der Spätkapitalismustheorie liegt.

Anders als Nancy Fraser würde ich allerdings behaupten, dass die aktuelle Krise der Demokratie sich nicht in der Wirkungsmacht ökonomischer Systemerfordernisse beziehungsweise von Interessen des Finanzkapitals erschöpft. Für meine eigene Diagnose ist es entscheidend, im Sinne der Spätkapitalismustheorie beide Seiten der Medaille in den Blick zu nehmen, und das heißt eben auch die Sozialinteressen der Wahlbürger*innen. Da kommt dann meine These von der Dialektik der Demokratie beziehungsweise von diversen »innerdemokratischen« Gegenbewegungen ins Spiel. Und dann wird klar: Mit den ökonomischen Funktionsimperativen einer stabil-dynamischen Kapitalakkumulation sind immer auch bestimmte, nämlich durch die Kapitallogik bestimmte, ökonomische »Knappheits«-Bedingungen gesetzt. In diesem strukturellen Rahmen aber finden im Feld des Politischen stets auch Kämpfe unter den Subalternen um die Möglichkeiten und Grenzen sozialer Berechtigung statt – in meinem Verständnis also um die Grenzen der Demokratie –, wobei es zugleich um ganz materiale wie auch um symbolische Grenzziehungen geht. Was Dahrendorf den »modernen sozialen Konflikt« genannt hat, ist eben nicht alleine der zwischen Kapitalismus und Demokratie, zwischen »citizenship and social class« (um T. H. Marshalls klassische Formel zu nennen). Auf widersprüchliche Weise damit verbunden haben wir es immer auch mit einem zweiten Strukturkonflikt zu tun, dem Konflikt nämlich unter den Bürger*innen selbst, als den in ihrer überwältigenden Mehrheit dem Kapitalverhältnis unterworfenen Lohnabhängigen, um den Geltungsraum demokratischer Berechtigung. Das heißt also maßgeblich um den Geltungsraum des politischen Schutzes der Arbeit vor der unbegrenzten ökonomischen Verfügungsgewalt des Kapitals.

Man kann das, aus Sicht des »Systems« beziehungsweise der strukturell machtvolleren Systemakteure, als eine Strategie des *divide et impera*, des Teilens und Herrschens, deuten: Unterschiedliche gesellschaftliche Gruppen werden in ihren Ansprüchen auf demokratische Berechtigung gegeneinander ausgespielt. Sie spielen dieses Spiel aber – und das zu sehen ist analytisch ebenso wichtig – durchaus mit, und sei es notgedrungen, in allenfalls relativ autonomer Weise, in den durch die »Herren des Verfahrens« gesetzten Grenzen nämlich. Wenn man auch diese »binnendemokratischen« Konflikte als eine Schwächung der Demokratie versteht, dann ließe sich also auch in dieser Hinsicht sagen, dass eine schwache Demokratie funktional ist für den Kapitalismus beziehungsweise für die Reproduktion kapitalistischer Verhältnisse.

Herausgeberinnen: Eine der zentralen Thesen von Klaus Dörre ist, dass die Demokratie dysfunktional geworden sei im expansionistischen Kapitalismus. Aber war die Demokratie nicht schon immer in der Krise?

Klaus Dörre: Ich lehne es ab, von einer »Krise *der* Demokratie« zu sprechen, und das sowohl aus analytischen als auch aus normativen Gründen. Der Hauptgrund ist, dass es eine pauschalisierende Demokratiekritik auch aus einer autoritären Perspektive gibt. Die Redewendung von der »Krise der Demokratie« verkennt allzu leicht, dass die Zustimmung zur parlamentarischen Demokratie und zu ihren Verfahren in den Zivilgesellschaften – zumindest in unseren Breitengraden – noch nie so hoch war wie in der Gegenwart. Das muss man erst mal festhalten und darf dieses Faktum nicht leichtfertig zur Disposition stellen. Ich sage überhaupt nicht, dass mit der Demokratie alles zum Besten stünde, aber mein Argumentationsgang ist der folgende: Zunächst müssen wir uns fragen, was ist eigentlich Demokratie? Neben allem, was bisher bereits gesagt wurde, beruht Demokratie in modernen kapitalistischen Gesellschaften zunächst auf der Einbeziehung der Massen, also auf einer Vergesellschaftung von Politik. Diese Vergesellschaftung des Politischen wird durch immanente Widersprüche und Gegensätze weitergetrieben. Logisch-funktional betrachtet ist eine Demokratie, die auf der Trennung von Wirtschaft, Staat und Zivilgesellschaft beruht, die beste politische Herrschaftsform für einen rationalen Kapitalismus, also für eine Gesellschaft, die auf ständige Innovation, Revolutionierung der Produktionsmittel, Markterweiterung und vor allem auf die ständige Inklusion eines zuvor exkludierten nichtkapitalistischen Anderen angewiesen ist. Historisch betrachtet ist der Gleichgang von Kapitalismus und Demokratie keineswegs der Normalfall, weil die herrschenden Klassen, erstens, immer große Ressentiments gegenüber einer Herrschaftsform hatten, welche die Volksmassen an politischen Entscheidungen beteiligt, und zweitens, weil die Demokratie dort, wo sie durchgesetzt wurde, von Massen- und Arbeiterbewegungen gegen große Teile des Bürgertums durchgesetzt wurde.

Wenn ich in diesem Zusammenhang vom Doppelcharakter der Demokratie spreche, meine ich einerseits, dass die repräsentative, parlamentarische Demokratie als Integrationsinstanz wirkt. Andererseits ermöglicht sie eine Teilhabe der Massen, nicht nur der proletarischen, an Politik, die eigendynamisch verlaufen und außer Kontrolle geraten kann. Deshalb sind moderne Massendemokratien das Produkt einer antagonistischen Vergesellschaftung. Das bedeutet aber: aus Sicht der dominanten kapitalistischen Eliten ist Demokratie vor allem dann funktional, wenn sie neben allem anderen, was das kapitalistische System erfordert, gesellschaftlich integrierend wirkt. Demokratie passt deshalb im Grunde nur zu einem rationalen Kapitalismus, der beherrschten Klassen die Chance bietet, Interessen in organisierter Form durchzusetzen. Es gibt jedoch auch innerhalb demokratisch verfasster Staaten immer Exklusionsbereiche – etwa Unterklassen, prekarisierte Gruppen und den Bereich der Sorgearbeiten – sowie mit diesen Staaten verflochtene periphere Staaten, Kolonien und so weiter, in denen Demokratie nicht oder allenfalls eingeschränkt funktioniert. Hier setzt jetzt meine Gegenwartsdiagnose an. Ich argumentiere auch mit Marx, orientiere mich aber an einer mittleren Linie, die sich zwischen systemkonformem Reformismus und leninistischen Revolutionskonzeptionen bewegt. Die Linie, für die Namen wie Karl Renner bis Wolfgang Abendroth stehen, halte ich mit Blick auf Kontinentaleuropa für die wichtigste: Sie orientiert sich an dem Grundgedanken, dass Staat, Recht und damit auch die Demokratie auf asymmetrischen Kompromissen beruhen. Die subalternen Klassen lassen sich nur integrieren, wenn es Zugeständnisse an ihre Interessen gibt. Diese Zugeständnisse werden als soziale und demokratische Rechte institutionalisiert, deren normativer Gehalt dann auch gravierende Veränderungen gesellschaftlicher Kräfteverhältnisse überdauern kann. Auf solche Rechte gründet sich die institutionelle Lohnabhängigenmacht. Diese institutionelle Macht hat überhaupt erst ermöglicht, was Bob Jessop im Anschluss an Max Weber als rationalen Kapitalismus bezeichnet. Es handelte sich um einen Kapitalismus, in welchem Überausbeutung marginalisiert wurde. Die finanzkapitalistische Landnahme, die Mitte der 1970er Jahre einsetzte, hat diese Form der antagonistischen Vergesellschaftung von Politik teilweise wieder zurückgedrängt. Sie hat soziale Rechte beschnitten und mit den organisierten Arbeiterbewegungen den potenziellen Antagonisten, der nach dem Revolutionsverzicht immerhin sozialreformerisch erfolgreich war, immer weiter geschwächt. Vor allem jedoch hat sie den Exklusionsbereich, der sich demokratischen Entscheidungen tendenziell entzieht, enorm vergrößert. Vereinfacht gesprochen: Wir haben es mit einer Ausprägung vornehmlich klassenspezifischer Ungleichheiten in den alten, aber auch in den neuen kapitalistischen Zentren zu tun, die an vorrevolutionäre Zeiten erinnert. Gleichzeitig sind die Kräfte, die den alten Antagonismus an der Klassenachse repräsentiert haben, nach 1945 noch nie so schwach gewesen wie heute. Die Ausgeschlossenen und Prekarisierten oder die Volksmassen an der südeuropäischen Peripherie lassen sich, Stand jetzt, ohne große Zugeständnisse beherrschen. Für die dominanten Eliten gibt es kaum noch etwas zu integrieren. Diese Diagnose möchte ich allerdings mit einer Einschränkung versehen. Ich würde der von Wolfgang Streeck und anderen vertretenen These einer großen Regression insoweit nicht folgen, als wir zwar einen Niedergang organisierter Arbeiterbewegungen, sozialdemokratischer, sozialistischer und kommunistischer Formationen erlebten, gleichzeitig hat sich aber auch eine Institutionalisierung der von den neuen sozialen Bewegungen repräsentierten reproduktiven und ökologischen Interessen vollzogen. Faktisch findet der Integrationsprozess, der im Falle der Arbeiterbewegung ein gutes Jahrhundert gedauert hat, seit drei Jahrzehnten mit den neuen sozialen Bewegungen statt. Wir haben es mit einer Institutionalisierung von Reproduktionsmacht zu tun, wie Gleichstellungsbeauftragte und Umweltdezernenten veranschaulichen. Das ist die Essenz dessen, was Nancy Fraser als progressiven Neoliberalismus bezeichnet hat. Das Recht, das mit der Demokratie nicht identisch ist, weil es Minderheiten und selbst Einzelnen möglich macht, sogar demokratische Entscheidungen anzufechten, ist zur Regulationsform auch jener Gegensätze und Antagonismen geworden, die am ökologischen Gesellschaftskonflikt und im gesellschaftlichen Reproduktionssektor aufbrechen. Das führt dazu, dass wir uns in einer paradox anmutenden Situation befinden: Auf der einen Seite setzt sich der Niedergang jener zivilgesellschaftlichen Akteure fort, die sich um den Gegensatz von Lohnarbeit und Kapital formiert haben. Auf der anderen Seite genießen wir ein Maß an zivilgesellschaftlicher Liberalität, die es uns mit Blick auf sexuelle Orientierungen, religiöse Überzeugungen und diverse Formen bürgerschaftlichen Engagements im Inklusionsbereich der Gesellschaft erlaubt, so frei zu leben wie nie zuvor in der Geschichte. Es gibt zwar kaum noch etwas zu integrieren für die kapitalistischen Eliten, aber genau deshalb kommt es zu elementaren Funktionsstörungen im kapitalistischen System. Das ist kein bloßes Pendeln zwischen politischen Legitimationszwängen und wirtschaftlichen Effizienzgeboten. Wir erleben einen in gewisser Weise irrationalen, einen politischen Kapitalismus, der auch für die Probleme der Demokratie verantwortlich ist. Es gibt Funktionsstörungen im kapitalistischen System, von den Finanzmärkten und ihrem unbewältigten Krisenpotenzial über die großen Ungleichheiten bis hin zur Unfähigkeit, die ökologische Krise wirklich nachhaltig zu bearbeiten. Es gibt solche Funktionsstörungen natürlich auch im politischen System. Deren Hauptursache sehe ich im Unterschied zu Hartmut Rosa vor allem darin, dass sich die Mitte-Links-Parteien in den kapitalistischen Zentren mit ihrer Wende zum »Dritten Weg« dem Sachzwang der Globalisierung unterworfen haben und faktisch ihren Sozialreformismus, der noch den alten Antagonismus bedient hat, aufgegeben haben. Das hat den Mitte-Rechts-Parteien ermöglicht, in die Mitte zu wandern, mit dem Effekt, dass das politische Zentrum in den westlichen Demokratien keine Polarisierungen mehr zulässt: Ob du jetzt CDU oder SPD wählst, macht keinen großen Unterschied. Das bedeutet aber, dass den Parteien in der Mitte des politischen Systems die Fähigkeit zur demokratischen Polarisierung abhandengekommen ist. Alternative politische Programme werden nicht mehr sichtbar. Die Parteien verwandeln sich in bürokratische Apparate, die vor allem ihre Machterhaltung zu ihrem Programm machen und sich deshalb von den Wählermassen entfremden. Genau das begünstigt jetzt eine populistische Revolte mit doppelter Frontstellung: Erstens handelt es sich um Versuche, die soziale Frage von rechts zu besetzen und sie der Linken zu nehmen, und zweitens geht es um eine Attacke gegen das Ausmaß an Liberalität in unseren reichen, demokratisch verfassten Zivilgesellschaften.

Herausgeberinnen: Nancy Fraser, möchten Sie auf die Analysen Ihrer Mitstreiter Klaus Dörre und Stephan Lessenich direkt Bezug nehmen?

Nancy Fraser: Es gibt eine ziemliche Übereinstimmung zwischen uns dreien. Ich fand Stephan Lessenichs Beitrag sehr interessant, insbesondere seine Sicht auf die Kämpfe unter den subalternen Klassen. Mit gefällt auch, was Klaus Dörre über die antagonistische Vergesellschaftung der Politik in der kapitalistischen Gesellschaft gesagt hat. Zusammengefasst legen mir Ihre Bemerkungen nahe, dass wir die kapitalistische Krise auf zwei verschiedenen Ebenen theoretisieren sollten: erstens, der Struktur- beziehungsweise Systemebene, die im Zentrum meines Beitrages stand, und, zweitens, der hegemonialen beziehungsweise gesellschaftlichen Handlungsebene, zu der ich jetzt mehr sagen möchte.

Die Schlüsselfragen für mich sind, wie man jede dieser Ebenen konzipiert und wie man sie miteinander verbindet. Ich habe mich mit der strukturellen Seite beschäftigt, indem ich argumentierte, dass kapitalistische Gesellschaften, *alle* kapitalistischen Gesellschaften, einen Widerspruch zwischen der Sphäre der Politik und der Sphäre des Ökonomischen in sich bergen, den sie irgendwie bewältigen müssen. Dieser *politische Widerspruch* zieht sich durch die gesamte Geschichte des Kapitalismus, die eine Reihe von relativ stabilen Akkumulationsregimen bildet, die von Krisenperioden unterbrochen werden. Krisen brechen aus, wenn das bestehende Regime sie nicht mehr länger entschärfen kann. Sie werden mit der Errichtung eines neuen Regimes gelöst, das die Grenze zwischen Politik und Ökonomie in einer Weise neu zieht, die den Widerspruch für eine Weile bändigt – bis es das nicht mehr tut, woraufhin eine neue Krise ausbricht und sich der ganze Prozess wiederholt. So sehe ich die strukturelle beziehungsweise systemische Seite der kapitalistischen Krise.

Nun haben sowohl Klaus Dörre als auch Stephan Lessenich die Seite des gesellschaftlichen Handelns betont. Diese Seite betrifft vor allem die Frage, wie diejenigen, die Krisen erleben, darauf reagieren: ob sie die bestehenden Arrangements ablehnen und bereit sind, für Alternativen zu kämpfen, auf was oder auf wen sie die Ursache des Problems zurückführen und wie sie es zu beheben gedenken. Mein Herangehen an diese Seite ist ein gramscianisches. Ich konzentriere mich auf den Kampf um Hegemonie inmitten der Verbreitung von konkurrierenden Diagnosen und Lösungsvorschlägen. So betrachtet beinhaltet eine Krise die Auflösung von hegemonialen Rahmen, die unsere Vorstellungen von Demokratie definieren, die bestimmen, wer was in Hinsicht auf die Verteilung und die Anerkennung verdient sowie wer als ein Mitglied zählt und wer nicht. Da die etablierten Auffassungen über diese Angelegenheiten ihre Selbstverständlichkeit verlieren, werden neue Interpretationsrahmen als Angebote für eine Gegenhegemonie offeriert, als Vorschläge für die Zusammenfügung von verschiedenen gesellschaftlichen Kräften in neuen Allianzen oder gegenhegemonialen Blöcken.

Hier würde ich übrigens den Stellenwert der Widersprüche unter den Subalternen verorten. Zugegeben, diese Widersprüche können in der kapitalistischen Gesellschaft immer wieder rumoren. Aber sie gewinnen in Krisenzeiten eine grundlegende Bedeutung, wenn die den Subalternen angebotenen Kontrahenten, die nach Gegenhegemonie streben, konkurrierende Diagnosen über ihre Beziehungen untereinander sind. Rechtspopulistische Frames verstärken die Feindseligkeiten zwischen den Subalternen und laden einige von ihnen ein, andere zum Sündenbock zu machen; linke populistische Strömungen versuchen die Feindseligkeit durch Solidarität zu ersetzen und nehmen sich vor, disparate Gruppen von Subalternen gegen eine Reihe von herrschenden Kräften zu vereinen, die sie alle unterdrücken.

Aber ich muss noch einen weiteren Punkt hinzufügen. Widersprüche zwischen den Subalternen sind nicht einfach fiktive Hirngespinste, die von den herrschenden Klassen zum Zwecke des »teile und herrsche« ausgeheckt wurden. Vielmehr haben sie eine strukturelle Grundlage in der konstitutiven Dynamik und institutionellen Topographie der kapitalistischen Gesellschaft. So finden sich zum Beispiel Geschlechterherrschaft und -unterordnung nicht zufälligerweise in der einen oder anderen Form in jeder Phase des Kapitalismus, dank der für ihn konstitutiven Trennung von Produktion und Reproduktion, einer Trennung, die immer schon eine geschlechtsspezifische war. Ebenso haben rassisch-ethnische und koloniale, imperiale und neoimperiale Unterdrückungen strukturelle Gründe, weil der Kapitalismus in *jeder* Phase – und dies überschneidet sich mit der Landnahme-Diagnose – abhängig war von großen Mengen an enteigneten Arbeitskräften, von gestohlenem Land, Energie und Ressourcen, von versklavten Körpern und vereinnahmten reproduktiven Fähigkeiten. Das ist keine Ausbeutung, sondern etwas Tieferes: Enteignung. Ausbeutung könnte ohne sie nicht profitabel sein. Historisch gesehen hat die Trennung von Enteignung und Ausbeutung immer der Rassengrenze zugrunde gelegen, so wie der Teilung zwischen Produktion und Reproduktion das Geschlecht zugrunde liegt. Zusammen bleiben die beiden Teilungen wesentliche strukturelle Grundlagen für die Widersprüche zwischen den Subalternen.

Hier ist die Schlussfolgerung, die ich daraus ziehe: Wenn wir diese Widersprüche angehen wollen, müssen wir die Teilungen zwischen den »Arbeitenden« und den »Fürsorgenden«, den Ausgebeuteten und den Enteigneten, die gleichermaßen strukturell wie ideologisch sind, problematisieren. Sie sind gerade jetzt im Kontext der bröckelnden Hegemonie extrem wichtig.

Herausgeberinnen: Hartmut Rosa, wie sehen Sie die Analysen Ihrer Mitstreiter*innen in dieser Debatte?

Hartmut Rosa: Ich stimme Nancy Fraser völlig zu, dass »Politizismus« und »Ökonomismus« zwei komplementäre Fehler sind. Beide Sichtweisen sind falsch, weil sie jeweils nur eine Seite dessen betrachten, was ich als Gemeinwesen bezeichnen würde. Aber ich bin nicht sicher, an welcher Stelle man den Klassenantagonismus, den Klaus Dörre beschreibt, ansetzen muss. Meiner Ansicht nach ist er eben schon die Folge eines Konstruktionsfehlers. Meine Lieblingsvorstellung ist immer noch die, dass Aliens um die Erde fliegen und sich ansehen, was wir da unten treiben, und dann stellen sie fest, okay, die Menschen wuseln umher, und sie müssen irgendwie ihr Gemeinwesen organisieren. Und ich würde mit Marx sagen, diese Organisation des Gemeinwesens hängt ganz stark damit zusammen, dass wir einen Stoffwechselprozess mit der Natur organisieren müssen. Wie dieses Gemeinwesen aber den Stoffwechselprozess mit der Natur und sein soziales Leben organisiert, ist meiner Ansicht nach eine politische Frage. Und dann wird man feststellen, dass es da eine Halbierung gibt: Es gibt die Idee, dass dieses Gemeinwesen demokratisch, kollektiv gesteuert wird. Das ist das Versprechen der Demokratie. Ein ganz großes Versprechen, weil es jeder Bürgerin und jedem Bürger eine eigene Stimme gibt und damit auch die Möglichkeit, Selbstwirksamkeit zu erfahren in der Gestaltung des Gemeinwesens. Und gleichzeitig gibt es aber institutionalisierte Zwänge – Kapitalakkumulationszwänge –, die von jener Gestaltung und auch von Selbstwirksamkeitserfahrungen ausgenommen sind. Sie werden wie eine Verselbstständigung erlebt, weil in ihnen letzten Endes die Kapitalbewegung G – W – G' zum Subjekt des Geschehens wird, wie Marx das erkannt hat. Hier liegt der strukturelle Widerspruch zwischen dem Versprechen des gemeinsamen Gestaltens des Gemeinwesens einerseits und der Unterwerfung unter den Zwang der Kapitalakkumulation andererseits. Ich glaube, der Klassenantagonismus und der Widerstreit unter den Subalternen sind eine Folge dieser Fehlkonstruktion, sie sind also nicht als Ausgangspunkt aller Politik zu betrachten, sondern als Folge einer Fehlkonstruktion des Gemeinwesens.

Zur demokratischen Praxis: Gleichheit, Selbstwirksamkeit und die Interessenfrage

Herausgeberinnen: Das bringt uns direkt zum zweiten Themenkomplex. Stephan Lessenich, was bedeutet die wechselseitige Anerkennung von Bürger*innen als Gleiche und Gleichberechtigte für die etablierte politische Praxis ganz konkret? Und ist eine Demokratie für alle und alles, sogar für die Natur, überhaupt möglich?

Stephan Lessenich: Ganz konkret? Also, die wechselseitige Anerkennung als gleichermaßen Berechtigte muss sich ja immer – beziehungsweise müsste sich in einer »wahren« Demokratie – gegen die sozialen und politischen Konstruktionen von gesellschaftlicher Differenz durchsetzen, also gegen die gesellschaftlichen Praktiken des »Othering«, die struktureller Bestandteil der real existierenden Demokratie sind und an denen die in meinem Beitrag benannten Bewegungen der Reaktion und der Schließung ansetzen. Oder genauer noch, wenn vielleicht auch noch nicht »konkreter«: Die demokratische Anerkennung aller Bürger*innen als Gleichberechtigte müsste all jene Kategorisierungspraktiken und Klassifizierungsstrategien durchkreuzen, die der politische Einsatz sind im historisch-empirischen innerdemokratischen »Kampf um Anerkennung«. Dieser Kampf ist, wie Nancy Fraser richtig angemerkt hat, in der Tat keineswegs nur ein symbolischer, die dahinterstehenden Interessengegensätze keine bloß imaginären. Nicht umsonst kamen historisch und werden ja bis heute rechtliche und soziale

Kategorisierungen und Klassifizierungen wie »Arbeiter«, »underclass«, »Mittelschicht«, »Frauen«, »Kinder«, »Arbeitslose«, »Rentner«, »Faulenzer«, »Lumpenproletariat«, »Gastarbeiter«, »Migrant«, »Person mit Migrationshintergrund«, »Flüchtling«, »Wirtschaftsflüchtling«, »Schmarotzer«, »IT-Spezialist«, »high potential« und so weiter und so fort immer wieder aufs Neue zum Einsatz kommen in den ganz materialen gesellschaftlichen Konflikten um das Recht auf gesellschaftliche Teilhabe. Die wechselseitige Anerkennung von Bürger*innen als Gleichberechtigte würde vor diesem Hintergrund die Zustimmung zu deren gleicher Berechtigung, ungeachtet all dieser klassifizierenden und kategorisierenden Zuschreibungen, bedeuten. Als solche wird man diese Zuschreibungen allenfalls formalrechtlich »abschaffen«, niemals aber in der sozialen Alltagspraxis vollständig überwinden können. Aber die Geltung des Anerkennungsprinzips gleichen Rechts für alle, also gleicher Bürger*innenrechte für alle Bürger*innen – das würde die etablierte politische Praxis gestufter, selektiver, konditionierter Rechte für bestimmte Gruppen, oder je nach Rechtsbereich für jeweils unterschiedliche Gruppen, radikal herausfordern. Man könnte dies für das Arbeits- und Sozialleistungsrecht genauso gut durchspielen wie etwa für das Bildungswesen, die Wohnungsversorgung oder (ganz besonders offensichtlich) das Aufenthaltsrecht.

Die (plakativ vereinfachte) Formel des gleichen Rechts für alle hat denklogisch weitreichende Folgen: Ja, eine Demokratie für alle und alles, »sogar für die Natur«, ist möglich. Man müsste hier den Begriff des »Möglichen« allerdings noch mal im Sinne von Erik Olin Wrights Unterscheidung von »feasible« und »viable« differenzieren. Wie auch immer: Eine solche Demokratie ist jedenfalls nicht möglich – und zwar weder »feasible« noch »viable« – in kapitalistischen Gesellschaften beziehungsweise im Kontext einer durch die kapitalistische Produktionsweise beherrschten Gesellschaft. Insofern hat die regulative Idee einer Demokratisierung der Demokratie, also einer effektiven sozialen Verallgemeinerung demokratisch garantierter Rechtsansprüche, durchaus systemsprengenden, den Kapitalismus *und auch* die real existierende Demokratie strukturell transzendierenden Charakter. Konsequenterweise sollte man sie beziehungsweise die daraus sich ergebende politische Form dann wohl auch anders benennen: zum Beispiel, in Marx'scher Tradition, als freie Assoziation. Gesellschaftstheoretisch bedeutsam erscheint mir aber unabhängig davon die Einsicht: Wollte man den strukturellen Widerspruch zwischen Kapitalismus und Demokratie tatsächlich »auflösen«, dann hieße dies, die demokratisch-kapitalistische Gesellschaftsformation als solche zu überwinden. Die neue Formation wäre dann nicht nur postkapitalistisch, sondern eben auch postdemokratisch – allerdings nicht im Sinne von Crouch.

Herausgeberinnen: Klaus Dörre, inwiefern hat das, was Stephan Lessenich ausführt, die wechselseitige Anerkennung der Bürger*innen als Gleiche und Gleichberechtigte, mit Ihrer Idee der Gleichheit zu tun?

Klaus Dörre: Der Anspruch der Rechtsgleichheit ist in bürgerlichen Gesellschaften immer gegeben, und natürlich sind in einem normativen Sinne vor dem Recht alle gleich. Dennoch wird Migration qua Gesetz so geregelt, dass zum Beispiel Fluchtmigrant*innen zu »denizens«, zu Halbbürger*innen gemacht werden. Sie werden bewusst in einem transitorischen Status gehalten, der auf Entwurzelung beruht und auf »Rückführung« zielt. Und es gibt ein Arbeitsrecht, das formal für alle Lohnabhängigen gilt, jedoch Prekäre und Ausgeschlossene, die informell tätig sind, nicht oder nur unzureichend schützt. Das hängt auch damit zusammen, dass diese Rechte überwiegend noch immer an den Nationalstaat gebunden sind. Ich würde sagen, der Nationalstaat ist nach wie vor (leider) die wichtigste politische Arena, weil es nur innerhalb desselben reiche Zivilgesellschaften gibt und nur er sanktionsfähige Rechte erlassen kann, die Interessen der beherrschten Klassen berücksichtigen. Ich wünschte, es wäre anders, das ist jedoch leider nicht der Fall, wie das Beispiel des Europäischen Gerichtshofs zeigt, dessen Rechtsprechung immer wieder soziale Rechte innerhalb der Nationalstaaten aushebelt. Deshalb ist jede Art von universalistischer linker Politik in der Zwickmühle, und zwar auf jedem Feld, von der Migration bis hin zur Sozialpolitik. Ganz konkret: Wenn du es mit Blick auf Fluchtmigration dabei belässt, offene Grenzen zu fordern, dann führt das zu Regulationen, mit denen sich letztendlich kein sozialstaatliches Arrangement halten lässt. Kehrst du das um und verteidigst auf Biegen und Brechen nur den Rahmen des Nationalstaates, dann unterbietest du alle Probleme, weil den globalen Herausforderungen allein im Rahmen des Nationalstaates nicht beizukommen ist. Die Fluchtmigration ist eine Jahrhundertproblematik, die durch Fluchtabwehr nicht zu lösen ist. In diesem Dilemma bewegt sich die linke Demokratisierungspolitik, und das macht sie gegenwärtig unglaublich angreifbar, weil das innerhalb der gesellschaftlichen Linken zu scharfen Auseinandersetzungen führt.

Ich glaube übrigens nicht, dass allein soziale Kämpfe, die um den Klassenantagonismus gebaut sind, ein Zurückfallen auf völkisch-nationalistische Positionen verhindern können. Dazu sind die Arbeiterbewegungen inzwischen viel zu schwach. Es gibt aber einen anderen Ausgangspunkt, der ebenfalls bei Marx zu finden ist, und das ist das Expansive des Kapitalismus gegenüber Mensch und Natur. Aber dieser Antagonismus ist nicht der zwischen Klassen, sondern, grob verkürzt, einer zwischen Marktvergesellschaftung und den materiellen und sozialen Grundlagen, die Märkte überhaupt erst ermöglichen. Die Dysfunktionalität der finanzkapitalistischen Landnahme besteht darin, dass die sozialen Voraussetzungen kapitalistischer Marktvergesellschaftung zerstört werden. Von diesem Punkt ausgehend, würde ich versuchen, Demokratie als Form, Medium und Resultat der antagonistischen Vergesellschaftung von Politik neu zu begründen, und zwar mit der ganzen Vielfalt der Konfliktlinien, die da angelegt ist. Es geht mir um das Konzept einer transformativen Demokratie, die nur möglich ist, wenn sie Überlebensinteressen rechtlich fixiert und so Praktiken ermöglicht, die den Kapitalismus allmählich überwinden. Vom Konzept einer transformativen Demokratie kommt man auch zu den Kämpfen der Subalternen, zur Geschlechterachse und zu anderen Perspektiven auf den Finanzmarktkapitalismus. Das ist etwas anderes als eine rein klassenkämpferische oder gar eine auf gewerkschaftlich-sozialdemokratische Verteilungspolitik reduzierte Perspektive.

Eine letzte Bemerkung zu Hartmut Rosa. Wir stimmen bei wichtigen Zielen überein, haben aber einen großen Dissens bei den Wegen, die zu diesen Zielen führen. Ganz einfach deshalb, weil er etwas an den Anfang seiner Demokratietheorie stellt, was in Kämpfen um Hegemonie alle machen: Jeder politische Akteur sagt aus voller Überzeugung, es ist das Beste für das Gemeinwohl, was ich tue. Wenn die konfligierenden Akteure das nicht machen, dann brauchen sie erst gar nicht anzutreten in Demokratien. Aber jetzt zu glauben, ich kann ein normatives Konzept von Gemeinwohl zum Ausgangspunkt machen, das zu einer wechselseitigen Überzeugung der heterogenen Akteure mit ihren differenzierten Interessen führt, das wird nicht funktionieren. Es funktioniert nicht, weil da Gesellschaft mit Gemeinschaft verwechselt wird. Ich halte das für gefährlich, weil die völkische Rechte ebenfalls mit einem – zugegeben anderen – Gemeinschaftskonzept agiert. Rosas Konzept ist auf Vielfalt und Demokratie angelegt. Aber das Gemeinschaftskonzept der äußersten Rechten ist auch ein Gemeinschaftskonzept. Das will auch Verständigung, aber eben bevorzugt für Bio-Deutsche oder Träger*innen der sogenannten »abendländischen Kultur«. Dieses Gemeinschaftsverständnis liquidiert systematisch Machtasymmetrien und Interessenantagonismen, die mit unterschiedlichen Positionen im sozialen Raum verbunden sind. Wenn man dagegenhalten will, muss man ein Denken in Gegensätzen, Konflikten und Antagonismen zur Voraussetzung machen, um überhaupt eine Zukunft von Demokratie zu ermöglichen.

Herausgeberinnen: Herr Rosa, wie reagieren Sie auf eine solche Kritik an Gemeinwohl-Konzepten? Beim Lesen Ihres Beitrags hat man den Eindruck, als wären gegensätzliche Interessen kein Problem, solange man einander berührt und sich dabei selbst transformiert.

Hartmut Rosa: Der Interessenbegriff ist ja nicht so einfach, wie es zunächst scheint. Ich glaube, wenn man Interessen nur als materielle und ökonomische definiert, sind sie zu eng gefasst. Damit kann man fast gar nichts erklären. Denn was Interessen tatsächlich sind, ist ja immer auch schon eine Folge von Auseinandersetzungen und auch von bestimmten Selbst- und Fremdinterpretationen. Ich würde schon gerne die Gegenfrage stellen, denn vielleicht ist das ein entscheidender Punkt: Wenn man a priori sagt, der Bezug auf das Gemeinwohl ist immer ausschließlich strategisch und dient in Wahrheit der Durchsetzung eigener Interessen, dann halte ich genau das für gefährlich. Nach meiner Auffassung muss die Grundfrage von Politik sein: Wie sollen die Strukturen des Gemeinwesens beschaffen sein, in denen wir gemeinsam leben wollen?

Ich habe wirklich ein Problem mit antagonistischen Demokratiekonzepten, die von vornherein sagen, wir müssen strategisch so tun, als würde es uns wirklich um das Gemeinwohl gehen, während wir in Wahrheit nur unsere eigenen Interessen verfolgen. Ich glaube, das unterläuft alles, was Demokratie sein kann. Deshalb ist die Frage: Was heißt eigentlich Antagonismus? Heißt es, den anderen über den Tisch zu ziehen? Oder heißt es, zu wissen, dass Menschen different sind, dass Differenz ein Ausgangspunkt allen sozialen Lebens und Handelns ist?

Ich denke, Antagonismus heißt, diese Differenz ernst zu nehmen, sich darauf einzulassen und sich damit auseinanderzusetzen. Wenn wir hier eine antagonistische Debatte führen, dann geht es, meiner Ansicht nach, in den Diskussionen nie darum, dass man strategisch versucht, Bündnisse zu schmieden, sondern darum, gemeinsam darum zu ringen, wie die gegenwärtige Welt beschaffen ist und wie sie anders und besser sein könnte. Ich hoffe jedenfalls, dass das für mich gilt und möglichst für alle Anwesenden hier auch. Meine Hoffnung bezieht sich erst mal auf mich: dass ich hören, lernen und meine Position dadurch verändern kann. Das ist der republikanische Grundgedanke von Demokratie – meine Interessen und Überzeugungen stehen nicht von vorneherein fest, sondern sie können im Diskurs ausgehandelt und verändert werden. Die politische Aufgabe und Herausforderung besteht nun darin, Bedingungen zu schaffen, unter denen diese Veränderung fair und gleichberechtigt geschieht und keine strukturellen oder ökonomischen Differenzen dazu führen, dass sich die eine Seite immer durchsetzt und die andere nicht.

Nancy Fraser: Ich möchte ein Wort zur Frage der Interessen sagen, denn auch ich wurde von Hartmut Rosas Position getroffen, die mir einseitig erschien. Das Problem ist einmal mehr, dass er in einer idealen ethischen Weise darüber spricht, was in einem Kontext *sein sollte*, der alles andere als ideal ist. Dies führt zu perversen Effekten. In den bestehenden Gesellschaften der Herrschaft und Unterdrückung ist das Ausschließen eines Redens von Interessen wesentlich, um gegenüber den Beherrschten eine einseitige Abrüstung durchzusetzen – was gerade das Schlimmste ist, was man tun kann.

Nichtsdestotrotz stimme ich Rosa darin zu, dass Interessen nicht automatisch durch die Sozialstruktur oder den sozialen Ort hervorgebracht werden; sie werden im Prozess der hegemonialen Artikulation politisch und diskursiv konstruiert, wie von Gramsci sowie von Laclau und Mouffe wissenschaftlich herausgearbeitet. Eine Schlüsselfrage für uns heute ist daher, wie die Menschen, die eine Krise erleben, ihre Interessen interpretieren. Konstruieren zum Beispiel die aktuellen oder potenziellen AfD-Wähler ihre Interessen in Opposition zu »Einwanderern« oder zu »Muslimen« oder zu »Europa« oder zu »den Banken«? Alles dies sind mögliche Konstruktionen, obwohl nicht alle von ihnen im gleichen Maße gültig oder der Emanzipation förderlich sind. Auch hier kommt der Kampf um die Hegemonie ins Spiel und werden konkurrierende »Interesseninterpretationen« auf die Probe gestellt. Aber ich komme, gegen Rosa, zu dem Schluss, dass es unter den gegenwärtigen Bedingungen weitaus weniger angebracht ist, das Reden von Interessen zu verbannen, als sich in dem Kampf um ihre Neudefinition zu engagieren.

Ich möchte auch auf den Disput zwischen Hartmut Rosa und Klaus Dörre über den Begriff der Gemeinschaft zurückkommen. Für mich hat das Wort »Gemeinschaft« in der jüngeren Geschichte einen üblen Geruch gehabt, aber es gab einige Ausnahmen, als der Begriff positiv gewendet wurde: So spielte beispielsweise der Ausdruck »beloved community«, der eine in Liebe versöhnte Gemeinschaft meint, eine emanzipatorische Rolle in der Student Nonviolent Coordinating Community (SNCC) der US-amerikanischen Schwarzen Bürgerrechtsbewegung. Ich würde also akzeptieren, dass der Ausdruck in beide Richtungen gehen kann, auch wenn viele historische Verwendungen ziemlich übel waren.

Aber damit bleibt immer noch die Frage unbeantwortet, die Rosa zu Recht an Dörre gestellt hat: Braucht die Linke eine Art Gegen-Gemeinschaftskonzept, das die demokratischen Kräfte bündeln kann? Braucht sie ein Konzept, das als der Fokus einer umfassenden Solidarität dienen kann, in deren Licht die Menschen ihr Verständnis von ihren Interessen revidieren könnten? Ich denke an Versuche, ein inklusives »Wir« zu definieren, wie »das Volk« (Podemos), »die 99 %« (Occupy) oder »das internationale Proletariat« (marxistischer Sozialismus). Das alles sind Versuche, eine Gegen-Gemeinschaft heraufzubeschwören. Das Interessante an ihnen – und das könnte das sein, was bessere von schlechteren Versionen der Gemeinschaft unterscheidet – ist, dass sie nicht kulturalistisch, sondern *funktional* sind. Der Antagonismus wird nicht ethnonational definiert, sondern hinsichtlich einer gesellschaftlichen Position beziehungsweise einer strukturellen Rolle: die 1 % gegen die 99 %, die Herrschenden gegen das Volk, die Wenigen gegen die Vielen, die Kapitalisten gegen die Arbeiterklasse. Der Feind ist nicht ein nationaler oder religiöser oder rassisch »Anderer«, sondern der Inhaber eines Platzes oder einer Rolle im Gesellschaftssystem. Das macht einen großen Unterschied. Ich würde sagen, wir *brauchen* eine Art von Gemeinschaftsbegriff – oder auch, wenn wir dieses Wort nicht mehr länger verwenden wollen, einen Gegenpol in Form eines Solidaritätsantagonismus. Aber er muss funktional definiert werden anstatt ethnokulturell, geschweige denn rassisch.

Klaus Dörre: Natürlich sind politische Programme nie strikt um Klasseninteressen gebaut, das ist in Massendemokratien überhaupt nicht möglich. Ein Kampf um Hegemonie kann nie im Sinne eines Kampfes von Klasse gegen Klasse geführt werden. Aber es gibt politische Programme, die sich im Optimalfall unterscheiden, und du hast eben auch solche, die strukturell schwächere Interessen vertreten. Es ist doch nicht so, dass jeder gleich ist in der Massendemokratie, sondern es gibt sehr unterschiedliche Voraussetzungen. Das Sozialstaatsgebot in unserer Verfassung ist nichts anderes als eine Minimalabsicherung schwächerer Interessen, das die Machtasymmetrie etwas korrigiert.

Deshalb muss von der realen Ungleichheit ausgegangen werden, und das heißt überhaupt nicht, dass ich irgendwelche objektiven Interessen aus einer ökonomischen Lage ableite. Das ist natürlich Unsinn, denn Interessen sind immer konstruiert, sie sind widersprüchlich, es gibt kurzfristige und langfristige Interessen, und es kann sogar ziemlich rationale Interessenabwägungen für Arbeiter*innen geben, AfD zu wählen! Die Auseinandersetzung darum, was optimal ist für das Gemeinwohl, ist selbst Gegenstand des Interessenkampfes. Dieser Interessenkampf findet im politischen Zentrum in unseren Gesellschaften aber nur noch als Kampf um Machterhalt statt, der zum Selbstzweck geworden ist. Wir sehen uns mit einem Machterhaltungspopulismus der politischen Mitte konfrontiert, der den rechten Radikalpopulisten das Feld von Streit, Attacke und Mut zum Opponieren überlässt. Demokratie setzt jedoch den Konflikt in ihrem Zentrum voraus – ohne Konflikt, der zu einer interessengeleiteten Veränderung von Gesellschaft führt, keine Demokratie. Dass sie dies reflektiert, haben selbst Liberale wie Ralf Dahrendorf als besondere Leistung von Marx' Fragment gebliebener Klassentheorie gewürdigt.

Ich glaube, die Unfähigkeit, solidarische Beziehungen zu leben und zu praktizieren, ist eine der größten Schwächen der politischen Linken. Die linken Parteien funktionieren in Europa nicht mehr, anders als die rechten. Sie sind im Grunde Apparate zum Kampf um die politische Macht mit völlig entsolidarisierenden Verhaltensweisen und Praktiken in ihrem Inneren, die die Menschen abstoßen. Da hat Hartmut Rosa mit seiner Entfremdungsthese in gewisser Weise recht.

Herausgeberinnen: Herr Rosa, wie viel Interessensausgleich und Gleichheit braucht eine Demokratie, um als Resonanzsphäre zu funktionieren?

Hartmut Rosa: Ich finde das wirklich eine interessante konzeptionelle Frage. Klaus Dörre hat gerade formuliert, dass das Gemeinwohl der Gegenstand des Interessenkampfes ist. Doch das setzt konzeptionell voraus, dass sich Gemeinwohl und Interessen trennen lassen. Ich kann nicht einfach sagen, das Gemeinwohl ist das Interesse einer bestimmten Klasse oder einer bestimmten Gruppe oder so etwas. Ich muss dann irgendwie eine Konzeption von Gemeinwohl haben. Ich glaube, demokratische Politik funktioniert nicht, wenn sie nicht auf irgendeiner Konzeption von Gemeinwohl beruht, die nicht einfach identisch ist mit dem Interessenbegriff.

Ich bin nicht sicher, weil Nancy Fraser ja den Punkt angesprochen hat, ob ich eine normative Konzeption oder eine normative Voraussetzung habe. Ich würde eigentlich sagen, Gemeinwohl sollte definiert sein als eine bestimmte Form des In-Beziehung-Tretens zwischen den Bürgerinnen und Bürgern. Ich finde, dass es nicht notwendigerweise einen Feind geben müsste. Das, was ich mir als Zielzustand vorstelle – da sind wir uns vielleicht alle einig –, sollte eine Form des Gemeinwesens sein, bei dem kein Feind nötig ist. Der normative Bezugspunkt ist also kein inhaltlicher, sondern ein relationaler.

Nancy Fraser: Würden Sie als eine Kompromissformulierung »das allgemeine Interesse« anstatt das Gemeinwohl akzeptieren?

Hartmut Rosa: »Allgemeines Interesse«, ja, darauf könnten wir uns verständigen, wenn wir uns gleichzeitig darauf verständigen, dass es nie von vorneherein feststeht, sondern etwas Dynamisches und

Bewegliches ist. Und natürlich ist es ein riesiges Problem für die gegenwärtige Gesellschaft, dass die Stimmen, die (potenziell) an der Demokratie partizipieren, strukturell höchst ungleich artikuliert werden. Manche sind überhaupt nicht zu hören, und andere sind zwar zu hören, aber strukturell folgenlos, und dritte sind sozusagen verzerrte Stimmen, weil sie im Prinzip jede Resonanzfähigkeit vermissen lassen und Differenz ausschließen oder anderweitig problematisch sind. Gleichheit ist, glaube ich, eine unverzichtbare Voraussetzung dafür, Gemeinwesen wirklich demokratisch gestalten zu können.

Stephan Lessenich: Meines Erachtens bedeutet Demokratie in dem von mir gemeinten Sinne beziehungsweise würde bedeuten, dass alle Interessen gleichermaßen Geltung beanspruchen können im Raum der gesellschaftlichen Aushandlung und Zuteilung von Ansprüchen auf soziale Teilhabe. Die freie Entfaltung jedes Einzelinteresses wäre dann die Bedingung für die freie Entfaltung aller Interessen (falls das bekannt vorkommt…). Dass damit der Interessenbegriff neu zu bestimmen wäre, also gegenüber seiner herrschenden liberalökonomischen Ausdeutung als der zu achtenden Zweckrationalität jedes einzelnen Marktakteurs, liegt auf der Hand und stellt übrigens kein geringes Transformationserfordernis dar. Inwiefern diese Figur eines allgemeinen Interesses Rosas Verständnis vom Gemeinwohl nahekommt, wäre interessant zu wissen. Zu klären wäre aber vor allem, wie in diesem Zusammenhang die Ansprüche natürlicher Nichtpersonen – also der Natur selbst – als ebenso legitime und in gleicher Weise anzuerkennende Interessen Geltung erlangen könnten. Sie müssten wohl als ein kollektives Eigeninteresse der Gesamtheit aller Bürger*innen definiert und praktisch auch von allen als ein solches akzeptiert und respektiert werden. Indigene Konzeptionen der »Pachamama«, also Vorstellungen vom Eigenwert der Leben spendenden und die Menschen nährenden »Mutter Erde«, könnten sich für eine solche Umdeutung gesellschaftlicher Naturverhältnisse und also für eine politische Ökologie im Spätkapitalismus als anschlussfähig erweisen.

Ich möchte aber noch eine kurze kritische Ergänzung zu Hartmut Rosas Ausführungen machen. Die radikale Ablehnung der Konzeption, wonach es im demokratischen Prozess um die Durchsetzung von Interessen, Rechtspositionen und normativen Ansprüchen geht, ist für meine Begriffe zutiefst antipolitisch. Den Kern des Politischen hingegen im »Hören und Antworten« zu sehen, steht – auch wenn Rosa dies immer wieder weit von sich weist – doch für ein harmonistisches Gesellschaftsbild, das faktisch dazu beiträgt, gesellschaftlich etablierte Hegemonien zu reproduzieren. So transformativ diese Konzeption von Demokratie sich gibt, so affirmativ ist sie letztlich.

Hartmut Rosa: Dann bin ich mal so frei, polemisch zurückzufragen: Wenn es nicht »Hören und Antworten« ist, was ist es dann? »Schießen und Sterben«? Ich glaube, dass Demokratie nur durch »Hören und Antworten« funktioniert. Wenn ich diese Idee aufgebe und jede Partei glaubt, die Wahrheit gepachtet zu haben, ist das ein echtes Problem für den demokratischen Prozess. Genau genommen brauchst du dann keine Auseinandersetzung zu führen. Ich würde unbedingt an dieser Idee festhalten, das ist doch auch der Sinn unserer Debatte hier: »Hören und Antworten«, das kann auch Antagonismus bedeuten. Demokratie ist so etwas, wie das, was wir jetzt gerade tun, nämlich auf den Anderen zu hören, ihm zu antworten und sich dabei zu verändern.

Nancy Fraser: Ich möchte zwei Punkte ansprechen. Erstens ist es ziemlich überraschend für mich, dass der Resonanztheoretiker so sehr wie Jürgen Habermas klingt. Es ist, als ob Sie die deliberative Demokratie unter einem anderen Namen neu erfinden würden. Warum ist Hören und Antworten das Wesen der Demokratie? Warum ist das nicht einfach nur höflich? Und warum verlangt im Übrigen die Politik nicht manchmal, dass wir *unhöflich* sind? Gibt es nicht Zeiten, in denen wir nicht das höfliche Hören und Antworten brauchen, sondern spöttische situationistische Interventionen und groben zivilen Ungehorsam? Sind diese nicht ebenso wichtig für die politische Demokratie?

Hartmut Rosa: Ich habe mich an diesem Punkt genauer mit Habermas auseinandergesetzt, und es gibt mindestens zwei große Unterschiede. Das Problem bei Habermas ist, dass es nur um die kognitive Dimension geht, darum, wer das bessere Argument hat. Seine Idee ist ja der »zwanglose Zwang des besseren Arguments« in einer rationalen Debatte. Das halte ich für höchst problematisch.

Meine Vorstellung von »Hören und Antworten« ist eine leibliche, emotionale und affektive Beziehungsform.

Nancy Fraser: Also Ihre Idee ist, dass »die bessere« Intervention jene ist, die dem anderen ein gutes Gefühl verleiht?

Hartmut Rosa: Überhaupt nicht, es geht weder ums Wohlfühlen noch darum, dass sich am Schluss das beste Argument durchsetzt; es geht darum, den anderen ernst zu nehmen in einer existenziellen Dimension. Außerdem geht es bei Habermas darum, dass sich die abstrakte Stimme der Vernunft durchsetzt, während es in meiner Konzeption darum geht, die *je eigene* Stimme als selbstwirksam einzubringen. Deshalb verschwinden bei mir die Differenzen nicht, sie erhalten sich und treten in Beziehung.

Klaus Dörre: In meinen Augen fallen Sie hinter Habermas zurück. Bei Habermas gibt es immerhin noch so etwas wie kommunikative Macht; doch das kommt bei Ihnen als Kategorie gar nicht mehr vor. In der Gesellschaft gibt es jedoch sehr ungleiche Gruppen und unterschiedlichste Zwänge, die erst mal nichts mit rationalen Argumenten zu tun haben. Meine Konzeption von Demokratie würde in Frage stellen, dass Konzeptionen deliberativer Demokratie noch ausreichen, die gesellschaftlichen Verwerfungen, Konflikte und Krisenpotenziale in der Gegenwart auch nur analytisch zu fassen, geschweige denn, sie demokratisch zu bearbeiten. Tatsächlich setzt Habermas in seiner Konzeption deliberativer Demokratie erstens stillschweigend voraus, dass ausreichendes Wirtschaftswachstum die antagonistischen Klassen pazifiziert, und zweitens, dass es so etwas gibt wie ein Kräftegleichgewicht, was eine annähernd gerechte Verteilung zur Folge hätte. Nur wenn das alles auf Dauer gestellt ist, kann man sagen, die verständigungsorientierten Verfahren sind gewissermaßen das, was Demokratie ausmacht. Beides finden wir heute in Europa aber nicht mehr ohne Weiteres als gegeben vor.

Nancy Fraser: Ich stimme dem zu. Tatsächlich würde ich sagen, dass Habermas eine falsche Richtung eingeschlagen hat, als er von einer linkshegelianischen Denkweise über die Demokratie, die immer im Verhältnis zum Kapitalismus verortet ist, zu einer freistehenden normativen Theoriebildung überging. Vielleicht dachte er, er müsse John Rawls argumentativ überlegen sein, aber er ist am Ende auf Rawls' Terrain gelandet. Die von ihm entwickelte Theorie ist eine sehr gute – wenn man eine frei für sich stehende normative Theorie will. Ich habe nicht viele Argumente gegen sie, aber ich denke, wir brauchen jetzt eine andere Art von Theorie und einen anderen Standpunkt für die Theoriebildung.

Auf jeden Fall ist Rosas Projekt viel ambitionierter, als Habermas' Ziel in *Faktizität und Geltung* – und das war schon ziemlich ambitioniert. Rosa zielt auf nichts Geringeres als eine umfassende Wiederaneignung der Welt. Für ihn geht es in der Demokratie nicht nur um Verfahrensgerechtigkeit, Stimmengleichheit und gegenseitige Anerkennung bei der kollektiven Entscheidungsfindung. Sie ist auch ein Prozess, durch den wir ein qualitativ neues Verhältnis zur Natur und zueinander in Kraft setzen sollen. Und das geht mir als Brückenschlag zu weit, denn dies strebt die Herbeiführung einer totalen Versöhnung an. Wäre es nicht genug, wenn wir einfach nur bestehende, etablierte Formen der systembedingten Herrschaft überwinden könnten, ohne alles vollständig richtig und tief resonant zu machen?

Hartmut Rosa: Es geht nicht darum, ein »Grand Design« zu entwerfen, das alle substanziellen Probleme meistert, es geht mir nur darum, die Formen der Beziehung oder des Bezogenseins in allen diesen Dimensionen neu zu bestimmen. Ich glaube, dass wir so etwas wie eine regulative Idee brauchen, die eine Art von Zielpunkt definiert, von dem aus wir dann die real existierenden Probleme in den Blick nehmen und bearbeiten sollten. Ich stimme Ihnen allen zu, dass man bei der Frage, wie man einen solchen Resonanzprozess gestalten kann, auf die ganzen Probleme stößt, die Sie benennen: die real existierenden massiven Formen der Ungleichheit und der Stimmlosigkeit.

Über den Zusammenhang von Demokratie, Wachstumszwang und Naturausbeutung

Herausgeberinnen: Eine der zentralen Anfangsthesen unserer bisherigen Diskussion lautete: Moderne Gesellschaften können sich nur durch permanentes Wirtschaftswachstum stabilisieren. Inwiefern ist die in die institutionellen Logiken moderner Gesellschaften eingeschriebene Wachstumsdynamik auch Teil der heutigen Misere der Demokratie?

Stephan Lessenich: Also für mich liegt die Wachstumslogik beziehungsweise liegen die der kapitalistischen Produktionsweise immanenten Wachstumszwänge ganz zweifellos an der Wurzel der – insofern strukturellen – Gefährdung der Demokratie. Die Wachstumszwänge der kapitalistischen Ökonomie stehen in einem grundlegenden, prinzipiellen Widerspruch zu den sozialen Teilhabeansprüchen der Leute. Der grandiose Heiner Müller hat es auf den Punkt gebracht: »Für alle reicht es nicht«, trotz der geradezu unendlichen Reichtumsproduktion in kapitalistischen Gesellschaften beziehungsweise gerade wegen des spezifischen Modus der kapitalistischen Reichtumsproduktion, der auf irrwitzige Weise immer auch ein Modus der Armutsproduktion ist. Man könnte dies zum Beispiel dahingehend konkretisieren, dass kapitalistische Gesellschaften einen Großteil der von ihnen produzierten sozialen, ökologischen, ökonomischen und politischen Kosten auslagern müssen – sie sind bestandsnotwendig darauf angewiesen, dass »andernorts«, sozial wie territorial, Lebenschancen eingeschränkt oder gar vernichtet werden. Ich bezeichne das als Logik der Externalisierung, die in enger Verbindung zu sehen ist mit der von Fraser zuvor benannten Logik der Expropriation. In diesem Sinne steht die Reproduktionslogik kapitalistischer Gesellschaften der Möglichkeit ihrer demokratischen Verfasstheit – in dem von mir gemeinten Sinne einer verallgemeinerten Wechselseitigkeit der Berechtigung – notwendig diametral entgegen: Die gleiche Berechtigung aller ist im Kapitalismus schlicht ein Ding der Unmöglichkeit. Und dies gilt auch und zumal dann, wenn man die kapitalistische Gesellschaft als Weltgesellschaft beziehungsweise die »Moderne« als kapitalistisches Weltsystem begreift.

Die in die institutionellen Logiken moderner Gesellschaften eingelassenen Wachstumsimperative sind aber auch insofern Teil der Misere, als Institutionen definitionsgemäß Regeln und Normen des sozialen Handelns etablieren und sanktionieren – und damit subjektformierend wirken. Damit sind wir neuerlich bei der zweiten Seite der Medaille, nämlich der sozialen Praxis: Systemlogiken sind das eine – das andere aber ist, dass sie nur vermittelt über die

Sozialpraktiken real existierender Akteure wirksam werden. Und in diesem Sinne gilt: Die Institutionenordnung der industriekapitalistischen Wachstumsgesellschaften des 20. Jahrhunderts, und in besonderer Weise dann die der euroatlantischen Nachkriegszeit, hat eine vorherrschende Subjektform und Habitusformation hervorgebracht, einen »Menschentyp« im Sinne Max Webers, der sich als Personifizierung einer modernen Wachstumssubjektivität verstehen lässt – als *homo incrementus*, wenn man so will. Nicht nur die demokratische und wohlfahrtsstaatliche Institutionenordnung spätkapitalistischer Gesellschaften ist eng verkoppelt mit der kapitalistischen Wachstumsdynamik und steht und fällt daher in ihrer Funktionsweise mit der Sicherstellung beständigen wirtschaftlichen Wachstums. Auch die biographischen Orientierungen und Alltagspraktiken, die Wertvorstellungen und Lebensformen der von den und in die Institutionenordnungen der Wachstumsgesellschaft hinein sozialisierten Menschen sind – habituell und transintentional – wachstumsgetrieben. Und sie sind, als solche, selbst wiederum Wachstumstreiber. Ehe das hier in den falschen Hals gerät, füge ich sicherheitshalber gleich hinzu: Ohne Frage ist diese Habitusformation durch und durch sozial – und mithin auch hierarchisch – strukturiert, nicht jeder Mensch gleich welcher sozialen Position ist in allen seinen Lebensäußerungen gleichermaßen Treibender und Getriebener der kapitalistischen Wachstumsgesellschaft. Aber die reaktiven, schließenden und destruktiven sozialen Praktiken, die in meinem Beitrag angesprochen werden, sind als solche allesamt Ausdruck und Effekt dieser wachstumsbestimmten Subjektivität gesellschaftlicher Individuen im fortgeschrittenen Kapitalismus.

Gegenwartsdiagnostisch lässt sich zudem sagen, dass die aktuelle Krise der Demokratie, zumal soweit sie sich in dem Aufstieg und Erfolg sogenannter »rechtspopulistischer Bewegungen« manifestiert, ein Effekt der kollektiv-individuellen Wahrnehmung ist, dass die gewohnte ökonomische Wachstumsdynamik, wenn nicht gar die gesamte gesellschaftliche Wachstumskonfiguration, an ihr Ende geraten sein könnte: Die Leute meinen zu wissen, sie ahnen, argwöhnen oder spüren, dass die historisch-konkrete Form der Wachstumsgesellschaft, wie sie in den demokratisch-kapitalistischen Wohlfahrtsstaaten des Westens in den »goldenen« Nachkriegsjahrzehnten soziale Realität gewesen ist, sich nicht ohne Weiteres in die Zukunft fortschreiben lassen wird. Ich nenne das den geheimen Gesellschaftsvertrag der euroatlantischen Nachkriegszeit, der gegenwärtig zur Disposition steht: Die Zustimmung der Beherrschten zu den demokratisch-kapitalistischen Formen politischer und ökonomischer Herrschaft beruhte wesentlich auf der Erwartung und auch Erfahrung, dass die Herrschenden bei breiten Bevölkerungsmehrheiten für steigenden Wohlstand, zunehmende materielle Teilhabe und die Aussicht auf eine gewisse soziale Aufstiegsmobilität zu sorgen vermochten – und ihnen ansonsten das Elend der Welt vom Halse zu halten wussten. Diese stillschweigende Übereinkunft ist ganz offenkundig in die Krise geraten: Es setzt sich mehr und mehr die Deutung durch, dass die Herrschenden nicht mehr »liefern«, dass sie ihren Teil des Vertrags nicht mehr erfüllen. Auf diese Deutung von im Entschwinden begriffenen »guten alten Zeiten« aber reagieren die Subjekte und Organisationen der Wachstumsgesellschaft, je nach ihrer sozialen Position und den ihnen verfügbaren Machtressourcen, mit antidemokratischen Praktiken der Reaktion, der Schließung und der Destruktion.

Hartmut Rosa: Ich stimme der von Ihnen immer wieder erhobenen Behauptung nicht zu, dass die kapitalistische Reichtumsproduktion ein Nullsummenspiel sei, also dass der Reichtum der einen immer notwendig die Armut der anderen bedeute. Das widerspricht auch der Marx'schen Analyse, dass der Kapitalismus auch einen ungeheuren Anstieg sowohl der Produktivkräfte als auch des real Produzierten, also des Reichtums, hervorbringe. Das ist nicht notwendig durch eine Verschärfung der Armut für alle anderen Orte bedingt. Zwar produziert der Kapitalismus neben einem zunehmenden Reichtum in der Tat auch ständig neue Armut. Prozentual – das scheint mir nach allen vorliegenden Daten richtig zu sein – wird der Anteil dessen, was vom produzierten Reichtum unten ankommt, immer kleiner. Dennoch bleibt richtig, dass der Gesamtkuchen, der insgesamt produzierte Reichtum, immer größer wird und deshalb, erstens, durchaus an vielen Orten auch mehr Brotkrumen unten ankommen – der Welthunger *hat* zum Beispiel abgenommen – und es, zweitens, ein umso größerer Skandal ist, dass es immer noch so viel Not und Armut gibt, obwohl der Kuchen seit 200 Jahren ziemlich stetig wächst. Also man sollte es nicht als Nullsummenspiel konzeptualisieren – auch weil man sonst denjenigen, die von diesen skandalösen Zuständen profitieren, erst recht ein Motiv gibt, nichts ändern zu wollen. Der Kapitalismus hält sich doch deshalb schon seit 250 Jahren, weil er eben sehr vielen sozialen Schichten wachsenden Wohlstand verspricht und bietet. Nun ist diese Steigerung aber nicht nur ein Freiheits- und Wohlstandsversprechen, sondern ein struktureller Zwang, der sicher mit dem Kapitalakkumulationszwang zusammenhängt. Die Marx'sche Formel G – W – G' stimmt ihrer Grundlogik nach immer noch. Und das heißt, dass ohne diese Art der Steigerung das System gar nicht funktionieren kann. Die Steigerung der Wirtschaftsleistung wird zum zwanghaften Selbstzweck, weil sich die Selbstverwertung des Wertes, des Kapitals, immer nur durch Extraprofite auf höherer Ebene realisieren lässt. Nur wer zuerst mit einer Innovation auf dem Markt ist, wer am schnellsten reagiert, hat eine Chance, und wer zu langsam ist, wird bestraft und verschwindet am Ende vom Markt. Und diese Steigerungszwänge enden nicht da, wo es fast keine oder nur noch geringe Wachstumsraten gibt, sondern da werden sie noch schlimmer. Und ich glaube schon, dass wir uns strukturell in so einer Krise bewegen. Steigerungszwänge im Sinne des Zwangs zur Rationalisierung, Optimierung, Innovierung, Beschleunigung verschwinden nicht, wenn die Wachstumsmöglichkeiten sinken, sondern werden dann noch härter. Was natürlich auch damit einhergeht, dass die Ungleichheiten weiter zunehmen, weil nun Profite vor allem durch Umverteilung von unten nach oben realisiert werden, und das verschärft die Krise. Deshalb glaube ich: Was heute als demokratische Krise auftaucht, hat ganz stark auch seine Ursache darin, dass die Wachstumsdynamik in die Krise kommt.

Nancy Fraser: Ich möchte eine skeptische Bemerkung über die Verwendung des Ausdruckes »Wachstum« einbringen. Ich stimme zu, dass der Kapitalismus auf einem inhärenten Drang zur grenzenlosen Akkumulation beruht. Aber was im Kapitalismus wachsen muss, ist gerade das *Kapital*, nicht der Reichtum oder die Bedürfnisbefriedigung, nicht einmal der materielle Durchsatz. Und um das Kapital wachsen zu lassen, das nichts anderes ist als ein abstrakter, selbstexpandierender Wert in Bewegung, ist es nicht immer notwendig, mehr zu produzieren – nicht einmal, überhaupt etwas zu produzieren. In Zeiten wie der heutigen kann man das

Finanzkapital sich einfach selbst vermehren lassen, und das reicht – zumindest bis alles zusammenbricht. Ja, der Akkumulationstrieb des Kapitalismus ist grundlegend und tief verwickelt in die ökologischen Dimensionen unserer Krise und in einige andere. Aber ich denke nicht, dass wir den Terminus »Wachstum« verwenden sollten, um das theoretisch zu fassen. Das verschleiert nur, was wirklich vor sich geht.

Die Rede von Wachstum verdeckt auch die Tatsache, dass es heute wirklich ein Nullsummenspiel *ist*. Im gegenwärtigen Regime des neoliberalen finanzialisierten Kapitalismus zahlt das Kapital nicht mehr die durchschnittlichen gesellschaftlich notwendigen Kosten der Reproduktion der Arbeit, selbst nicht in seinem historischen Kern. Dies ist das gewinnorientierte Ergebnis der Dezimierung der Gewerkschaften durch den Neoliberalismus, der Einführung von prekarisierten Arbeitsregimen, der Kürzung der öffentlichen Ausgaben für die soziale Reproduktion und der enormen Ausweitung der Konsumentenverschuldung. Marx ging immer davon aus, dass das Kapital für die Reproduktion der Arbeiter*innen und sogar für die ihrer Familien (mehr oder weniger) zahlen würde – zumindest unter Bedingungen einer steigenden Produktivität, die theoretisch kein Nullsummenspiel sein muss. Aber das ist heute kaum noch der Fall. Die Geldmittel, von denen er annahm, dass sie an die Arbeiter*innen in Form von Löhnen gehen würden, gehen nun in Form von Profit, Zinsen und Monopolrenten an das Kapital. Die Arbeiter*innen müssen künftige Löhne beleihen, um den heutigen Bedarf zu decken.

Ebenso wichtig ist, dass wir das nicht nur aus einem europäischen oder nordatlantischen Blickwinkel betrachten können. Dessen Kehrseite ist die massive Verlagerung der Industrieproduktion in die BRICS-Staaten in der ehemaligen »Semiperipherie«. In diesen Regionen gibt es nicht nur Sweatshops und eine enorme Ausbeutung, sondern auch ziemlich große Mittelschichten mit einem beträchtlichen verfügbaren Einkommen. Die vorherrschende Erfahrung des Verlustes unter den arbeitenden Klassen des historischen Kerns sollte uns nicht zu der Annahme verleiten, dass es woanders keine Gewinne gibt, sowohl für das Kapital als auch für die aufstrebenden Mittelschichten.

Lassen sie mich mit diesen Klarstellungen auf die ökologische Frage zurückkommen. Der Kernpunkt für mich ist, dass das Kapital dafür gerüstet ist, Zahlungen für seine Inputs und Hintergrundbedingungen so weit wie möglich zu vermeiden. Das gilt für die Kosten der sozialen Reproduktion, die es verleugnet und abzustoßen versucht oder, wenn es dazu gezwungen wird, billig übernimmt. Und das gilt genauso für die ökologischen Ersatzkosten, die durch seine Aktivitäten entstehen. In beiden Fällen versucht sich das Kapital bei den benötigten Inputs selbst zu helfen, ohne die Kosten für ihre Wiederauffüllung zu übernehmen. In der Vergangenheit ist es ihm sogar gelungen, die beiden Arten von Wiederherstellungskosten gegeneinander abzuwägen – wenn es gezwungen war, mehr von dem einen zu zahlen, hat es versucht, weniger von dem anderen zu zahlen, also praktisch ein Loch mit dem anderen zu stopfen. Zum Beispiel versuchten die Nachkriegsregime, das Kapital davon abzuhalten, die Kosten für die Reproduktion der Arbeitskraft zu senken, indem sie die Lohnfestlegung durch korporatistische Verhandlungen einführten und die Bereitstellung von Sozialleistungen durch Unternehmenssteuern finanzierten. Aber wenn dies ein »goldenes Zeitalter« für die Arbeit war, dann war es ein beschissenes Zeitalter für die Natur. Die Unternehmen haben ihre erhöhten Kosten für die Reproduktion der Arbeit in der Ersten Welt mehr als wettgemacht, indem sie sich mit einer erhöhten Ausstattung an Energie und Rohstoffen halfen, deren Reproduktionskosten sie munter ignorierten. Auch das erzählt uns etwas über die Logik der Akkumulation, bei der das *Kapital* dasjenige ist, das wachsen muss.

Es ist eine inhärent destruktive Logik: destruktiv für das menschliche Leben und die Gesellschaft, für das nichtmenschliche Leben und die Ökosysteme, für Habitate und Gemeinschaften. Und sie ist kein Zufall. Im Gegenteil, aus strukturellen Gründen wird es im Rahmen des Kapitalismus nie möglich sein, die vollen Reproduktionskosten der Menschen und der nichtmenschlichen Natur zu tragen. Darauf zu bestehen, dass alle ökologischen Wiederherstellungskosten und alle sozialen Reproduktionskosten bezahlt werden, wäre das Ende des Kapitalismus, schlicht und einfach.

Stephan Lessenich: So ist es, in der Tat. Und wenn ich dies, in Antwort auf Hartmut Rosas kleine Polemik, noch ergänzen darf: Die von ihm in Anschlag gebrachte ungeheure Produktivität der kapitalistischen Produktionsweise, die ja auch die Verteidiger des real existierenden Kapitalismus nicht müde werden zu betonen, ist halt wiederum nur die eine Seite der Medaille. Ebenso ungeheuerlich wie die Produktivität des Kapitalismus ist nämlich seine Destruktivität. Er ist eben, mit Schumpeter gesprochen, ein System der schöpferischen Zerstörung – wobei sich das Schöpferische vom Zerstörerischen durchaus zu entkoppeln vermag, sodass bestimmten Personen, Positionen und Regionen seine wertschöpfende Potenz zugutekommt, während andere Personen, Positionen und Regionen mit seiner wertvernichtenden Gewalt konfrontiert sind. Insofern kann das Konzept der »Reproduktionskosten« des Kapitalismus gar nicht weit genug gedacht werden: Die kapitalistische Wirtschafts- und Gesellschaftsordnung lebt auf vielfältigste Weise parasitär von den Beiträgen und Leistungen Dritter, von der weiblich kodierten Arbeit an der Produktion und Reproduktion menschlichen Lebens ganz genauso wie von der permanenten »Arbeit« der Natur an der Herstellung und Wiederherstellung unserer stofflichen Lebensgrundlagen. Und dieser Reproduktionsmodus parasitärer Aneignung und Enteignung fremder Ressourcen kennzeichnet nicht erst den Finanzmarktkapitalismus des 21. Jahrhunderts, sondern kennzeichnete auch schon die »gute alte Zeit« des westlichen Wohlfahrtskapitalismus: Auch dieser lebte von der Möglichkeit der entwertenden Aneignung weiblicher Arbeit und lebendiger Natur, seine politisch-ökonomische Binnenstabilität beruhte maßgeblich auch auf gesellschaftlichen Pakten zu Lasten Dritter, namentlich der sogenannten »Dritten Welt«. Um diese spezifische Konstellation aufrechtzuerhalten, brauchte es aber Wachstum oder Kapitalakkumulation, im Sinne einer wirtschaftlichen Wertschöpfung, die staatlicherseits wenigstens in Teilen abgeschöpft und der Umverteilung zugeführt werden konnte. Das nannte sich dann, je nach politischer Couleur, »soziale Marktwirtschaft« oder »soziale Demokratie« – wenn man so will die spätkapitalistische Variante des »Sozialismus in einem Land«.

Klaus Dörre: Was lässt sich dem noch hinzufügen? Erstens stimme ich Nancy Fraser dahingehend zu, dass kapitalistische Gesellschaften nicht automatisch rasches, permanentes Wirtschaftswachstum generieren. Sie prozessieren einen strukturellen Zwang zur – erweiterten – Reproduktion des Kapitals. Das kann zu Wirtschaftswachstum führen, muss es aber nicht. England hat seinen Aufstieg zur führenden imperialen Macht mit einem durchschnittlichen

Wirtschaftswachstum von einem Prozent erreicht. In der Geschichte des Kapitalismus gab es immer wieder lange Krisenperioden in bestimmten Regionen oder Ländern, in denen es kein Wachstum gab oder die Wirtschaft sogar schrumpfte. Griechenland ist der Paradefall in der Europäischen Union: Bei angenommenen 3,5 Prozent jährlichen Wirtschaftswachstums, die niemand ernsthaft für möglich hält, würde das Land bis Mitte der 2030er Jahre benötigen, um auch nur das Vorkrisenniveau zu erreichen. Daran glaubt niemand. Dennoch – und trotz einer nominal linken Regierung – kann ich nicht erkennen, dass der Kapitalismus in Griechenland ernsthaft in Gefahr wäre. Offenbar ist es möglich, eine kapitalistische Wirtschaftsweise über längere Zeiträume zu stabilisieren, ohne dass der Effekt Wirtschaftswachstum eintritt. Allerdings müssen wir sehen, dass wir es im Falle Griechenlands mit einem Gebilde zu tun haben, das ich als »nichtdemokratische Demokratie« bezeichnen würde: Die Bevölkerung kann entscheiden, was sie will, sie kann auch mehrheitlich gegen die Austeritätspolitik votieren. Aber dann sagen die Institutionen der Europäischen Union »nein« zu solchen Voten und erzwingen das Festhalten am Austeritätskurs. Es gibt also formal demokratische Verfahren, aber es muss immer das herauskommen, was die Institutionen wollen, und das ist einer der Gründe für die Entwertung von Demokratie. Wozu das auf Dauer führt, wird man sehen müssen. Eine Konsequenz ist schon jetzt der Brexit. Eine Mehrheit der Brit*innen ist dem Lockruf der äußersten Rechten gefolgt, weil sie glaubt, sich mit dem Ausscheiden aus der EU »ihr Land« zurückholen zu können. Die Verwerfungen innerhalb der EU und die rechtspopulistische Revolte zeigen aber, dass die Kausalbeziehung zwischen kapitalistischer Wirtschaftsweise, Demokratie als Herrschaftsform und Wirtschaftswachstum loser gekoppelt ist, als ich das noch vor ein paar Jahren angenommen habe. Ich bin nicht sicher, ob die Kausalbeziehung zwischen Wirtschaftswachstum und Stabilität von demokratischen Institutionen ebenfalls weniger eng gekoppelt sein kann. Denn alle empirischen Daten der politikwissenschaftlichen Demokratieforschung sagen, dass die Zustimmung zur Demokratie dann am größten ist, wenn wirtschaftlich Prosperität herrscht. Und eigentlich erlebt die Bundesrepublik ja seit der Krise 2008/2009 die zweitlängste Prosperitätsphase ihrer Geschichte. Das, was zu denken gibt, sind die Wachstumsraten, die eben nicht mehr das Niveau früherer Phasen erreichen. Die europäische Bevölkerung altert und schrumpft, damit sinkt tendenziell auch das Arbeitsvolumen. Für kostspielige Infrastrukturinvestitionen, die sich nur langfristig amortisieren, fehlen Anreize. Da bleibt nur die Arbeitsproduktivität als Mittel, das Wirtschaftswachstum zu steigern. Aber trotz des enormen Technikeinsatzes und der Digitalisierung steigt die Arbeitsproduktivität in den alten kapitalistischen Zentren nur sehr langsam. Wichtige Ökonomen sprechen deshalb von einer »secular stagnation«. Das wirft die Frage auf: Was bedeutet dauerhaft schwaches Wachstum eigentlich für die Stabilität von Demokratie?

Ich glaube, dass wir uns dafür noch einmal genauer anschauen müssen, was in der Ära der finanzkapitalistischen Expansion oder Landnahme abgelaufen ist. Das war in der Zeit ab Mitte der 1970er Jahre bis zur Jahrtausendwende das zweiterfolgreichste Wachstumsprojekt in der Geschichte des Kapitalismus. Trotzdem ist ein Maß an sozialer Ungleichheit entstanden, wie wir es in der vorausgegangenen Epoche in den kontinentaleuropäischen Zentren nicht kannten. Das hängt meines Erachtens damit zusammen, dass die Verwertungslogik des Finanzmarktkapitalismus das Verhältnis von Produktion, Markt und Reproduktion auf den Kopf stellt. Es wird vom Kunden her gedacht, und die Produzenteninteressen werden an den Kundeninteressen gemessen. Wichtig ist, dass du billig kaufen kannst, und nicht, dass die Löhne hoch sind. Der Druck auf die Löhne – die durchschnittliche Lohnquote aller OECD-Länder ist seit den 1980er Jahren bis 2013 nahezu kontinuierlich gesunken und auf einem historischen Tiefstand – wird kompensiert mit der Verbilligung von Waren. Das ist in vielerlei Hinsicht fatal, weil die Produktionsbedingungen gerade in den transnationalen Wertschöpfungsketten weitgehend ignoriert werden und Konsument*innen nur noch darauf schauen, wo sie günstig das nächste Schnäppchen ergattern können. In Deutschland haben die unteren 40 Prozent der Einkommenbeziehenden über 20 Jahre hinweg reale Einkommensverluste erlitten. Der prekäre Niedriglohnsektor ist stark expandiert. In der Konsequenz bedeutet selbiges, dass die wachsende Warenfülle, insofern sie zu einem erheblichen Teil auf Kosten gesellschaftlicher Exklusionsbereiche produziert wird, für viele Menschen mit der Beschneidung ihrer Wachstumschancen einhergeht. Um es zuzuspitzen: Menschen sind immer Wachstumssubjekte, sie können gar nicht anders. Wachstum meint für individuelle Subjekte aber etwas völlig anderes als für kapitalistische Unternehmen. Subjekten geht es, wie Erich Fromm gezeigt hat, immer um das Wachstum eigener Fähigkeiten, um die Entfaltung wachstumsorientierter Eigenkräfte. Diese Art des Wachstums wird durch die vorherrschenden Muster kapitalistischer Warenproduktion zunehmend behindert, und zwar im globalen Norden ebenso wie im globalen Süden. Solange Bevölkerungsmehrheiten jedoch ihre Eigenkräfte nur entfalten können, wenn sie sich direkt oder indirekt an abhängiger Arbeit beteiligen, sind sie zwingend darauf angewiesen, den Kampf um die Verteilung des von ihnen mit erzeugten gesellschaftlichen Mehrprodukts zu führen. Das wird in Zukunft nicht leichter werden. Seit dem Jahr 2000 haben wir eine Entwicklung mit relativ hohen Wachstumsraten in den aufsteigenden Ökonomien und relativ niedrigen Wachstumsraten in den alten kapitalistischen Zentren. Wenn diese Entwicklung anhält, dann werden die Verteilungskämpfe innerhalb der Nationalstaaten eskalieren. Und das nicht unbedingt entlang der Klassenachse, sondern möglicherweise auch an den Achsen Innen/Außen, Ethnie, Nationalität und Geschlecht. Gut möglich, dass der regulierte »demokratische Klassenkampf« dabei auf der Strecke bleibt. Um das am Beispiel organisierter Arbeitsbeziehungen deutlich zu machen: Es ist eine existenzielle Herausforderung für die Gewerkschaften, den enormen Druck, der aus sinkenden Wachstumsraten, Digitalisierung, notwendiger Dekarbonisierung der Wirtschaft und dem fälligen Wandel des Industriemodells resultiert, als Organisation so zu bewältigen, dass die Konfliktfähigkeit erhalten bleibt oder (wieder-)hergestellt wird. Gerade weil das so ist, klammern sich die Gewerkschaften in Teilen an das Bestehende – sei es der Braunkohleabbau oder die Produktion klimaschädlicher Verbrennungsmotoren. Umso wichtiger wäre es, dass Kämpfe wie der um eine Arbeitszeitverkürzung, für den die IG Metall in Deutschland 1,5 Millionen Menschen mobilisieren konnte, einen öffentlichen Resonanzraum haben. Die akademische Linke schweigt weitgehend oder denunziert solche Konflikte gar als solche privilegierter alter weißer Männer. Schon ein Blick auf die jungen, häufig migrantisch geprägten Belegschaften in vielen Betrieben der Metall- und Elektroindustrie könnte sie eines Besseren belehren. Allgemeiner gesprochen: Didier Eribon hat recht, es fehlt an öffentlichen Resonanzräumen für eine demokratische, inklusive Klassenpolitik, der es um Löhne, Arbeitsbedingungen und Arbeitszeiten, aber auch um die Reproduktionsbedingungen, um Mieten und soziale Infrastruktur geht.

Nancy Fraser: Mir scheint, dass unsere Diskussion davon profitieren würde, wenn wir Fragen des Alters, der Kohorte und der Generation einbringen würden. In den Vereinigten Staaten zumindest gibt es weder eine weit verbreitete Erwartung an ein »Wachstum«, noch wollen die Menschen einfach »mehr und mehr«. Was sie vielmehr wollen, ist, dass ihre Kinder ein besseres Leben haben, als sie es hatten – oder zumindest ein Leben, das nicht eindeutig schlechter ist. Doch dieser wichtige Grundsatz der »sozialen Übereinkunft« hat sich in Luft aufgelöst. Nach herkömmlich definierten Begriffen können die Jungen heute ein schlechteres Leben erwarten als ihre Eltern. Die Schulden der Studierenden in den USA sind jetzt größer als die Hypothekenschulden auf Häuser – und die sind wirklich riesig. Es ist inzwischen normal für Studierende, die Universität mit 200 000 Dollar Schulden zu verlassen! Das bedeutet, dass sie keinen eigenen Hausstand gründen können (geschweige denn Wohnungen oder Häuser kaufen), sondern noch viele Jahre bei ihren Eltern wohnen müssen. Und weit davon entfernt, ihren Interessen zu folgen, müssen sie Jobs annehmen, die es ihnen erlauben, ihre Kredite zu bedienen (wenn sie sie bekommen können) und in ihnen auszuharren, komme, was da wolle. Das ist die Kannibalisierung einer ganzen Generation.

Ich möchte auch eine Bemerkung dazu machen, was wir »die Arbeiterbewegung« genannt haben. Unsere Vorstellung von »Arbeiterschaft« ist immer noch zu eng an die spezifische historische Erfahrung des Fordismus gebunden, die sie mit gewerkschaftlich organisierten Arbeiter*innen in der industriellen Massenproduktion identifizierte. Das ist natürlich genau das Segment von Arbeiterschaft, das im globalen Norden im Rückgang begriffen ist. Insoweit wir weiterhin an diesem Bild von Arbeiterschaft festhalten, neigen wir dazu, die heutzutage aktuellen Formen und Orte des Kampfes der Arbeiterklasse zu übersehen oder zu unterschätzen. Diese sind in den sozialreproduktiven und Dienstleistungssektoren konzentriert: zum Beispiel in Schulen, Krankenhäusern, Hotels und Callcentern, wo die Arbeiter*innenbewegung ein anderes Gesicht hat (überwiegend braun, schwarz und weiblich) und eine andere Agenda, nicht nur die Löhne, sondern gegen Sparmaßnahmen und für eine Verteidigung von Sozialausgaben sowie gegen sexuelle Gewalt und Belästigung. Um mit dieser neuen Sachlage fertig zu werden, müssen wir unser Verständnis von »Arbeiterklasse« und »Arbeitskampf« revidieren.

Wie lässt sich eine tragfähige Demokratie (wieder-)herstellen?

Herausgeberinnen: Kommen wir nun zur abschließenden Frage, wie sich die Demokratie angesichts der angesprochenen Probleme regenerieren und weiterentwickeln ließe. Dazu zunächst die Frage an Klaus Dörre: In welche Richtung müsste Demokratie gedacht werden, damit sie gegen den Kapitalismus verteidigt, durchgesetzt und erweitert werden kann?

Klaus Dörre: Nun, das ist wohl die schwierigste Frage von allen. Ich habe ja gesagt, analytisch spricht wenig dafür, dass eine Demokratisierung gelingen kann. Aber ich versuche es mal systematisch: Die Bereiche, die demokratischen Entscheidungen zugänglich sind, müssen ausgeweitet werden. Wie schon bei Marx bedeutet das eine Ausweitung der Demokratie auf die Wirtschaft. Das gilt vor allem für die wichtigen strategischen Entscheidungen, wie die Investitionen großer Unternehmen, die quasi eine oligopolistische Macht haben und von deren Entscheidungen darüber, was, wozu und wie produziert wird, das Wohl und Wehe ganzer Länder abhängt. Diese Machtzentren unter wirtschaftsdemokratische Kontrolle zu bringen, wäre das Transformationsziel. Und damit geht es wirklich ums Ganze. Schon Fritz Naphtali hat das seinerzeit auf den Punkt gebracht: »Wirtschaftsdemokratie« bedeutet nicht mehr und nicht weniger, als den Kapitalismus zu zerbrechen. Denn es ist kaum vorstellbar, in einer freundlichen Kommunikation die Manager und Eigentümer der großen Unternehmen davon zu überzeugen, die Verfügungsgewalt über Kapital und Unternehmen abzugeben und in einer vernünftigen Form zu sozialisieren. Ich kann mir gegenwärtig überhaupt nicht vorstellen, dass so etwas passiert. Ich kann mir aber vorstellen, dass Krisensituationen entstehen, in denen diese Frage als eine zentral politische wiederauftauchen wird. Während der großen Finanzkrise 2007-2009 ist das passiert: Die

Hypo Real Estate wurde verstaatlicht, obwohl das kurz zuvor noch politisch ausgeschlossen worden war. Daran sieht man, wie schnell sich in Krisensituationen die Dinge verändern. Entscheidend ist aber, dass es praktikable Demokratisierungskonzepte gibt. Im Falle der Banken bedeutet Verstaatlichung vor allem Sozialisierung der Verluste. Damit ist nichts gewonnen.

Stattdessen muss die Eigentumsfrage im Sinne demokratischer Kontrolle gestellt werden. Eine Idee ist, dass man die großen Unternehmen in Mitarbeitergesellschaften umwandelt, aber den Kollektivwillen, der sie steuert und reguliert, zugleich erweitert um eine Konsumenten- oder Reproduktionsperspektive, zum Beispiel durch eine Repräsentanz von Verbraucherorganisationen und NGOs, und diese möglicherweise eingebettet in Strukturen wie regionale Wirtschafts- und Sozialräte, die also auch eine regionale Dimension mit einbringen können. Das liefe auf die Maximierung direkter Partizipation auf jeder Entscheidungsebene vom Unternehmensvorstand bis hinunter zum einzelnen Arbeitsplatz hinaus. Und es liefe – da zucken dann selbst manche Linke zusammen – auf demokratische Planung hinaus. Und zwar nicht als Dublette des staatsbürokratischen Sozialismus, sondern im Sinne einer induktiven Rahmenplanung, die Anreize vorgibt, bestimmte Lösungen möglich macht und andere sanktioniert. Die wäre aber nicht nur auf Unternehmensebene zu leisten, sondern mindestens auf der Ebene von nationalen Ökonomien, nämlich dergestalt, dass die Verwendung des erwirtschafteten Mehrproduktes demokratisch ausgehandelt wird. Für Entscheidungen wie die, ob man das Mehrprodukt beispielsweise für mehr Personal in Krankenhäusern oder für Lohnerhöhungen im öffentlichen Sektor ausgibt, wären zentrale Essentials eines Rahmenplans direkten Voten zugänglich zu machen, so wie das mit dem Bürgerhaushalt in manchen Kommunen im Kleinen jetzt schon passiert. Man hätte also Planvarianten zur Abstimmung zu stellen, mit denen entschieden wird, wie und für was das Mehrprodukt zu verteilen ist.

Wirtschaftsdemokratie würde außerdem heißen, eine »Garantie des Öffentlichen« gesetzlich zu verankern. Dazu gehören: ein freier, allgemeiner Zugang zu sauberer Luft, Wasser, Boden und Nahrung. Deshalb plädiere ich für eine verfassungsmäßige Verankerung von Überlebensinteressen, für eine ausreichende Bereitstellung von Commons und ein Privatisierungsverbot in existenziellen Lebensbereichen. Ein Zustand wie der, dass in Südafrika die größte Süßwasserquelle des Landes einem multinationalen Konzern gehört, der das Wasser verkauft, während die Armen unter Wassermangel leiden, muss auf der Ebene der Verfassung verboten werden. Eine Verfassungsgarantie für Commons würde wiederum das ermöglichen, was Hartmut Rosa den normativen Rahmen eines guten Lebens nennt: Wenn die Basisgüter der Gesellschaft – Luft, Wasser, Bildung, Wohnraum et cetera – als öffentliche Güter zugänglich sind, dann können wir alle gut leben, ohne permanent dem positionalen Konsum hinterherlaufen zu müssen.

Letzte Bemerkung hierzu: Demokratie, vor allem Wirtschaftsdemokratie, kostet Zeit. Die Arbeit an der Demokratie muss hoch gewichtet werden. Sie sollte durch eine bedingungslose Grundzeit für alle durch Arbeitszeitverkürzung sowie eine »kurze Vollzeit« für möglichst viele gefördert werden. Die Wirtschaftsdemokratie wäre der Nukleus von Demokratisierungsstrategien, die auf verschiedensten Ebenen ansetzen könnten. Wir müssten auch fragen, wo Demokratie überhaupt praktiziert werden soll: Ist sie noch an den Nationalstaat zu binden? Ich würde mindestens über eine europäische Dimension nachdenken. Der entscheidende Punkt und der Beginn von allem ist aber, dass soziale Bewegungen entstehen, die sich tatsächlich als Antagonisten verstehen, die herrschenden Eliten herausfordern und so für eine demokratische Polarisierung sorgen. Das wäre für mich die zentrale Prämisse für die Erneuerung und Ausweitung der Demokratie. Andernfalls geht sie den Bach runter und fällt einem autoritären Kapitalismus zum Opfer.

Hartmut Rosa: Da kann ich sehr gut anschließen. Ich würde Ihnen in allen Punkten zustimmen – mit einer einzigen Einschränkung. Erstaunlicherweise bezieht die sich nicht auf das Ziel, sondern auf den Weg. Ich bin nämlich nicht so sicher wie Sie, dass man keine Zustimmung von den herrschenden Eliten erhalten wird.

Bei allem anderen würde ich Ihnen unbedingt zustimmen. Wenn die Grundidee von Politik heißt, das Gemeinwesen zu gestalten, und Demokratie heißt, es gemeinsam zu gestalten, kommst du um eine demokratische Planung der zentralen Momente der Produktionsziele und Produktionsweisen nicht herum. Ich würde da beim frühen Marx anknüpfen und sagen, die Art und Weise, wie wir produzieren, konsumieren und wie wir das Produzierte verteilen, ist fundamental für das Gemeinwesen. Solange man das von einer Demokratie ausnimmt, so lange haben wir keine Demokratie. Und deswegen müssen Rahmenbedingungen des Produzierens demokratisch ausgehandelt werden. Das bezieht sich auf Ziele und auf Bedingungen, unter denen wir produzieren, und auch auf die Produktionsweisen.

Ich glaube, wir wären uns einig, dass dazu eine Form von bedingungsloser Grundsicherung nötig ist, ob in Gestalt eines Grundeinkommens oder eher über eine kollektive, garantierte soziale Infrastruktur. Für eine Grundzeit bin ich auch, ebenso wie für eine Deckelung der Lohnspreizung.

Was Klaus Dörre über die verfassungsmäßige Garantie der Commons gesagt hat, ist gerade das, was ich mit dem Grundeinkommen als Ziel meine. Es muss für alle genug garantiert sein, damit nicht unsere materiellen Existenzbedingungen von vornherein repulsiv sind. Wenn man Hunger hat oder Durst leidet, ist die Form des materiellen In-die-Welt-gestellt-Seins eine repulsive – besonders dann, wenn es da Wasser gibt und ich es mir nur nicht kaufen kann. Das stiftet automatisch einen repulsiven Weltbezug: Diese Welt ist hart, feindlich, sie lässt mich verhungern, sie lässt mich leiden oder frieren. Deshalb ist eine Voraussetzung eines gelingenden, resonanten In-der-Welt-Seins oder dessen, was ich mir unter Demokratie vorstelle, die Sicherung der materiellen und (im Hinblick auf Anerkennung) sozialen Bedürfnisse. Deshalb halte ich so was wie ein Grundeinkommen für ganz wichtig. Ob man das als verfassungsmäßige Garantie für Commons fasst oder nicht, scheint mir nicht so zentral.

Herausgeberinnen: Nancy Fraser, ist unter kapitalistischen Verhältnissen eine bessere Demokratie denkbar, und wie sähe diese aus?

Nancy Fraser: Das ist schwer zu sagen. Ich würde es nicht von vornherein ausschließen. Es gab in der Geschichte des Kapitalismus demokratischere und weniger demokratische Phasen. Bei all ihren Problemen, die Stephan Lessenich meiner Meinung nach in seinem Beitrag sehr gut umrissen hat, war die soziale Demokratie der Nachkriegszeit ein Fortschritt für jene, die das Glück hatten, an ihr zu partizipieren – wobei sie, das muss man sagen, eine recht kleine Schicht der Weltbevölkerung waren. Für sie zumindest hat das staatlich gelenkte Regime die Grenze zwischen Politik und Wirtschaft in einer Weise neu entworfen, die den Bereich, in dem demokratische Entscheidungsprozesse praktiziert werden konnten, erweiterte. Die Frage ist: Könnte heute etwas Vergleichbares passieren? Und wenn ja, wie könnte das aussehen?

Ich bezweifle, dass der Geist der sogenannten Globalisierung wieder zurück in die Flasche gebracht werden kann, also würde ich wetten, dass es keine Möglichkeit gibt, zu einer national gerahmten sozialen Demokratie zurückzukehren. Aber könnte es einen transnationalen keynesianischen Kapitalismus geben, der zumindest teilweise die Finanzindustrie zähmen und die globale Erwärmung stoppen könnte? Und wenn ja, könnte er demokratisch sein? Wie gesagt, der Kapitalismus hat sich als fähig erwiesen, sich auf unvorhersehbare Weisen neu zu erfinden; es wäre also töricht, von vornherein zu sagen, dass er das nicht wieder tun könnte. Andererseits beurteile ich die Aussicht skeptisch, weil ich nicht die sozialen und politischen Kräfte sehe, die notwendig wären, um dies heute zu erreichen. Ich sehe auch kein Programm oder Projekt am Horizont aufziehen, das die Gesellschaft stabilisieren und die Akkumulation erneuern könnte. Alles in allem würde ich daher auf eine nichtkapitalistische Alternative setzen – auf einen Antikapitalismus oder Postkapitalismus oder demokratischen ökofeministischen Sozialismus –, wie auch immer man ihn nennen mag.

Was die letzte Frage betrifft, wie wir uns eine neue Form des gesellschaftlichen Lebens vorstellen, so stimme ich stark mit dem überein, was die anderen über die Demokratisierung der Wirtschaft gesagt haben. Aber ich möchte einen Punkt hinzufügen: Die Linke spricht zu viel über Produktion und nicht genug über Reproduktion. Wie ich in meinem Beitrag erläutert habe, ist der Kapitalismus etwas Umfassenderes als eine Wirtschaft. Wir können uns keine Alternative zu ihm vorstellen, die sich ausschließlich auf die Transformation der Produktion konzentriert. Um uns eine bessere, demokratischere Zukunft vorzustellen, müssen wir überdenken, was als Wirtschaft gilt und was als Politik gilt, wie die anderen gesagt haben. Aber auch das ist nicht genug. Wir müssen auch die Beziehung zwischen Produktion und Reproduktion neu definieren. Friedrich Engels selbst hielt fest, dass ein vergesellschaftetes Eigentum an Produktionsmitteln nicht ausreicht und dass der Sozialismus auch die Kollektivierung der Hausarbeit erfordert. Das ist eine ziemlich radikale Aussage, unabhängig davon, ob wir sie in allen Punkten befürworten wollen. Produktion und Reproduktion bilden ein Paar, und man kann nicht eines allein ändern und denken, etwas getan zu haben, was im vollen Umfang emanzipatorisch ist.

Dasselbe gilt für unsere Beziehung zur nichtmenschlichen Natur. Hier könnten wir von den indigenen Gemeinschaften lernen, die an den Frontlinien des ökologischen Kampfes stehen. Ich schlage nicht vor, dass wir »Pachamama«-zentrierte Weltanschauungen übernehmen sollten, sondern dass wir uns die Grammatik ihres Umweltbewusstseins anschauen sollten. Für die »globalen Armen« ist der Kampf für ökologische Nachhaltigkeit nicht trennbar vom Kampf für soziale Gerechtigkeit und die Verteidigung der materiellen Interessen. Wenn deine Fischgründe von organisierten Fangflotten überfallen werden und dein Land von großen Agrarunternehmen vereinnahmt wird, geht der Kampf zur Verteidigung deines Lebensstandards Hand in Hand mit dem Kampf um die Erhaltung deines Lebensraums. Wir können viel von diesem »anderen Umweltbewusstsein« lernen.

Abschließend möchte ich Klaus Dörres Punkt unterstreichen: Wenn wir, wie ich das versuche, eine realisierbare Idee des Sozialismus entwickeln wollen, ist die demokratische Kontrolle über das gesellschaftliche Mehrprodukt eine entscheidende Frage. Hier geht es darum, wer die Entscheidungsfindung über die gesellschaftlichen Prioritäten kontrolliert, wer entscheidet, wie wir unsere gesellschaftlichen Energien und unseren kollektiv produzierten Wohlstand investieren. Eine sozialistische Gesellschaft würde diese Fragen durch demokratische Planung angehen. Obwohl die Sowjets ihr einen sehr schlechten Ruf verliehen haben, kann und sollte die Planung demokratisch sein. Denken sie nur an die Rolle der Finanzen in der demokratischen sozialistischen Gesellschaft. Eine solche Gesellschaft würde die Finanzen als ein öffentliches Versorgungsmittel, als ein öffentliches Gut behandeln, wie es mal bei der Elektrizität war, bevor sie privatisiert wurde. Es bräuchte immer noch Investitions- und Entwicklungsbanken, aber diese würden ihre Entscheidungen darüber, wie und wo Kredite zur Verfügung gestellt werden, demokratisch organisieren, via einer inklusiven und partizipatorischen Beratung darüber, was als ein erstrebenswertes Projekt zählt.

Das schwierigste Problem ist natürlich, wie man sich die Transition von hier nach dort vorstellt. Eine Schlüsselfrage, würde ich sagen, betrifft die Begründung von sozialen Rechten auf einer globalen Ebene. Gut zwei Drittel der Weltbevölkerung haben nicht wirklich einen Staat, an den sie sich wenden können – man denke nur an jene, die in Flüchtlingslagern leben, in gescheiterten Staaten oder in Staaten, die völlig schwach sind, kleptokratisch, IWF-geführt, oder in Staaten, die durch US-Invasionen zerstört wurden. Wenn wir unterstellen, dass jeder über einen funktionierenden Staat verfügt, dann lassen wir einen Großteil der Weltbevölkerung im Stich. In dieser Hinsicht erfordert der demokratische Übergang die Verankerung einiger grundlegender Rechte auf globaler Ebene, die zum Beispiel durch globale Abgaben auf Kohlendioxidemissionen und Finanztransaktionen finanziert werden. Das Ergebnis könnte als eine Form des globalen sozialdemokratischen Kapitalismus betrachtet werden. Ob er als stabilisierter Endpunkt oder als vorübergehende Zwischenstation auf dem Weg zum demokratischen Sozialismus fungieren würde, bleibt abzuwarten.

Stephan Lessenich: Wie immer in dieser Runde kann ich mich Nancy Fraser uneingeschränkt anschließen – oder aber doch fast. Denn die Frage nicht nur der politischen, sondern auch der moralischen Ökonomie der Globalisierung beziehungsweise des globalen Kapitalismus scheint mir die alles entscheidende Frage einer Demokratie der Zukunft zu sein. Wobei ich allerdings nicht denke, dass die Antwort darauf eine globale »Sozialdemokratie« sein kann.

Mit »moralischer Ökonomie« meine ich eine den neuen globalkapitalistischen Verhältnissen angepasste gesellschaftliche Antwort auf die Frage, wem was aus welchem Grund beziehungsweise unter welchen Bedingungen zustehen soll: Wer also mit welcher Rechtfertigung welche Ansprüche auf welche gesellschaftlich relevanten Güter und Positionen stellen können soll. Und da habe ich ja die Richtung der Suche nach angemessenen politischen Lösungen schon genannt: Die moralische Ökonomie des globalkapitalistischen Zeitalters muss eine im Wortsinne universalistische sein, sie muss auf die wechselseitige Anerkennung aller Mitbürger*innen als gleichermaßen Berechtigte zielen. Mitbürger*innen aber sind im Zeitalter des Globalkapitalismus prinzipiell alle Weltenbürger*innen, ganz gleich, ob sie auf dem Territorium des »eigenen« Landes leben, sich vorübergehend oder dauerhaft auf dieses Territorium begeben oder aber dieses niemals in ihrem Leben betreten und immer auf dem »eigenen« Boden eines anderen Landes bleiben. Die von Fraser ins Spiel gebrachte Idee globaler sozialer Rechte bedeutet im Kern die Anerkennung des gleichen Rechtes, soziale Rechte zu haben, und zwar weltweit, jeweils im Rahmen der konkreten sozialen Konstellation vor Ort: als männlicher Industriearbeiter im Rostgürtel der Vereinigten Staaten ebenso wie als illegalisierte mexikanische Arbeitsmigrantin in der US-amerikanischen Dienstleistungsökonomie, als eine der vielen Millionen Binnenmigrant*innen in einer der Armutsgesellschaften des globalen Südens genauso wie als eine der wenigen Millionen nach besseren Lebenschancen im globalen Norden suchenden Migrant*innen aus den Niedrigeinkommensökonomien dieser Welt.

Die Grundlage für eine solche globale moralische Ökonomie ist zunächst eine analytische, sozialtheoretische: Sie findet sich in der Figur einer verallgemeinerten Mitbürgerschaft. Schon die Klassiker einer Theorie der Solidarität, allen voran Émile Durkheim, verwiesen auf das Wissen um die gegenseitige Abhängigkeit, auf das Bewusstsein kollektiver Verbundenheit als das Substrat und Fundament solidarischer sozialer Beziehungen. Heute gilt es, das Wissen um globale Abhängigkeiten zu stärken und ein Bewusstsein globaler Verbundenheit zu befördern. Denn im globalisierten Kapitalismus steht nicht nur »alles mit allem« in Beziehung – ökonomische Leistungs-, ökologische Belastungs-, soziale Wanderungsbilanzen –, sondern stehen auch »alle mit allen« in wirtschaftlichen Verhältnissen – europäische Konsument*innen mit chinesischen Produzent*innen, westeuropäische Mittelschichthaushalte mit osteuropäischen Haushaltsdienstleister*innen, die hochproduktiven Arbeitsverhältnisse von Kopfarbeiter*innen in den Zentren des globalen Kapitalismus mit den hochdestruktiven Arbeitsverhältnissen von Körperarbeiter*innen an dessen Peripherien. All diese Beziehungen der Abhängigkeit und Verbundenheit sprechen für eine strukturelle Grenzverschiebung der gesellschaftlichen Räume der Solidarität: Den funktionalen Entgrenzungen müssten entsprechende normative Entgrenzungen folgen.

Damit aber ist schon das entscheidende Problem angesprochen: Sie »müssten« eben folgen. Was sich hier stellt, und das hat die politische Philosophin Iris Marion Young in beeindruckender Klarheit herausgearbeitet, ist die Frage der politischen Verantwortung: Wer in eine soziale Struktur ungleicher Positionen gestellt ist, deren Strukturdynamik sich so gestaltet, dass die Zugangschancen zu den bessergestellten Positionen ihrerseits systematisch ungleich verteilt sind, steht in der politischen Verantwortung, diese Verteilungsverhältnisse und die Mechanismen ihres Zustandekommens zu verändern – im Sinne einer strukturellen Angleichung von Positionen wie Zugangschancen. Fraglos tragen die größte politische Verantwortung für eine solche Veränderung – oder aber für deren Ausbleiben – gerade jene, die unter den gegebenen Bedingungen am besten gestellt sind, über die meisten Ressourcen verfügen können und mit der größten Macht ausgestattet sind. Genau hier aber liegt das Dilemma jeder Transformation – dass sie nämlich in diesem Sinne »von oben« kommen müsste. Umgekehrt ist damit aber auch die zentrale Anforderung an eine Transformation »von unten« benannt: Dass sie nämlich kollektiv zu sein hat, eine gemeinsame Anstrengung der Wahrnehmung von politischer Verantwortung für eine den globalkapitalistischen Verhältnissen angemessene Praxis sozialer Solidarität sein muss. Das hat, angesichts der massiven Entpolitisierungseffekte, die der Siegeszug des nationalen wie transnationalen Neoliberalismus mit sich gebracht hat, zunächst im Kleinen anzufangen – als politische Basisarbeit gewissermaßen, mit einer von jedem und jeder Einzelnen zu betreibenden Repolitisierung seines beziehungsweise ihres Alltags. Aber was soll's: Alles, oder jedenfalls doch das Allermeiste, hat mal klein angefangen.

Klaus Dörre: Ich möchte zunächst noch einmal auf Hartmut Rosas Ausführungen zu den Eliten und zum Konflikt mit ihnen zurückkommen. In der jüngst erschienenen vierten Abteilung der MEGA sind Marxens Manchester-Exzerpthefte dokumentiert. Dort ist die Auseinandersetzung mit John Francis Bray, Robert Owen, Richard Parkinson und so weiter abgedruckt, also mit Frühsozialisten, die genauso argumentieren wie Sie, Herr Rosa, wenn Sie sagen, man muss nur die guten Beispiele schaffen und in einen vernünftigen kommunikativen Austausch bringen und dann wird das sozialistische Paradies kommen. Sie können sich eine Freude machen und lesen, was Marx dazu schreibt. Ihr argumentativer Trick besteht ja immer darin, auf meinen Einwand, dass es sich um ein Machtproblem handelt, zu antworten, die Kapitalisten seien doch gar nicht unbedingt böse. Stimmt, aber sie verhalten sich wie Charaktermasken mit freundlicher Fassade. Die können unglaublich nett sein. Zuckerberg ist so ein netter Typ. Der glaubt ja sogar, dass sein Unternehmen mit seinem globalen Kommunikationsraum die Lösung für alle Weltprobleme bereithält. Ich bin sicher, wenn er Rosas Resonanztheorie kennen würde, dann könnte er sagen: Die stimmt, die Theorie, folgen wir ihr, aber bitte nur mit Facebook. Die neuen Kapitalisten sind als Personen, aber auch im tagtäglichen Umgang mit ihren Untergebenen kein bisschen böse. Sie präsentieren sich als Solutionisten, diese Kapitalisten, duzen ihre Mitarbeiter*innen. Das Problem ist nur: Schon wenn man sie danach fragt, wie sie eigentlich ihre Profite generieren und wie sie mit der Allmende umgehen – also den der Allgemeinheit gehörenden Daten, die sie profitabel verwerten –, dann schweigen sie gerne. Stellen wir uns mal vor, Zuckerberg würde auf einen wie mich treffen, der sagt, dass man ihn enteignen und Facebook demokratisieren soll. Das wäre natürlich lächerlich. Aber was würde geschehen, wenn wir ernst machen würden mit der Expropriation der Expropriateure? Sobald die Eigentumsfrage in einer Weise politisch mobilisierungsfähig wäre, dass sie zu einer Bedrohung für die Zuckerbergs, Bezos' und so weiter dieser Welt würde, käme, sehr vorsichtig gesprochen, mächtiger Gegenwind auf. Die Technologiekonzerne sind nicht einmal bereit, fällige Steuern zu bezahlen. Dabei ist die Abschöpfung der Digitalisierungsgewinne und -renten das Minimum für unseren Beitrag zu einem Geschäftsmodell, dessen Datenrohstoff wir alle kostenfrei mitproduzieren. Die netten Zuckerbergs, Bezos' und so weiter betrachten dagegen schon Betriebsräte und Tarifverträge als eine unzumutbare Einschränkung der unternehmerischen Freiheit. Und die neuen digitalen Tagelöhner sind, was soziale Rechte angeht, auf dem Stand von, sagen wir, 1830. So funktioniert leider der Kapitalismus. Wenn man diese Funktionsweise nicht in Rechnung stellt und zum Gegenstand theoretischer und praktischer Kritik macht, wird man die Demokratisierung nicht befördern können.

Herausgeberinnen: Das ist beunruhigend. Dann sind wir theoretisch und politisch kaum über den Stand von 1830 hinausgekommen, während die Kapitalakkumulation einerseits und die Technikentwicklung (Stichwort Digitalisierung) andererseits unaufhörlich voranzuschreiten scheinen. Aber vielleicht ist es uns mit diesem Buch und unserer Kontroverse ja gelungen, nicht einfach im Kreis zu laufen, sondern uns eine Spiralwindung höher zu bewegen. Vielen Dank auf jeden Fall für Ihre Beiträge und die Diskussion!

Übersetzung der Beiträge von Nancy Fraser
aus dem Englischen von Henri Band

Literaturverzeichnis

Abendroth, Wolfgang (1966): *Das Grundgesetz. Eine Einführung in seine politischen Probleme*, Pfullingen: Verlag Günther Neske.

Abendroth, Wolfgang (1967): *Antagonistische Gesellschaft und politische Demokratie. Aufsätze zur politischen Soziologie*, Neuwied: Hermann Luchterhand Verlag.

Adloff, Frank/Leggewie, Claus (Hg.) (2014): *Das konvivialistische Manifest. Für eine neue Kunst des Zusammenlebens*, Bielefeld: transcript.

Adorno, Theodor W. (1997) [1959]: »Was bedeutet: Aufarbeitung der Vergangenheit«, in: ders., *Gesammelte Schriften*, Band 10.2, Frankfurt/M.: Suhrkamp, S. 555-572.

Agamben, Giorgio: »La democrazia è un concetto ambiguo. Intervista al Red Notebook e agli Ενθέματα της Αυγής [Gemme dell'Alba]«, in: *Doppiozero*, 04. 03. 2014,⟨http://www.doppiozero.com/materiali/interviste/giorgio-agamben-la-democrazia-è-un-concetto-ambiguo⟩, letzter Zugriff 25. 07. 2018.

Albright, Madeleine (2018): *Faschismus. Eine Warnung*, Köln: DuMont Verlag.

Althusser, Louis (2012): *Cours sur Rousseau (1972)*, Paris: Le Temps des Cerises.

Anderson, Perry (2018): *Hegemonie. Konjunkturen eines Begriffs*, Berlin: Suhrkamp.

Arendt, Hannah (1973): *The Origins of Totalitarianism*, New York: Harcourt Brace Jovanovich.

Arendt, Hannah (1994) [1960]: *Vita activa oder Vom tätigen Leben*, München: Piper.

Arendt, Hannah (1994): *Über die Revolution*, München: Piper.

Arendt, Hannah (1994): *Zwischen Vergangenheit und Zukunft. Übungen im politischen Denken*, München: Piper.

Arendt, Hannah (2003): *Was ist Politik? Fragmente aus dem Nachlaß*, München: Piper.

Arendt, Hannah ([11]2006): *Elemente und Ursprünge totaler Herrschaft. Antisemitismus, Imperialismus, totale Herrschaft*, München: Piper.

Arrighi, Giovanni (1994): *The Long Twentieth Century. Money, Power and the Origins of Our Times*, London, New York: Verso.

Asara, Viviana u. a. (2013): »Degrowth, Democracy and Autonomy«, in: *Environmental Values*, Jg. 22, Heft 2, S. 217-239.

Baccaro, Lucio (2017): *Trajectories of Neoliberal Transformation: European Industrial Relations Since the 1970s*, Cambridge: Cambridge University Press.

Balhorn, Loren/Sunkara, Bhaskar (2018): »›Demokratischer Sozialismus bedeutet, dass wir eine Wirtschaft aufbauen müssen, die nicht nur den Reichsten, sondern allen nützt.‹ Ein Interview mit Bernie Sanders«, in: dies. (Hg.), *Jacobin. Die Anthologie*, Berlin: Suhrkamp, S. 271-289.
Balibar, Étienne (2012): *Gleichfreiheit*, Berlin: Suhrkamp.
Barns, Ian (1995): »Environment, democracy and community«, in: *Environmental Politics*, Jg. 4, Heft 4, S. 101-133.
Bauer, Otto (1976): »Der Faschismus«, in: *Zwischen zwei Weltkriegen? Werkausgabe*, Band 4, Wien: Europa Verlag.
Beck, Sebastian/Perry, Thomas (2008): »Studie Soziale Segregation. Nebeneinander und Miteinander in der Stadtgesellschaft«, in: *vhw FW*, Heft 3, S. 115-122.
Bedorf, Thomas/Herrmann, Steffen (Hg.) (2016): *Das soziale Band: Geschichte und Gegenwart eines sozialtheoretischen Grundbegriffs*, Frankfurt/M., New York: Campus.
Benjamin, Walter (2010): »Über den Begriff der Geschichte«, in: ders., *Werke und Nachlaß. Kritische Gesamtausgabe*, Band 19, Berlin: Suhrkamp.
Benkemoune, Rabah (2009): »Charles Dunoyer and the Emergence of the Idea of an Economic Cycle«, in: *History of Political Economy*, Jg. 41, Heft 2, S. 271-295.
Biesecker, Adelheid/Hofmeister, Sabine (2010): »Focus: (Re)productivity: Sustainable relations both between society and nature and between the genders«, in: *Ecological Economics*, Jg. 69, Heft 8, S. 1703-1711.
Biesecker, Adelheid u. a. (2013): »Draußen? Zur Dialektik von Enteignung und Aneignung und zu deren aktuellen Erscheinungsformen«, in: *Das Argument*, Jg. 55, Heft 4, S. 522-538.
Bilgin, Pinar/Morton, Adam David (2002): »Historicising Representations of ›Failed States‹: Beyond the Cold-War Annexation of the Social Sciences?«, in: *Third World Quarterly*, Jg. 23, Heft 1, S. 55-80.
Birmingham, Peg (2006): *Hannah Arendt and Human Rights. The Predicament of Common Responsibility*, Bloomington: Indiana University Press.
Blühdorn, Ingolfur (2007): »The Third Transformation of Democracy: On the Efficient Management of Late-Modern Complexity«, in: Ders., Uwe Jun (Hg.), *Economic Efficiency – Democratic Empowerment*, Lanham u. a.: Lexington Press, S. 299-331.
Blühdorn, Ingolfur (2013): *Simulative Demokratie: Neue Politik nach der postdemokratischen Wende*, Berlin: Suhrkamp.
Blühdorn, Ingolfur (2013): »The governance of unsustainability: Ecology and democracy after the post-democratic turn«, in: *Environmental Politics*, Jg. 22, Heft 1, S. 16-36.
Blühdorn, Ingolfur (2016): »Das postdemokratische Diskursquartett.

Kommunikative Praxis in der Simulativen Demokratie«, in: *psychosozial*, Jg. 139, Heft 1, S. 51-68.
Blühdorn, Ingolfur (2018): »Nicht-Nachhaltigkeit auf der Suche nach einer politischen Form. Konturen der demokratischen Postwachstumsgesellschaft«, in: *Berliner Journal für Soziologie*, Jg. 28, Heft 1-2, S. 151-180.
Blühdorn, Ingolfur (2019): »The Legitimation Crisis of Democracy«, in: *Environmental Politics* [im Erscheinen].
Blühdorn, Ingolfur/Butzlaff, Felix (2018): »Rethinking Populism: Peak Democracy, Liquid Identity and the Performance of Sovereignty«, in: *European Journal of Social Theory*. DOI: 10.1177/1368431017754057.
Bobbio, Norberto (2009) [1995]: *Eguaglianza e libertà*, Torino: Einaudi.
Bobbio, Norberto (2014) [1984]: *El futuro della democrazia*, Torino: Einaudi.
Bobbio, Norberto (2014) [1990]: *L'età dei diritti*, Torino: Einaudi.
Boggs, Carl (2018): *Fascism Old and New*, New York: Routledge.
Bohmann, Ulf u. a. (2018): »Desynchronisation und Populismus. Ein zeitsoziologischer Versuch über die Demokratiekrise am Beispiel der Finanzmarktregulierung«, in: Jürgen Beyer/Christine Trampusch (Hg.), *Finanzialisierung, Demokratie und Gesellschaft. Kölner Zeitschrift für Soziologie und Sozialpsychologie*, Band 58, Sonderheft 1, Wiesbaden: VS Verlag, S. 195-226.
Borchert, Jens/Lessenich, Stephan (2016): *Claus Offe and the Critical Theory of the Capitalist State*, New York: Taylor & Francis, S. 48-76.
Bovero, Michelangelo (2016): »Diritti deboli, democrazie fragili. Sullo spirito del nostro tempo«, in: *Diritto e questioni pubbliche*, Jg. 16, Heft 2, S. 11-21.
Brand, Ulrich/Wissen, Markus (2012): »Global Environmental Politics and the Imperial Mode of Living: Articulations of State-Capital Relations in the Multiple Crisis«, in: *Globalizations*, Jg. 9, Heft 4, S. 547-560.
Brown, Wendy (2006): »American Nightmare. Neoliberalism, Neoconservatism, and De-Democratization«, in: *Political Theory*, Jg. 34, Heft 6, S. 690-714.
Brown, Wendy (2010): *Walled States, Waning Sovereignty*, New York: Zone Books.
Brown, Wendy (2015): *Undoing the Demos: Neoliberalism's Stealth Revolution.* New York: Zone Books.
Brown, Wendy (2015): *Die schleichende Revolution. Wie der Neoliberalismus die Demokratie zerstört*, Berlin: Suhrkamp.
Brown, Wendy (2018): *Mauern. Die neue Abschottung und der Niedergang der Souveränität*, Berlin: Suhrkamp.
Brunkhorst, Hauke (2018): »Das revolutionäre Potential des Parlamentarismus«, in: Martin Beck/Ingo Stützle (Hg.), *Die neuen Bonapartisten.*

Mit Marx den Aufstieg von Trump und Co. verstehen, Berlin: Dietz Verlag, S. 18-37.

Buchstein, Hubertus (2018): »Auf dem Weg zur Postwachstumsgesellschaft – Von der Resonanztheorie zur aleatorischen Demokratie«, in: *Berliner Journal für Soziologie*, Jg. 28, Heft 1, S. 209-236.

Buci-Glucksmann, Christine (1981): *Gramsci und der Staat. Für eine materialistische Theorie der Philosophie*, Köln: Pahl-Rugenstein.

Caplan, Bryan (2008): *The Myth of the Rational Voter: Why Democracies Choose Bad Policies*, Princeton: Princeton University Press.

Castel, Robert (2005): *Die Stärkung des Sozialen. Leben im neuen Wohlfahrtsstaat*, Hamburg: Hamburger Edition.

Castells, Manuel (2013): *Communication Power*, Oxford: Oxford University Press.

Castoriadis, Cornelius (1984): *Gesellschaft als imaginäre Institution. Entwurf einer politischen Philosophie*, Frankfurt/M.: Suhrkamp.

Castoriadis, Cornelius (1996): *La montée de l'insignifiance. Les carrefours du labyrinthe 4*, Paris: Seuil.

Celikates, Robin (2016): »Democratizing Civil Disobedience«, in: *Philosophy & Social Criticism*, Jg. 42, Heft 10, S. 982-994.

Celikates, Robin (2018): »Critical Theory and the Unfinished Project of Mediating Theory and Practice«, in: Axel Honneth u. a. (Hg.), *The Routledge Companion to the Frankfurt School*, London: Routledge, S. 206-220.

Celikates, Robin (2018): »Die Negativität der Revolution. Selbstreflexivität und Selbstbegrenzung jenseits des Liberalismus«, in: Thomas Khurana u. a. (Hg.), *Negativität. Kunst, Recht, Politik*, Berlin: Suhrkamp, S. 329-240.

Celikates, Robin (2019): »Constituent Power Beyond Exceptionalism: Irregular Migration, Disobedience, and (Re-)Constitution«, in: *Journal of International Political Theory*, Jg. 15, Heft 1, S. 67-81.

Connolly, William E. (2005): *Pluralism*, Durham: Duke University Press.

Costa, Pietro (2010): »Diritti e democrazia«, in: Alessandro Pizzorno (Hg.), *La democrazia di fronte allo stato. Una discussione sulle dificoltà della politica moderna*, Milano: Feltrinelli, S. 1-46.

Crouch, Colin (1999): »The Parabola of Working-Class Politics«, in: Andrew Gamble/Tony Wright (Hg.), *Rethinking Democracy: The Political Quarterly*, Jg. 70, Special Issue, S. 69-83.

Crouch, Colin (2004): *Post-Democracy*, Cambridge: Polity Press.

Crouch, Colin (2008): *Postdemokratie*, Frankfurt/M.: Suhrkamp.

Crouch, Colin (2011): *Das befremdliche Überleben des Neoliberalismus*, Berlin: Suhrkamp.

Crouch, Colin (2018): *Der Kampf um die Globalisierung*, Wien: Passagen Verlag.

Dahl, Robert Alan (1971): *Polyarchy. Participation and Opposition*, New Haven: Yale University Press.

Dardot, Pierre/Laval, Christian (2013): *The New Way of the World: On Neoliberal Society*, London: Verso.

De la Torre, Carlos (Hg.) (2015): *The Promise and Perils of Populism: Global Perspectives*, Lexington: University Press of Kentucky.

Della Porta, Donatella (2013): *Can Democracy Be Saved?*, Cambridge: Polity Press.

Deppe, Frank (2007): *Politisches Denken im Kalten Krieg. Teil 2: Systemkonfrontation, Golden Age, antiimperialistische Befreiungsbewegungen*, Hamburg: VSA.

Deppe, Frank (2013): *Autoritärer Kapitalismus. Demokratie auf dem Prüfstand*, Hamburg: VSA.

Diamond, Larry/Morlino, Leonardo (Hg.) (2005): *Assessing the Quality of Democracy*, Baltimore: The Johns Hopkins University Press.

Dobson, Andrew (2008) [1990]: *Green Political Thought*, London: Routledge.

Doering-Manteuffel, Anselm/Raphael, Lutz (2008): *Nach dem Boom. Perspektiven auf die Zeitgeschichte seit 1970*, Göttingen: Vandenhoeck und Ruprecht Verlag.

Dörre, Klaus (2009): »Die neue Landnahme. Dynamiken und Grenzen des Finanzmarktkapitalismus«, in: ders. u. a., *Soziologie – Kapitalismus – Kritik. Eine Debatte*, Frankfurt/M.: Suhrkamp, S. 21-86.

Dörre, Klaus (2016): »Die neue Konfliktformation. Klassen-Kämpfe in fragmentierten Arbeitsbeziehungen«, in: *Industrielle Beziehungen*, Jg. 23, Heft 3, S. 348-365.

Dörre, Klaus (2018): »Neo-Sozialismus oder: Acht Thesen zu einer überfälligen Diskussion«, in: *Blätter für deutsche und internationale Politik* Heft 6, S. 105-115.

Dörre, Klaus (2018): »Rosa Luxemburg. Die Akkumulation des Kapitals (1913)«, in: Manfred Brocker (Hg.), *Geschichte des politischen Denkens. Das 20. Jahrhundert*, Berlin: Suhrkamp, S. 80-95.

Dörre, Klaus u. a. (2018): »Arbeiterbewegung von rechts? Motive und Grenzen einer imaginären Revolte«, in: *Berliner Journal für Soziologie*, Jg. 28, Heft 1-2, S. 55-90.

Durkheim, Émile (1988) [1893]: *Über soziale Arbeitsteilung. Studie über die Organisation höherer Gesellschaften*, Frankfurt/M.: Suhrkamp.

Dux, Günter (2013): *Demokratie als Lebensform. Die Welt nach der Krise des Kapitalismus*, Weilerswist: Velbrück.

Eckersley, Robyn (2004): *The Green State. Rethinking Democracy and Sovereignty*, London: MIT Press.

Efler, Michael u. a.: »The General Court annuls the Commission decision refusing the registration of the proposed European citizens' initiative ›Stop TTIP‹«, in: *Curia* (Press Release 49), 10. 05. 2017, ⟨https://curia.europa.eu/jcms/upload/docs/application/pdf/2017-05/cp170049en.pdf⟩, letzter Zugriff 16. 10. 2018.

Elias, Norbert/Scotson, John L. (1990): *Etablierte und Außenseiter*, Frankfurt/M.: Suhrkamp.

Engels, Friedrich (1990) [1850]: *Einleitung zu Karl Marx' »Klassenkämpfe in Frankreich 1848 bis 1850«*, in: MEW 22, Berlin: Dietz Verlag.

Eversberg, Dennis (2014): »Die Erzeugung kapitalistischer Realitätsprobleme: Wachstumsregimes und ihre subjektiven Grenzen«, in: *WSI-Mitteilungen*, Jg. 67, Heft 7, S. 528-535.

Ferreras, Isabelle (2017): *Firms as Political Entities: Saving Democracy Through Economic Bicameralism*, Cambridge: Cambridge University Press.

Fishkin, James S. (2005): *Democracy and Deliberation. New Directions for Democratic Reform*, New Haven: Yale University Press.

Fishkin, James S./Luskin, Robert C. (2005): »Experimenting with a Democratic Ideal: Deliberative Polling and Public Opinion«, in: *Acta Politica*, Jg. 40, Heft 3, S. 284-298.

Flassbeck, Heiner/Steinhardt, Paul (2018): *Gescheiterte Globalisierung. Ungleichheit, Geld und die Renaissance des Staates*, Berlin: Suhrkamp.

Forsthoff, Ernst (Hg.) (1968): *Rechtsstaatlichkeit und Sozialstaatlichkeit*, Darmstadt: Wissenschaftliche Buchgesellschaft Darmstadt.

Foster, John Bellamy u. a. (2010): *The Ecological Rift. Capitalism's War on the Earth*, New York: Monthly Review Press.

Frankfurter Allgemeine Zeitung: »Wir haben von der griechischen Bevölkerung zu viel verlangt«, 02. 09. 2018, ⟨https://www.faz.net/aktuell/wirtschaft/eurokrise/haben-von-der-griechischen-bevoelkerung-zu-viel-verlangt-sagt-ex-eurogruppenchef-dijsselbloem-15767461.html⟩, letzter Zugriff 12. 12. 2018.

Fraser, Nancy (2008): »Redistribution or Recognition? Dilemmas of Justice in a »Postsocialist« Age«, in: Kevin Olson (Hg.), *Adding Insult to Injury: Nancy Fraser Debates Her Critics*, London: Verso, S. 9-41.

Fraser, Nancy (2013): »A Triple Movement? Parsing the Politics of Crisis after Polanyi«, in: *New Left Review* Heft 81, S. 119-132.

Fraser, Nancy (2014): »Behind Marx's Hidden Abode. For an Expanded Conception of Capitalism«, in: *New Left Review* Heft 86, S. 55-72.

Fraser, Nancy (2016): »Contradictions of Capital and Care«, in: *New Left Review*, Heft 100, S. 99-117.

Fraser, Nancy (2017): »From Progressive Neoliberalism to Trump-and Beyond«, in: *American Affairs*, Jg. I, Heft 4, S. 46-64.
Fraser, Nancy (2018): »Is Capitalism *Necessarily* Racist?« [2018 Presidential Address, APA Eastern Division], in: *Proceedings and Addresses of the American Philosophical Association*, Jg. 92, S. 21-42.
Fraser, Nancy/Jaeggi, Rahel (2018): *Capitalism: A Conversation in Critical Theory*, Cambridge: Polity Press.
Fratzscher, Marcel (2016): *Verteilungskampf. Warum Deutschland immer ungleicher wird*, München: Hanser.
Freeland, Chrystia (2013): *Die Superreichen. Aufstieg und Herrschaft einer neuen globalen Geldelite*, Frankfurt/M.: Westend.

Galbraith, James K. (2016): *Wachstum neu denken. Was die Wirtschaft aus den Krisen lernen muss*, Zürich: Rotpunktverlag.
Gallie, Walter Bryce (1956): »Essentially Contested Concepts«, in: *Proceedings of the Aristotelian Society*, Jg. 56, S. 167-198.
Geiselberger, Heinrich (Hg.) (2017): *Die große Regression*, Berlin: Suhrkamp.
Genovese, Michael A./Streb, Matthew J. (Hg.) (2004): *Polls and Politics. The Dilemmas of Democracy*, Albany: State University of New York Press.
Gill, Stephen (1998): »New Constitutionalism, Democratisation and Global Political Economy«, in: *Pacifica Review*, Jg. 10, Heft 1, S. 23-38.
Gill, Stephen (2015): »Market Civilization, New Constitutionalism and World Order«, in: ders., A. Claire Cutler (Hg.), *New Constitutionalism and World Order*, Cambridge: Cambridge University Press, S. 29-44.
Gonçalves, Guilherme Leite (2017): *Kapitalistische Landnahme: Eine Erweiterung der kritischen Rechtssoziologie*, Working Paper 4/2017 der DFG-Kollegforscher_innengruppe Postwachstumsgesellschaften, Jena.
Gourevitch, Peter (1986): *Politics in Hard Times: Comparative Responses to International Economic Crises*, Ithaca: Cornell University Press.
Gramsci, Antonio (1991): *Gefängnishefte*, Band 1-10, Hamburg: Argument Verlag.
Gray, Christopher Berry (2011): *The Methodology of Maurice Hauriou. Legal, Sociological, Philosophical*, Amsterdam, New York: Rodopi.

Habermas, Jürgen (1985): *Der philosophische Diskurs der Moderne*, Frankfurt/M.: Suhrkamp.
Habermas, Jürgen ([4]1987): *Theorie des kommunikativen Handelns*, Band 2, Frankfurt/M.: Suhrkamp.
Habermas, Jürgen (1992): *Faktizität und Geltung. Beiträge zur Diskurstheorie des Rechts und des demokratischen Rechtsstaats*, Frankfurt/M.: Suhrkamp.

Hardt, Michael/Negri, Antonio (2018): *Assembly. Die neue demokratische Ordnung*, Frankfurt/M.: Campus.

Harvey, David (2004): »The ›New‹ Imperialism: Accumulation by Dispossession«, in: *Socialist Register*, Jg. 40, S. 63-87.

Harvey, David (2005): *A Brief History of Neoliberalism*, Oxford: Oxford University Press.

Heisterhagen, Nils (2018): *Die liberale Illusion. Warum wir einen linken Realismus brauchen*, Bonn: Dietz Verlag.

Heitmeyer, Wilhelm (2018): *Autoritäre Versuchungen. Signaturen der Bedrohung 1*, Berlin: Suhrkamp.

Held, David ([3]2006): *Models of Democracy*, Cambridge: Polity Press.

Hennis, Wilhelm (1999): »Meinungsforschung und repräsentative Demokratie«, in: ders., *Regieren im modernen Staat*, Tübingen: Mohr, S. 37-88.

Herzog, Lisa (2017): »Can incomes in financial markets be deserved? A justice-based critique«, in: Dies. (Hg.), *Just Financial Markets? Finance in a Just Society*, Oxford: Oxford University Press, S. 103-121.

Herzog, Lisa (2018): *Reclaiming the System. Moral Responsibility, Divided Labour, and the Role of Organizations in Society*, Oxford: Oxford University Press.

Hill Collins, Patricia (1986): »Learning from the Outsider Within: The Sociological Significance of Black Feminist Thought«, in: *Social Problems*, Jg. 33, Heft 6, S. 14-32.

Hirschman, Albert O. (1991): *The Rhetoric of Reaction. Perversity, Futility, Jeopardy*, Cambridge: Harvard University Press.

Hobsbawm, Eric J. (1954): »The General Crisis of the European Economy in the 17th Century«, in: *Past & Present*, Jg. 5, Heft 1, S. 33-53.

Hobsbawm, Eric J. (2017): *Das lange 19. Jahrhundert, Band 2: Die Blütezeit des Kapitals 1848-1875*, Darmstadt: Theiss Verlag.

hooks, bell (1984): *From Margin to Center.* Boston: South End Press.

Hudson, Michael (2016): *Der Sektor. Warum die globale Finanzwirtschaft uns zerstört*, Stuttgart: Klett-Cotta.

Illner, Maybrit: Talkshow am 05. 10. 2017, ⟨https://www.youtube.com/watch?v=apNwZcpOdGU⟩, letzter Zugriff 26. 10. 2018.

Ingrao, Pietro/Rossanda, Rossana (1996): *Verabredungen zum Jahrhundertende. Eine Debatte über die Entwicklung des Kapitalismus und die Aufgaben der Linken*, Hamburg: VSA.

Jessop, Bob (2018): »Finance-Dominated Accumulation, the Austerity State, and Post-Democracy«, in: *Berliner Journal für Soziologie*, Jg. 28, Heft 1-2, S. 9-38.

Kant, Immanuel (1983) [1781]: *Kritik der reinen Vernunft*, Werkausgabe Band II (hrsg. W. Weischedel), Darmstadt: Wissenschaftliche Buchgesellschaft.

Kapp, Karl William (1953): *The Social Costs of Private Enterprise*, Cambridge: Harvard University Press.

Kelsen, Hans (1955): »Foundations of democracy«, in: *Ethics*, Jg. 66, Heft 1, S. 1-101.

Kielmansegg, Peter Graf (1977): *Volkssouveränität. Eine Untersuchung der Bedingungen demokratischer Legitimität*, Stuttgart: Klett-Cotta.

Kielmansegg, Peter Graf (1985): »Die ›Quadratur des Zirkels‹. Überlegungen zum Charakter der repräsentativen Demokratie«, in: Ulrich Matz (Hg.), *Aktuelle Herausforderungen der repräsentativen Demokratie*, Köln, S. 9-41.

Kielmansegg, Peter Graf (2013): *Die Grammatik der Freiheit. Acht Versuche über den demokratischen Verfassungsstaat*, Baden-Baden: Nomos.

Kielmansegg, Peter Graf (2016): *Repräsentation und Partizipation. Überlegungen zur Zukunft der repräsentativen Demokratie*, Sitzungsbericht der Wissenschaftlichen Gesellschaft an der Johann Wolfgang Goethe-Universität Frankfurt am Main, Band LIII Nr. 3, Stuttgart.

Koselleck, Reinhart (1982): »Krise«, in: Otto Brunner u. a. (Hg.), *Geschichtliche Grundbegriffe. Historisches Lexikon zur politisch-sozialen Sprache in Deutschland*, Band 3, Stuttgart: Klett-Cotta, S. 617-650.

Koselleck, Reinhart (2006): »Einige Fragen an die Begriffsgeschichte von ›Krise‹«, in: ders., *Begriffsgeschichten. Studien zur Semantik und Pragmatik der politischen und sozialen Sprache*, Frankfurt/M.: Suhrkamp, S. 203-217.

Koselleck, Reinhart/Richter, Michaela W. (2006): »Crisis«, in: *Journal of the History of Ideas*, Jg. 67, Heft 2, S. 357-400.

Kronauer, Martin/Siebel, Walter (Hg.) (2013): *Polarisierte Städte. Soziale Ungleichheit als Herausforderung für die Stadtpolitik*, Frankfurt/M., New York: Campus.

Laclau, Ernesto (2000): »Identity and Hegemony. The Role of Universality in the Constitution of Political Logics«, in: Judith Butler u. a. (Hg.), *Contingency, Hegemony, Universality. Contemporary Dialogues on the Left*, London: Verso, S. 44-89.

Laclau, Ernesto (2018): *On Populist Reason*, London, New York: Verso.

Laclau, Ernesto/Mouffe, Chantal (2012): *Hegemonie und radikale Demokratie. Zur Dekonstruktion des Marxismus*, Wien: Passagen Verlag.

Lalatta Costerbosa, Marina (2014): *La democrazia assediata. Saggio sui principi e sulla loro violazione*, Rom: DeriveApprodi.

Lash, Scott (1987): *The End of Organized Capitalism*, Cambridge: Polity Press.

Latour, Bruno (1995): *Wir sind nie modern gewesen. Versuch einer symmetrischen Anthropologie*, Berlin: Suhrkamp.
Latour, Bruno (2014): *Existenzweisen. Eine Anthropologie der Modernen*, Berlin: Suhrkamp.
Lessenich, Stephan (2016): *Neben uns die Sintflut. Die Externalisierungsgesellschaft und ihr Preis*, Berlin: Hanser Berlin.
Love, Nancy Sue (2006): *Musical Democracy*, Albany: State University of New York Press.
Luxemburg, Rosa (1975) [1913]: *Die Akkumulation des Kapitals. Ein Beitrag zur ökonomischen Erklärung des Imperialismus*, in: Gesammelte Werke Band 5: Dietz Verlag.

Maaz, Kai u.a. (Hg.) (2014): *Herkunft und Bildungserfolg von der frühen Kindheit bis ins Erwachsenenalter. Forschungsstand und Interventionsmöglichkeiten aus interdisziplinärer Perspektive*, Zeitschrift für Erziehungswissenschaft, Sonderheft 24, Wiesbaden: VS Verlag.
Macpherson, Crawford Brough (1977): *The Life and Times of Liberal Democracy*, Oxford: Oxford University Press.
Manin, Bernard (1997): *Principles of Representative Government*, New York: Cambridge University Press.
Marchart, Oliver (2010): *Die politische Differenz. Zum Denken des Politischen bei Nancy, Lefort, Badiou, Laclau und Agamben*, Berlin: Suhrkamp.
Marcuse, Herbert (1964): *One-Dimensional Man*, Boston: Beacon Press.
Marshall, Thomas H. (1950): *Citizenship and Social Class and Other Essays*, Cambridge: Cambridge University Press.
Marshall, Thomas H. (1992): *Bürgerrechte und soziale Klassen. Zur Soziologie des Wohlfahrtsstaates*, Frankfurt/M.: Campus.
Marshall, Thomas H./Bottomore, Tom (1987): *Citizenship and Social Class*. London: Pluto Press.
Marx, Karl (1962) [1875]: *Kritik des Gothaer Programms*, in: MEW 19, Berlin: Dietz Verlag.
Marx, Karl (1973) [1843]: *Zur Kritik der Hegelschen Rechtsphilosophie*, in: MEW 1, Berlin: Dietz Verlag.
Marx, Karl (1973) [1867]: *Das Kapital*, Erster Band, in: MEW 23, Berlin: Dietz Verlag.
McCarthy, Thomas (2015): *Rassismus, Imperialismus und die Idee menschlicher Entwicklung*, Berlin: Suhrkamp.
Mellor, Mary (1997): »Women, nature and the social construction of ›economic man‹«, in: *Ecological Economics*, Jg. 20, Heft 2, S. 129-140.
Mellor, Mary (2006): »Ecofeminist political economy«, in: *International Journal of Green Economics*, Jg. 1, Heft 1, S. 139-150.
Meynen, Nick: »Controversial EU Canada trade deal, which threatens en-

vironmental protections, is tested by Europe's highest court«, in: *Meta*, 26.06.2018, ⟨https://metamag.org/2018/06/26/controversial-eu-canada-trade-deal-which-threatens-environmental-protections-is-tested-by-europes-highest-court/⟩ letzter Zugriff 16.10.2018.

Milanović, Branko (2016): *Die ungleiche Welt. Migration, das Eine Prozent und die Zukunft der Mittelschicht*, Berlin: Suhrkamp.

Milanović, Branko (2017): *Haben und Nichthaben. Eine kurze Geschichte der Ungleichheit*, Stuttgart: Theiss Verlag.

Miliband, Ralph (1975): *Der Staat in der kapitalistischen Gesellschaft*, Frankfurt/M.: Suhrkamp.

Milstein, Brian (2015): »Thinking Politically about Crisis: A Pragmatist Perspective«, in: *European Journal of Political Theory*, Jg. 14, Heft 2, S. 141-160.

Mitchell, Timothy (2011): *Carbon Democracy. Political Power in the Age of Oil*, London: Verso.

Mkandawire, Thandika (2015): »Neopatrimonialism and the Political Economy of Economic Performance in Africa: Critical Reflections«, in: *World Politics*, Jg. 67, Heft 3, S. 563-612.

Moore, Jason W. (2000): »Sugar and the Expansion of the Early Modern World-Economy: Commodity Frontiers, Ecological Transformation, and Industrialization«, in: *Review (Fernand Braudel Center)*, Jg. 23, Heft 3, S. 409-433.

Morozov, Evgeny (2013): *Smarte neue Welt. Digitale Technik und die Freiheit des Menschen*, München: Karl Blessing Verlag.

Mouffe, Chantal (2007): *Über das Politische. Wider die kosmopolitische Illusion*, Frankfurt/M.: Suhrkamp.

Mouffe, Chantal (2018): *Für einen linken Populismus*, Berlin: Suhrkamp.

Müller, Jan-Werner (2016): *Was ist Populismus? Ein Essay*, Berlin: Suhrkamp.

Münkler, Herfried/Bluhm, Harald/Fischer, Karsten (Hg.): *Gemeinwohl und Gemeinsinn*, Band I-IV, Berlin: Akademie Verlag.

Muraca, Barbara (2012): »Towards a fair degrowth-society: Justice and the right to a ›good life‹ beyond growth«, in: *Futures*, Jg. 44, S. 542 f.

Muraca, Barbara (2013): »Décroissance: A Project for a Radical Transformation of Society«, in: *Environmental Values*, Jg. 22, Heft 2, S. 147-169.

Nachtwey, Oliver (2016): *Die Abstiegsgesellschaft. Über das Aufbegehren in der regressiven Moderne*, Berlin: Suhrkamp.

Nagle, Angela (2018): *Die digitale Gegenrevolution. Online-Kulturkämpfe der Neuen Rechten von 4chan und Tumblr bis zur Alt-Right und Trump*, Bielefeld: transcript.

Nullmeier, Frank: »Once Upon a Time in the West. Mark Lilla sucht die Zukunft des Liberalismus in seiner goldenen Vergangenheit«, in: *So-*

ziopolis, 18.12.2017, ⟨https://soziopolis.de/lesen/buecher/artikel/once-upon-a-time-in-the-west/⟩, letzter Zugriff 11.06.2018.

O'Connor, James (1988): »Capitalism, Nature, Socialism: A Theoretical Introduction«, in: *Capitalism, Nature, Socialism*, Jg. 1, Heft 1, S. 1-22.

O'Connor, Kieran: »»Don't they represent us?«: A discussion between Jacques Rancière and Ernesto Laclau«, in: *Verso Blog*, 26.05.2015, ⟨https://www.versobooks.com/blogs/2008-don-t-they-represent-us-a-discussion-between-jacques-ranciere-and-ernesto-laclau⟩, letzter Zugriff 10.01.2019.

Offe, Claus: »Democracy in crisis: Two and a half theories about the operation of democratic capitalism«, in: *openDemocracy*, 09.07.2012, ⟨http://www.opendemocracy.net/claus-offe/democracy-in-crisis-two-and-half-theories-about-operation-of-democratic-capitalism⟩, letzter Zugriff 25.07.2018.

Ogien, Albert/Laugier, Sandra (2014): *Le principe démocratie. Enquête sur les nouvelles formes du politique*, Paris: La Découverte.

Pateman, Carole (1970): *Participation and Democratic Theory*, Cambridge: Cambridge University Press.

Pellizzoni, Luigi (2018): »Responsibility and ultimate ends in the age of the unforeseeable: On the current relevance of Max Weber's political ethics«, in: *Journal of Classical Sociology*, Jg. 18, Heft 3, S. 197-214.

Piketty, Thomas (2014): »Das Ende des Kapitalismus im 21. Jahrhundert?«, in: *Blätter für deutsche und internationale Politik*, Heft 12, S. 41-52.

Pitkin, Hanna Fenichel (1972): *The Concept of Representation*, Berkeley, Los Angeles: University of California Press.

Plumwood, Val (1995): »Has democracy failed ecology? An ecofeminist perspective«, in: *Environmental Politics*, Jg. 4, Heft 4, S. 134-168.

Polanyi, Karl (1995) [1944]: *The Great Transformation. Politische und ökonomische Ursprünge von Gesellschaften und Wirtschaftssystemen*, Frankfurt/M.: Suhrkamp.

Polanyi, Karl (^{2}2001) [1944]: *The Great Transformation*, Boston: Beacon.

Poulantzas, Nicos (1975): *Politische Macht und gesellschaftliche Klassen*, Frankfurt/M.: Athenäum-Fischer.

Rancière, Jacques (2005): *La haine de la démocratie*, Paris: La Fabrique éditions.

Rödel, Ulrich u. a. (1989): *Die demokratische Frage. Ein Essay*, Frankfurt/M.: Suhrkamp.

Rokkan, Stein (1975): »Dimensions of State Formation and Nation-Building: A Possible Paradigm for Research on Variations within Europe«, in:

Charles Tilly (Hg.), *The Formation of National States in Western Europe*, Princeton: Princeton University Press, S. 562-600.

Rosa, Hartmut (2012): »Politische Weltbeziehungen unter den Bedingungen sozialer Beschleunigung«, in: ders., *Weltbeziehungen im Zeitalter der Beschleunigung. Umrisse einer neuen Gesellschaftskritik*, Berlin: Suhrkamp, S. 357-373.

Rosa, Hartmut (2013): *Beschleunigung und Entfremdung. Entwurf einer kritischen Theorie spätmoderner Zeitlichkeit*, Berlin: Suhrkamp.

Rosa, Hartmut (2014): »Die Natur als Resonanzraum und als Quelle starker Wertungen«, in: Gerald Hartung/Thomas Kirchhoff (Hg.), *Welche Natur brauchen wir? Analyse einer anthropologischen Grundproblematik des 21. Jahrhunderts*, Freiburg, München: Verlag Karl Alber, S. 123-141.

Rosa, Hartmut (2016): »Der Versuch einer sklerotischen Gesellschaft, sich die Welt vom Leibe zu halten – und ein Vorschlag zum Neuanfang«, in: Karl-Siegbert Rehberg u. a. (Hg.), *PEGIDA – Rechtspopulismus zwischen Fremdenangst und »Wende«-Enttäuschung? Analysen im Überblick*, Bielefeld: transcript, S. 289-296.

Rosa, Hartmut (2016): »Einem Ruf antworten. Bruno Latours andere Soziologie der Weltbeziehung«, in: *Soziologische Revue*, Jg. 39, Heft 4, S. 552-560.

Rosa, Hartmut (2016): »Politik ohne Resonanz. Wie wir die Demokratie wieder zum Klingen bringen«, in: *Blätter für deutsche und internationale Politik*, Jg. 61, Heft 6, S. 97-108.

Rosa, Hartmut (2016): *Resonanz. Eine Soziologie der Weltbeziehung*, Berlin: Suhrkamp.

Rosa, Hartmut (2017): »Für eine affirmative Revolution. Eine Antwort auf meine Kritiker_innen«, in: Christian Helge Peters/Peter Schulz (Hg.), *Resonanzen und Dissonanzen. Hartmut Rosas kritische Theorie in der Diskussion*, Bielefeld: transcript, S. 311-330.

Rosa, Hartmut u. a. (2017): »Appropriation, Activation and Acceleration. The Escalatory Logics of Capitalist Modernity and the Crisis of Dynamic Stabilization«, in: *Theory, Culture & Society*, Jg. 34, Heft 1, S. 53-73.

Rose, Gideon u. a. (Hg.) (2018): Schwerpunkt »Is Democracy Dying?«, *Foreign Affairs*, Heft 3.

Rosenberg, Arthur (1962): *Demokratie und Sozialismus. Zur politischen Geschichte der letzten 150 Jahre*, Frankfurt/M.: Europäische Verlagsanstalt.

Salleh, Ariel (2010): »From metabolic rift to ›metabolic value‹: Reflections on environmental sociology and the alternative globalization movement«, in: *Organization & Environment*, Jg. 23, Heft 2, S. 205-219.

Satgar, Vishwas (2009): »Global Capitalism and the Neo-Liberalisation of Africa«, in: Roger Southall/Henning Melber (Hg.), *A New Scramble for*

Africa? Imperialism, Investment and Development, Pietermaritzburg: University of KwaZulu Natal Press.
Satgar, Vishwas (2013): »We Need a Truly Transformative Democracy«, *Mail & Guardian*, 06.09.2013 ⟨https://mg.co.za/article/2013-09-06-00-we-need-a-truly-transformative-democracy⟩, letzter Zugriff am 08.11.2018.
Schultze, Rainer-Olaf (2010): »Demokratie«, in: ders., Dieter Nohlen (Hg.), *Lexikon der Politikwissenschaft. Theorien, Methoden, Begriffe*, München: C. H. Beck, S. 137-141.
Schumpeter, Joseph Alois (1976): *Capitalism, Socialism and Democracy*, London: Routledge.
Schwarz, Robert (2018): »Demokratie unter Druck: Polarisierung und Repression nehmen weltweit zu«, Transformationsindex BTI 2018, 22.03.2018 ⟨https://www.bertelsmann-stiftung.de/themen/aktuelle-meldungen/2018/maerz/demokratie-unter-druck-polarisierung-und-repression-nehmen-weltweit-zu/⟩, letzter Zugriff am 17.05.2018.
Sörensen, Paul (2016): *Entfremdung als Schlüsselbegriff einer kritischen Theorie der Politik. Eine Systematisierung im Ausgang von Karl Marx, Hannah Arendt und Cornelius Castoriadis*, Baden-Baden: Nomos.
Srnicek, Nick (2017): *Platform Capitalism*, Cambridge: Polity Press.
Steiner, Hillel (1994): *An Essay on Rights*, Oxford: Blackwell.
Stewart, Ross E. (1984): »Sismondi's Forgotten Ethical Critique of Early Capitalism«, in: *Journal of Business Ethics*, Jg. 3, Heft 3, S. 227-234.
Streeck, Wolfgang (2009): *Re-Forming Capitalism. Institutional Change in the German Political Economy*, Oxford: Oxford University Press.
Streeck, Wolfgang (2013): *Gekaufte Zeit. Die vertagte Krise des demokratischen Kapitalismus*, Berlin: Suhrkamp.
Streeck, Wolfgang (2013): »The crisis in context: Democratic capitalism and its contradictions«, in: ders., Armin Schäfer (Hg.), *Politics in the age of austerity*, Cambridge: Polity Press, S. 262-286.
Streeck, Wolfgang (2014): »How Will Capitalism End?«, in: *New Left Review*, Heft 87, S. 35-64.
Streeck, Wolfgang (2015): *Gekaufte Zeit – Die vertagte Krise des demokratischen Kapitalismus. Erweiterte Ausgabe*, Berlin: Suhrkamp.

Temper, Leah u. a. (2018): »The Global Environmental Justice Atlas (EJAtlas): ecological distribution conflicts as forces for sustainability«, in: *Sustainability Science*, Jg. 13, Heft 3, S. 573-584.
Thadden, Elisabeth von (2018): *Die berührungslose Gesellschaft*, München: C. H. Beck.
Thalheimer, August (1967): »Über den Faschismus«, in: Wolfgang Abendroth u. a. (Hg.), *Faschismus und Kapitalismus. Theorien über die sozialen Ursprünge und die Funktionen des Faschismus*, Frankfurt/M., Wien: Europäische Verlagsanstalt, S. 19-38.

Trump, Donald (2016): »Acceptance Speech« auf der »Republican National Convention«, ⟨https://www.youtube.com/watch?v=pWcez2OwT9s⟩, letzter Zugriff 19. 06. 2018.

Tully, James (2009): *Politische Philosophie als kritische Praxis*, Frankfurt/M.: Campus.

Urbinati, Nadia (2014): *Democracy Disfigured: Opinion, Truth, and the People*, Boston: Harvard University Press.

Victor, Peter A. (2008): *Managing Without Growth. Slower by Design, Not Disaster*, Cheltenham/Northampton: Edward Elgar Publishing.

Vollmer, Albert u. a. (Hg.) (2015): *Konstruktive Kontroverse in Organisationen. Konflikte bearbeiten, Entscheidungen treffen, Innovationen fördern*, Wiesbaden: Springer Gabler.

Vorländer, Hans (2010): *Demokratie. Geschichte, Formen, Theorie*, München: C. H. Beck.

Wallerstein, Immanuel (2003): »Citizens All? Citizens Some! The Making of the Citizen«, in: *Comparative Studies in Society and History*, Jg. 45, Heft 4, S. 650-679.

White Jr., Lynn (1967): »The Historical Roots of Our Ecological Crisis«, in: *Science*, Jg. 155, Heft 3767, S. 1203-1207.

Wilensky, Harold L. (2002): *Rich Democracies. Political Economy, Public Policy, and Performance*, Berkeley: University of California Press.

Williams, Michelle (2008): *The Roots of Participatory Democracy: Democratic Communists in South Africa and Kerala*, London: Palgrave.

Williams, Michelle (2017): »Practising Democratic Communism in Kerala, India«, in: Leo Panitch, Greg Albo (Hg.), *The Socialist Register: Rethinking Democracy*, London: Merlin Press and Leftword Books, S. 244-262.

Wittman, Donald A. (1997): *The Myth of Democratic Failure: Why Political Institutions Are Efficient*, Chicago: University of Chicago Press.

Wolin, Sheldon (2010): *Democracy Incorporated: Managed Democracy and the Specter of Inverted Totalitarianism*, Princeton: Princeton University Press.

Wood, Ellen Meiksins (1981): »The Separation of the Economic and the Political in Capitalism«, in: *New Left Review* I/127, S. 66-95.

Wood, Ellen Meiksins (1995): *Democracy Against Capitalism: Renewing Historical Materialism*, Cambridge: Cambridge University Press.

Wood, Ellen Meiksins (2010): *Demokratie contra Kapitalismus: Beiträge zur Erneuerung des historischen Materialismus*, Köln: ISP.

Wood, Ellen Meiksins (2015): *Der Ursprung des Kapitalismus. Eine Spurensuche*, Hamburg: LAIKA.

Young, Iris Marion (2011): *Responsibility for Justice*, Oxford: Oxford University Press.

Über die Autorinnen und Autoren

Viviana Asara ist Assistenzprofessorin am Institute for Multi-Level Governance and Development an der Wirtschaftsuniversität Wien. Ihre Arbeitsschwerpunkte sind Demokratie- und Staatentheorien, Degrowth und sozial-ökologische Transformation sowie soziale Bewegungen und Bewegungsparteien.

Banu Bargu ist Privatdozentin für Bewusstseinsgeschichte an der University of California, Santa Cruz, und beschäftigt sich u. a. mit den Themen Souveränität und Demokratie, Körper und Subjektivität sowie Gewalt und Widerstand. Bargu schrieb *Starve and Immolate: The Politics of Human Weapons* (Columbia University Press 2014), das den APSA's *First Book Prize* der *Foundations of Political Thought Section* gewann.

Ingolfur Blühdorn leitet das Institut für Gesellschaftswandel und Nachhaltigkeit (IGN) an der WU Wien. Die Schwerpunkte seiner wissenschaftlichen Arbeit liegen im Bereich der Gesellschaftstheorie, Demokratietheorie, umweltpolitischen Theorie und der emanzipatorisch-demokratischen Bewegungen in postindustriellen Gesellschaften.

Robin Celikates ist Associate Professor of Political and Social Philosophy an der Universität von Amsterdam und 2018/2019 Fellow am Institute for Advanced Study in Princeton. Zu seinen Buchveröffentlichungen zählt u. a. *Kritik als soziale Praxis. Gesellschaftliche Selbstverständigung und kritische Theorie* (Campus 2009).

Klaus Dörre ist Professor für Arbeits-, Industrie- und Wirtschaftssoziologie an der Friedrich-Schiller-Universität Jena, Direktor des Forschungskollegs Postwachstumsgesellschaften und Mitherausgeber des *Berliner Journal für Soziologie* und des *Global Dialogue*. Zu seinen Publikationen zählt u. a. *Counter-Landnahme? Labour Disputes in the Care-Workfield* (mit K. Becker, Y. Kutlu; *Equality, Diversity and Inclusion: An International Journal* 37 (2018)).

Nancy Fraser ist Henry A. and Louise Loeb Professorin für Philosophie und Politik an der New School for Social Research in New York, Gastprofessorin am Dartmouth College und Inhaberin des Vorsitzes am Collège d'études mondiales, Paris. Ihr neuestes Buch ist *Feminism for the 99 %: A Manifesto* (mit C. Arruzza, T. Bhattacharya, Verso 2019).

Lisa Herzog ist Professorin für Politische Philosophie und Theorie an der School of Governance der Technischen Universität München. Zu ihren neuesten Publikationen zählt u. a. *Inventing the Market. Smith, Hegel, and Political Theory* (Oxford University Press 2013).

Stephan Lessenich ist Professor für Soziologie an der Ludwig-Maximilians-Universität (LMU) München und ehemaliger Vorsitzender der Deutschen Gesellschaft für Soziologie (DGS). Zu seinen jüngsten Buchpublikationen zählt u. a. *Neben uns die Sintflut. Die Externalisierungsgesellschaft und ihr Preis* (Hanser Berlin 2016; Piper 2018; englische Übersetzung Polity 2019).

Brian Milstein ist wissenschaftlicher Mitarbeiter der Goethe-Universität Frankfurt am Main am Institut für Politikwissenschaft. Zu seinen letzten Veröffentlichungen zählt u. a. N. Fraser, R. Jaeggi, *Capitalism: A Conversation in Critical Theory*, Polity 2018).

Hartmut Rosa ist Professor für Soziologie an der Friedrich-Schiller-Universität Jena und Direktor des Forschungskollegs Postwachstumsgesellschaften. Veröffentlicht hat er u. a. *Unverfügbarkeit* (Residenz Verlag 2018).

Michelle Williams ist Professorin für Soziologie an der University of the Witwatersrand (Wits) sowie seit 2010 Vorsitzende des Global Labour University Programme (GLU) in Wits. Zu ihren Publikationen zählt u. a. *The Roots of Participatory Democracy: Democratic Communists in South Africa and Kerala, India* (Palgrave 2008).

Christos Zografos ist Ramón y Cajal Senior Research Fellow am Public Policy Center der Johns Hopkins University–Universitat Pompeu Fabra sowie am Department of Political and Social Sciences der Universität Pompeu Fabra in Barcelona. Er hat u. a. *Démocratie directe* (in: *Décroissance. Vocabulaire pour une nouvelle ère*, 2015) veröffentlicht.